Tu fe,
tu vida

Tu fe, tu vida

Una invitación a la Iglesia Episcopal

Edición en español

JENIFER GAMBER
y Bill Lewellis

Traducido por Adrián Cárdenas Torres

Copyright © 2017 por Jenifer Gamber y Bill Lewellis.

Todos los derechos reservados. Ninguna parte de este libro puede ser reproducida o almacenada en sistemas electrónicos recuperables, ni transmitido por ninguna forma o medio, electrónico, mecánico, incluyendo fotocopias, grabaciones, u otros, sin previa autorización por escrito del editor.

A menos que se indique lo contrario, las citas de las Sagradas Escrituras contenidas aquí son de la versión Dios habla hoy ®, © Sociedades Bíblicas Unidas, 1966, 1970, 1979, 1983, 1996. Usado con permiso. Todos los derechos reservados.

Church Publishing
19 East 34th Street
New York, NY 10016
www.churchpublishing.org

Diseño de la cubierta por Jennifer Kopec, 2Pug Design

Un registro de este libro esta disponible en la Biblioteca del Congreso.

ISBN 978-1-64065-576-8 (encuadernación blanda)
ISBN 978-1-64065-577-5 (libro electrónico)

Contenido

Primera parte: Bienvenidos
Prefacio: Secretos revelados   3
Introducción: Preguntas transformadoras   8

Segunda parte: Ser
Interludio: "Dios no resuelve"   19
Primer capítulo: Comienzos   21

Tercera parte: Buscar la verdad y estar atentos
Interludio: "Me pregunto"   37
Segundo Capítulo: Historias bíblicas   40
Interludio: "Cuatro palabras hacia el ¡Ajá!: Hoy recordamos el mañana"   66
Tercer Capítulo: Historia   68

Cuarta Parte: Ser inteligentes
Interludio: "Pongo mi corazón en Dios"   91
Cuarto Capítulo: La fe: ¿En quién confiamos?   93

Quinta Parte: Ser racionales

Interludio: "Un llamado inquietante"   111

Quinto Capítulo: Explorar la Iglesia:
de lo local a lo global   114

Sexta parte: Buscar el bien y ser responsables

Interludio: "Hacer"   137

Sexto Capítulo: Ministerio: participar en
la Misión de Dios   139

Séptima Parte: Buscar a Dios y estar en el Amor

Interludio: "Creados para estar en relación"   161

Séptimo Capítulo: Espiritualidad:
creados para la oración   163

Interludio: "Un lugar delgado el domingo
por la mañana"   187

Octavo Capítulo: La adoración: nuestra respuesta
a las bendiciones de Dios   190

Interludio: "Llamados a estar... en el Amor"   211

Noveno Capítulo: Los sacramentos:
símbolos de gracia   213

Glosario   233

Guía del líder   247

Referencias   265

Reconocimientos   269

Index   271

Primera parte

Bienvenidos

PREFACIO

Secretos revelados

Hace más de treinta años, un comité que planificaba una conferencia sobre "Espiritualidad y Misión" programó doce talleres sobre espiritualidad para la mañana y doce sobre misión para la tarde. Separar los talleres de esta forma fue una decisión logística, no teológica. No obstante, necesitábamos encontrar una forma de evitar que se transmitiera el mensaje involuntario de que la espiritualidad y la misión no estaban relacionadas y no tenían por qué converger.

Entonces descubrimos una historia. Un niño entró en el estudio de un escultor y observó cómo este trabajaba con un martillo y un cincel en una gran pieza de mármol. Los trozos de mármol volaban en todas direcciones. Meses después, el niño regresó. El bloque de mármol se había convertido en un majestuoso y poderoso león parecido a Aslan. "¿Cómo supiste", le preguntó al escultor, "que había un león en el mármol?". "Lo supe", respondió el escultor, "porque antes de ver al león en el mármol, lo vi en mi corazón. Pero el verdadero secreto es que fue el león de mi corazón quien reconoció al león del mármol".

En *Clowning in Rome*, Henri Nouwen contó esta historia sobre el Cristo interior, que se reconoce sin forma en las apariencias del mundo, para ilustrar la relación entre la contemplación y la acción. Lo utilizamos para mostrar la clara relación que existe entre la espiritualidad y la misión.

La historia también me sugiere—he dedicado casi cincuenta años de mi vida trabajando para la Iglesia en las comunicaciones—que nuestro ministerio básico como discípulos de Cristo consiste en que la palabra de Dios se haga carne. La encarnación continúa.

Cuando era sacerdote católico romano y trabajaba en la oficina diocesana de Allentown, asistí al obispo fundador de esa diócesis en una ordenación.

El padre vicentino Bob Maloney—un teólogo perspicaz y un amigo—tenía un estilo de predicación único. Hacía énfasis mediante susurros. Sabías que estaba a punto de decir algo que quería que escucharas con especial atención cuando se inclinaba hacia delante y bajaba la voz. Era eficaz. Cuando se inclinaba hacia adelante para susurrar, la congregación hacía lo mismo para escuchar.

Al difunto obispo McShea no le gustaba el estilo de predicación de Bob. Siendo él quien presidía, estaba sentado detrás del predicador, sin poder escuchar los susurros. Después del servicio, bromeó conmigo: "Bob Maloney predica como si contara secretos".

Hay una declaración de misión que he escuchado por ahí: *Cuenta los secretos, di lo que has visto y oído*. Siempre que hablamos de Dios, o escuchamos a Dios (siempre que adoramos o rezamos), estamos en el reino del misterio... del secreto... el reino de lo oculto pero revelado... una presencia que hay que encontrar de alguna manera en nuestras relaciones y en los signos y símbolos de nuestra adoración.

Los pensadores cristianos han utilizado una palabra griega y otra latina para describir la presencia oculta de lo real—la presencia de Dios parcialmente velada y parcialmente manifiesta—para referirse a los signos visibles (personas, seres queridos, la Iglesia, el pan y el vino) que comunican algo de la presencia oculta de Dios.

De la voz griega *mysterion* obtenemos la palabra española "misterio" (que sugiere algo secreto u oculto). Esta misma fue traducida al latín como *sacramentum* (que sugiere sacramento, signo, algo visible).

Cuando se utiliza correctamente en la religión, la palabra "misterio" no describe un enigma o un problema por resolver, ni siquiera la limitación de nuestro entendimiento, sino una realidad visible que sugiere la presencia oculta de Dios.

Caminamos con frecuencia por los bordes del misterio divino. Si escuchamos con atención, al vivir el amor de Dios, oímos secretos... y contamos secretos del reino, de la visita de Dios. Nuestra misión como cristianos es, de hecho, contar secretos, contar lo que hemos visto y oído.

Tu fe, tu vida: Una invitación a la Iglesia Episcopal, bajo la apariencia de un libro de referencia, es sobre la transformación. Se trata de que el león de tu corazón se convierta en un león en tu mundo. Tiene que ver con las relaciones. Se trata de un proceso: Estar atentos, ser inteligentes, racionales, responsables y permanecer en el Amor. Se trata de aumentar nuestra atención y transformar nuestra conciencia a través de la reflexión sobre nuestra fe y nuestra vida y sobre el estar en el Amor. En definitiva, se trata de secretos del corazón, rumores de ángeles, susurros de la presencia oculta de lo real. Se trata de contar los secretos de la visita de Dios.

—Bill

Mientras Bill Lewellis se adentraba en el ministerio de la ordenación, yo asistía al primer Evento de la Juventud Episcopal celebrado en la Universidad de Illinois en Champaign-Urbana, en el verano de 1982. Tenía dieciséis años y era miembro de la Iglesia Episcopal de Cristo en Poughkeepsie, Nueva York. Puede que a Bill y a mí nos separe una generación, pero nos une el amor a Dios, el compromiso con la espiritualidad y la misión, y la actitud de abordar la vida como un viaje de transformación, un viaje para descubrir el sueño que Dios ha sembrado en nuestro interior.

Me encanta la historia que cuenta Henry Nouwen del león que espera ser revelado dentro del mármol. Es la historia de un secreto que espera ser revelado por las manos de un artista. Como nos recuerda Bill, cada uno de nosotros también tiene una historia que revelar. Dios ha sembrado en cada uno de nosotros un sueño, una imagen que refleja el amor de Cristo.

Según la rabina Sandy Eisenberg Sasso, todos los niños tienen "una espiritualidad innata, un gran sentido del asombro, espontaneidad, imaginación y creatividad, y una conexión con algo más grande que ellos mismos". Sin embargo, muchos niños carecen del lenguaje para "dar expresión a esa sensación de algo más profundo".[1] También muchos adultos carecen del lenguaje de la fe que da voz a su espiritualidad innata y al deseo de conocer lo trascendente. Crecí con el lenguaje de la Iglesia Episcopal, un lenguaje de imágenes, acciones, palabras y posturas con estratos de recuerdos y significados heredados a través de siglos de tradición. La mayoría de los episcopales, sin embargo, no crecieron en la Iglesia Episcopal. Para algunos, el lenguaje de la Iglesia Episcopal puede parecer un secreto inconfesable, como un apretón de manos secreto de los miembros de un club privado. Pero no pretende ser un secreto, sino revelar un misterio.

El lenguaje de la Iglesia Episcopal no tiene por qué ser un secreto. Por eso Bill y yo nos propusimos escribir este libro. Sin embargo, es solo una introducción. El lenguaje, y de hecho la fe, es algo vivo. Las palabras adquieren

---

1. Sandy Eisenberg Sasso, entrevistada por Krista Tippett, Speaking of Faith, American Public Media, April 3, 2008.

significado con el uso y cambian con nuestro contexto personal cada vez más profundo. Cada vez que celebre la Eucaristía con su comunidad, el lenguaje de la adoración ganará un nuevo estrato de significado. Su significado cambiará, y usted también. En eso consiste un viaje espiritual. Nos transforma.

A lo largo de mi vida he acogido las oportunidades de crecimiento. Cuando Bill compartió conmigo cómo ha integrado en su fe y en su vida los imperativos trascendentales de Bernard Lonergan presentados en la página 8 de este libro, inicié mi aprendizaje de un esquema para recibir estas oportunidades como un proceso de transformación. Hemos adaptado esos imperativos—estar atento, ser inteligente, ser racional, ser responsable, estar en el Amor y, si es necesario, cambiar—como el esquema de *Tu fe, tu vida* para que usted también pueda caminar hacia una transformación personal cada vez más profunda.

Nunca perdemos la oportunidad de desarrollar el lenguaje de la espiritualidad, tengamos cinco, veinticinco, cincuenta y cinco o ciento cinco años. Plantado en lo más profundo de cada uno de nosotros, el sueño de Dios aguarda a emerger igual que la imagen de Aslan surgió del mármol del artista. Esperamos que este libro proporcione lenguaje e información, así como la oportunidad de reflexionar sobre su viaje espiritual para revelar ese sueño.

—Jenifer

Cómo leer este libro

Tu fe, tu vida es más que una invitación a la Iglesia Episcopal. Es una invitación a reflexionar sobre la transformación personal mientras sondea las realidades de la Iglesia Episcopal. Bajo la apariencia de un libro de referencia, como ha sugerido Bill, este libro describe un camino hacia la autenticidad y la transformación personal.

Cinco imperativos enmarcan este viaje: estar atento, ser inteligente, ser racional, ser responsable y estar en el Amor. Los exploramos en la introducción. Sin embargo, los imperativos requieren un ingrediente esencial que este libro no puede proporcionar: a usted, el lector o lectora. Usted aporta el texto de su vida—experiencias, pensamientos, creencias y el propio ser—a este texto.

Para invitarle a iniciar la práctica de leer su vida y escuchar lo que esta dice, Bill ofrece de sus experiencias interludios entre los capítulos. En sus historias hay una invitación a que recuerde las suyas. Lleve esa historia a los capítulos y léalos como invitaciones para recordar sus propias historias.

A medida que avance en su lectura, también observará comentarios separados del texto principal por reglas horizontales que le ayudarán a orientar su lectura. A veces el vocabulario de la Iglesia puede ser un reto. No deje que las palabras se interpongan en el camino. Las ricas imágenes, rituales y palabras que expresan nuestra comprensión de Dios y del mundo son a veces necesariamente complejas. Dios es, en última instancia, un misterio, más allá del conocimiento. Sin embargo, utilizamos nuestros sentidos—la vista, el tacto, el oído, el gusto y el olfato—para expresar ese misterio. Cualquier forma se queda un poco corta porque Dios se encuentra en todo y está más allá de nuestra capacidad de descripción. En última instancia, podemos estar de acuerdo con el monje del siglo XIII Meister Eckhart, que dijo: "Nada se parece tanto a Dios como el silencio".

INTRODUCCIÓN

Preguntas transformadoras

En el centro de la vida humana está la búsqueda de sentido. Ninguna otra cosa nos satisface verdaderamente. Necesitamos saber que nuestras vidas tienen sentido. Una de las aportaciones del teólogo Paul Tillich a la comprensión religiosa fue insistir en que lo que entendemos por Dios es en realidad lo que tiene un significado último, que nuestra búsqueda de significado es en última instancia una búsqueda de Dios.

Cuando se busca información, no hay preguntas tontas. Sin embargo, cuando se busca el sentido, es posible que se tenga la experiencia de haber sido desviado a causa de las preguntas poco acertadas de alguien. Porque en nuestra búsqueda del sentido, aunque descubramos una respuesta correcta a una pregunta irrelevante, esa pregunta y esa respuesta inapropiadas nos desviarán del camino.

"Si tuviera una hora para resolver un problema y mi vida dependiera de la solución", dijo Albert Einstein, "pasaría los primeros cincuenta y cinco minutos determinando la pregunta adecuada, porque una vez que supiera la pregunta adecuada, podría resolver el problema en menos de cinco minutos".

Einstein comprendía la importancia de formular la pregunta correcta, inteligente y esclarecedora. La búsqueda de la pregunta adecuada ha sido durante mucho tiempo el centro del pensamiento de Bill, de su oración, de su fe y de su vida. El filósofo y teólogo jesuita canadiense Bernard Lonergan, ya fallecido, le introdujo en este concepto—la importancia de formular la pregunta correcta—en la década de 1960. Además, Lonergan citó cuatro "imperativos trascendentales" y sus interrogantes interrelacionadas, que deben plantearse con una conciencia intencionada en el camino hacia la autenticidad y la integridad.

La autenticidad, en el marco de este libro, es el resultado de nuestros intentos disciplinados por estar atentos, ser inteligentes, racionales y responsables y, en consecuencia, abiertos a la conversión intelectual de la mente, la conversión moral de las voluntades y la conversión religiosa del corazón. El viaje comienza donde estamos y busca ir más allá de nosotros mismos hasta llegar a las personas únicas y amadas que Dios ha querido que seamos desde el principio. Este viaje hacia la integridad, hacia el misterio del amor de Dios por nosotros, requiere valor.

La autenticidad es un viaje que comienza donde nos encontramos y busca ir más allá de nosotros/as mismos/as hasta llegar a las personas únicas y amadas que Dios ha querido que seamos desde el principio.

Bill presentó a Jenifer los imperativos de estar atentos, ser inteligentes, racionales y responsables durante las conversaciones sobre las verdades a las que Dios la llamaba. Ella también encontró que estaban en consonancia con su forma de ser en el mundo. Bill y Jenifer se enfrentan a estas cuestiones de forma diferente: Bill como teólogo, padre, marido e hijo, y Jenifer como economista, esposa, madre e hija. Pero ambos comparten el amor por la búsqueda: conocer a Dios, conocernos a nosotros mismos, conocer nuestra fe y lo que todo ello puede significar para nuestras vidas. Del mismo modo, ustedes vienen con sus propias experiencias y formas de ser.

En su introducción a *Religious Literacy: What Every American Needs to Know—and Doesn't*, Stephen Prothero sostiene que "la fe sin comprensión es la norma [entre los estadounidenses que] son a la vez profundamente religiosos y profundamente ignorantes sobre la religión". Son protestantes que no pueden citar los cuatro Evangelios, católicos que no pueden citar los siete sacramentos y judíos que no pueden citar los cinco libros de Moisés". Su fe, continúa diciendo el autor, "está casi totalmente vacía de contenido. Uno de los países más religiosos de la tierra es también una nación de analfabetos religiosos".[2]

Con esto en mente, *Tu fe, tu vida* contiene información básica para los episcopales que quieren profundizar su conocimiento de la Iglesia Episcopal y para aquellos que están considerando hacer de la Iglesia Episcopal su hogar eclesiástico. Más allá de la información básica, este libro sugiere un camino para aquellos que buscan la comprensión de su fe y su vida, así como la trans-

---

2. Stephen Prothero, *Religious Literacy: What Every American Needs to Know—and Doesn't* (New York: Harper Collins, 2007), 1.

formación—la conversión más profunda—a medida que caminan con Dios. De ahí el énfasis en la importancia crucial de hacer las preguntas correctas.

Como alguien que ha decidido unirse a una comunidad de fe, usted se encuentra profundizando su compromiso mediante una travesía intencionada de descubrimiento y transformación. Esto puede significar para usted un camino lleno de nuevas experiencias, una reflexión más profunda, una visión penetrante y una conversión. Como las buenas preguntas evitan que el viaje se descarrile, los cinco imperativos—estar atentos, ser inteligentes, ser racionales, ser responsables y estar en el Amor—le ayudarán a formular sus preguntas mientras lee los capítulos.

Al igual que la concepción episcopal de la conversión—nacer de nuevo y de nuevo y de nuevo—la transformación personal es un viaje continuo. Es un proceso de atención (ser un sujeto atento), de comprensión (ser un sujeto que indaga inteligentemente), de juicio (ser un sujeto racionalmente reflexivo y sensato) y de decisión (ser un sujeto responsablemente deliberante).

Deténgase en la lectura con frecuencia para hacer preguntas transformadoras. Haga preguntas mientras explora los imperativos que guían su jornada hacia la integridad y la transformación.

Los cuatro imperativos trascendentales son: estar atentos, ser inteligentes, ser racionales y ser responsables. Son trascendentales porque son igualmente válidos para *todos*, *en todas partes* y *siempre*; e imperativos porque se trabaja continuamente en ellos.

Esté atento

Guíanos, Dios de toda bondad. Que estemos atentos a nuestra experiencia, a las voces y a los corazones de quienes nos rodean...

Esté atento a sus experiencias, a sus sentidos, sentimientos, intuiciones e imaginación. A partir de estas evidencias, se formarán ideas, corazonadas que pueden ser correctas o erróneas. Luego, lo que crea entender dependerá de lo que haya intuido o imaginado, de lo que haya o no prestado atención. Si ha estado distraído o distraída, no podrá hacer nada. Con el tiempo, habrá que corregir los descuidos.

Paul Fromberg, un liturgista con experiencia en la introducción de liturgias nuevas, y a menudo antiguas, sugiere esta forma de estar atentos: en lugar de preguntarse a sí mismo (o a su congregaciones luego de una liturgia recién experimentada): "¿Qué pensaron?", pregunte: "¿Qué notaron?". A menudo nos saltamos el paso de atender a nuestros sentidos—los datos de las experiencias—y pasamos al juicio. Al comenzar con nuestros sentidos, aumentamos nuestra conciencia y nos abrimos a la posibilidad de nuevas riquezas que pueden haber sido pasadas por alto. Nos abrimos a nuevas experiencias con la intención de recibirlas sin juzgarlas. Al hacerlo, ampliamos la posibilidad de obtener una nueva visión.

Este libro le ayudará a estar atento a su camino de fe único y particular, al presentarle el lenguaje y la práctica de nuestro culto, los relatos de la Biblia, las personas y los acontecimientos de la historia de nuestra Iglesia, los credos y la política de La Iglesia Episcopal. Conocer las palabras de nuestra fe le ayudará a nombrar y apropiarse de su experiencia, permitiéndole reflexionar y compartirla con los demás. Conforme lea este libro, mientras camina con su comunidad, esté atento. Puede ayudar el hecho de que, en este libro, la autenticidad y la integridad son sinónimos, hacia los cuales las prácticas continuas exigidas por los imperativos crean un camino.

Sea inteligente

Guíanos, Dios de toda bondad. Que estemos atentos a nuestra experiencia, a las voces y a los corazones de quienes nos rodean; acertados en la interpretación de lo que hemos atendido...

Este segundo imperativo le invita a indagar en el significado de su experiencia, los datos o la información que ha recibido. ¿Qué significa lo que ha notado? Experimentar algo no es lo mismo que comprender su significado y sus implicaciones para la vida. Sea inteligente al interpretar lo que ha visto, oído o percibido. ¿Ha pasado por alto alguna información crucial? ¿De qué otra forma podría entenderse su experiencia? ¿Existen explicaciones alternas?

Al separar la experiencia de la comprensión, es posible darse cuenta de cómo su comprensión actual puede dar forma a lo que ve y oye. ¿Cómo afecta a su experiencia la lente a través de la cual ve el mundo? Desafíese a ver y escuchar con nuevos ojos y oídos. A veces, una nueva experiencia puede no ajustarse a su comprensión actual. Cuando esto ocurra, vuelva a examinar tanto su experiencia anterior como la nueva. ¿Se le escapó algo? ¿Esta nueva evidencia le obliga a ajustar su comprensión?

Sea racional

Guíanos, Dios de toda bondad. Que estemos atentos a nuestra experiencia, a las voces y a los corazones de quienes nos rodean; acertados en nuestra interpretación de lo que hemos atendido; racionales en nuestros juicios...

Las percepciones pueden surgir tanto de forma espontánea como tras una reflexión meditada sobre la propia experiencia, pero ¿son correctas? Puede haber varias maneras, algunas incluso contradictorias, de entender los acontecimientos. Determinar qué sentido es el más auténtico requiere un juicio racional. Elija el sentido que le atraiga y viva con él durante un tiempo. ¿Tiene sentido a la luz de otras experiencias que ha tenido? ¿Tiene sentido a la luz del testimonio de la historia, la cultura, la tradición cristiana y las experiencias de otros?

Un ejercicio útil es reflexionar sobre su historia a la luz de una historia particular de la Biblia o de las vidas de los santos que posean una resonancia similar. ¿Cómo influyen, afirman o desafían su comprensión? ¿Qué dice su comunidad sobre las distintas posibilidades allí presentes? Sea racional en cuanto a lo que cree.

Este paso de juzgar es diferente tanto de la experiencia como de la percepción. Pregúntese: ¿He juzgado con sabiduría? ¿Es esta mi mejor interpretación de los datos? Permanezca abierto a nuevas posibilidades. Dios le acompaña y produce cosas nuevas en usted.

Sea responsable

Guíanos, Dios de toda bondad. Que estemos atentos a nuestra experiencia, a las voces y a los corazones de quienes nos rodean; acertados en nuestra interpretación de lo que hemos atendido; racionales en nuestros juicios; responsables en nuestras decisiones...

Habiendo juzgado lo que considera auténtico, basándose en su experiencia y en su reflexión sobre la misma, ahora se enfrenta a la pregunta: "¿Qué haré al respecto?" De ahí el cuarto imperativo: *Sea responsable* con aquello que ha juzgado como verdadero. ¿Vale realmente la pena la acción que está considerando tomar? ¿Qué compromisos asumirá, qué riesgos correrá, para actuar con responsabilidad?

Esto entrará en juego especialmente en el capítulo 6 de este libro sobre lo que Dios le llama a hacer. Discernir la voluntad de Dios es algo que hacemos cada día incluso con las elecciones más pequeñas, como qué comer, decir y hacer. También discernimos la voluntad de Dios cuando nos enfrentamos a experiencias que cambian la vida, como el enamoramiento. Sea responsable al decidir qué hacer como resultado de lo que ha juzgado como verdadero y la comprensión correcta de su experiencia.

La triple conversión en la búsqueda de lo verdadero, del bien y de Dios

Guíanos, Dios de toda bondad. Que estemos atentos a nuestra experiencia, a las voces y a los corazones de quienes nos rodean; acertados en nuestra interpretación de lo que hemos atendido; racionales en nuestros juicios; responsables en nuestras decisiones; y siempre abiertos a la conversión interior...

Vuelva a mirar los títulos del índice. "Buscar la verdad" implica estar atento, y ser inteligente y racional. "Buscar el bien" implica ser responsable. "Buscar a Dios" implica estar en el amor de manera irrestricta a medida que el amor de Dios inunda su corazón. Todos estos títulos implican una reflexión intencionada con preguntas destinadas a transformar al que indaga. Le invitamos a utilizar los cuatro imperativos en el desarrollo continuo de su fe y la integridad de su vida.

Como teólogo y filósofo, Lonergan añadió un quinto imperativo. "Estar en el Amor transformado". Estar en Dios. Estar en la relación que Dios le ofrece tal como se revela en su experiencia, en lo que ha discernido como verdadero y en lo que ha decidido hacer. Estar en el Amor significa estar abierto a la transformación en Dios, a la autotrascendencia, a visualizarse con las manos abiertas, con las palmas hacia arriba en posición orante, a estar abierto al Misterio que fundamenta su ser. Este quinto imperativo, entonces, le lleva a experimentar, comprender, juzgar y decidir, una y otra vez, con una integridad renovada, abierta a múltiples conversiones, a medida que avanza en el camino hacia la autenticidad personal y la autotrascendencia. Le invitamos, pues, a leer este libro: Esté atento. Sea inteligente. Sea racional. Sea responsable. Esté en el Amor. Y, si es necesario, cambiar. "Si es necesario", por supuesto, es retórico. Siempre tenemos que cambiar; siempre tenemos que esforzarnos por ser más íntegros, por nacer una y otra vez, por cambiar de adentro hacia afuera, por ser transformados por la buena nueva, por ser transformados en el Amor.

> Al leer *Tu fe, tu vida*, formúlese preguntas. Abra su mente y su corazón a Dios. Considere su propia fe, su propia vida. ¿A quién o qué le entrega su corazón? ¿Cómo entiende su relación con Dios? ¿Cuándo ha experimentado momentos de gracia y transformación?

La apertura a la triple conversión es crucial, pues uno se plantea las preguntas que suscita cada imperativo. Estar *atento*, ser *inteligente* y *racional* nos abre a la conversión intelectual. Ser *responsable*, pasando de la búsqueda de la verdad a la búsqueda del bien, nos abre a la conversión moral. Estar *en el Amor* nos abre a la conversión religiosa. Allí, la vida comienza de nuevo, donde un nuevo yo debe ser comprendido, solo para ser trascendido. Al nacer de nuevo, volvemos a atender a nuestra experiencia, percepción, juicio y decisión, a un rumor de ángeles que promete una conversión intelectual, moral y religiosa más profunda.

Vivimos en un mundo de cambios constantes. Algunos de nosotros no nos sentimos cómodos con ello. Si no se siente tan cómodo como le gustaría con los cambios, considérelos como oportunidades de conversión intelectual, moral o religiosa. La clave, al considerar cuestiones potencialmente transformadoras mientras se lee este libro, es la atención crítica sostenida a estos cuatro niveles de cómo llegamos a conocernos a nosotros mismos, al mundo que nos rodea y a Dios—experiencia, comprensión, juicio y decisión—y una apertura a múltiples conversiones intelectuales, morales y religiosas.

Según Lonergan: "Se está convirtiendo en auténtica una persona que es consecuente en la lucha por estar atenta, ser inteligente, racional y responsable". "Este estado precario y siempre en desarrollo depende de una larga y sostenida fidelidad a los preceptos trascendentales".[3]

Una persona no tiene que ser religiosa para alcanzar la autenticidad, aunque sí hay que ser auténtico para ser verdaderamente religioso. No hay que ser liberal o conservador. Su lectura de la Biblia puede tender hacia lo literal o puede tomarla como una metáfora, una rica escritura sagrada dada para su conversión. No es necesario profesar la adhesión a las enseñanzas de ningún hombre o mujer o institución. No hace falta ser demócrata o republicano. No hace falta ser católico romano, episcopal, luterano, moravo, metodista, judío, musulmán o budista. No es necesario que usted tenga "razón", pero sí que esté abierto a la conversión. Si es necesario, cambie.

---

3. Bernard Lonergan, "Dialectic of Authority," *A Third Collection: Papers by Bernard Lonergan*, ed. Fred Crowe (New York: Paulist Press, 1985), 8.

Esté en el Amor

Guíanos, Dios de toda bondad. Que estemos atentos a nuestra experiencia,
a las voces y a los corazones de quienes nos rodean;
acertados en nuestra interpretación de lo que hemos atendido;
racionales en nuestros juicios; responsables en nuestras decisiones;
y siempre abiertos a la conversión interior,
a la transformación en tu verdad y tu amor.

En el Amor, por supuesto, significa en el amor de Dios. El primer gran mandamiento que nos dice Mateo 22 es "Ama al Señor tu Dios con todo tu corazón, con toda tu alma y con toda tu mente". (22:37). Mateo continúa: "Pero hay un segundo, parecido a este", dice: "Ama a tu prójimo como a ti mismo". (22:39). En nuestro amor al prójimo reconocemos a Dios sin forma, bajo las apariencias de nuestro mundo, como el león en el bloque de mármol.

Sí, es posible en esta vida amar al prójimo sin prestar atención a Dios. Sin embargo, ¿es concebible que alguien ame a Dios y no ame al prójimo? Tal vez la respuesta a esta pregunta resida en las palabras: "Pero hay un segundo, parecido a este".

Aunque ninguno de nosotros alcanza la plenitud en esta vida, la buena noticia, mejor dicha por San Agustín, es: "Tú [Dios] nos has formado para Ti, y nuestros corazones están inquietos hasta que encuentren descanso en Ti". En efecto, somos personas de "camino", buscando las profundidades del Amor.

No conocemos a Dios directamente. Nuestras familias, las escrituras judías y cristianas, Jesús, la Iglesia, la cultura, los amigos, los íconos, las imágenes y las tecnologías de la comunicación (incluyendo Internet, la televisión, las películas, los periódicos, las novelas, la música) tienen esto en común. Son medios—lentes y filtros a través de los cuales y de quienes vienen las visiones y los valores y el significado por el que vivimos. No vienen directamente de Dios. Están mediados por nuestra experiencia.

Para el apóstol Pablo, Jesucristo es el mediador por excelencia. "Porque no hay más que un Dios, y un solo hombre que sea el mediador entre Dios y los hombres: Cristo Jesús". (1 Tim. 2:5), y "En tiempos antiguos Dios habló a nuestros antepasados muchas veces y de muchas maneras por medio de los profetas. Ahora, en estos tiempos últimos, nos ha hablado por su Hijo... Él es el resplandor glorioso de Dios, la imagen misma de lo que Dios es" (Hebreos 1:1-3).

Y Jesús nos dice que si le conocemos a él conoceremos al Padre (Juan 14:1-14), que debemos amarnos los unos a los otros como él nos ha amado y por nuestro mutuo amor seremos conocidos como sus discípulos (Juan 13:34-35), que todo lo que hagamos a nuestras hermanas y hermanos necesitados se lo hacemos a él (Mateo 25:31-46), y que él estará con sus discípulos hasta el fin del mundo (Mateo 28:20).

Al entrar por las puertas del cielo, imagine que se encuentra con una encrucijada donde hay dos señales. Una señal apunta al noroeste "para los que aman a Dios". La otra señal apunta al noreste, "para los que aman al prójimo". Ese puede ser el único caso en el que el dicho atribuido a Yogi Berra funciona: "Cuando te encuentres una encrucijada en el camino, tómala". Porque al igual que los dos grandes mandamientos, los caminos convergen.

Nuestra esperanza para este libro es que pueda ser para usted una hoja de ruta profundamente espiritual. Lleve los imperativos a su cabeza y a su corazón, adaptándolos al ritmo de su propia conciencia de manera que pueda encontrarse en el Amor—transformado intelectual, moral y religiosamente—descubriendo, una y otra vez, una mayor autenticidad e integridad en su fe y en su vida, discerniendo cada vez más claramente el llamado de Dios a ser.

Preguntas transformadoras

1. **Esté atento:** Recuerde la primera vez que fue a la iglesia a la que asiste ahora. ¿Qué notó? ¿Cómo fue el evento? ¿Quién estaba presente?

2. **Sea inteligente:** ¿Qué le dice lo que ha observado de la congregación?

3. **Sea racional:** ¿Qué dice la congregación sobre sí misma? (Quizá desee consultar la declaración de misión de la iglesia). ¿Cómo se compara la declaración de la cogregación sobre sí misma con su experiencia?

4. **Sea responsable:** ¿Qué es lo que le atrae de la misión de la congregación? ¿Cómo se podría contribuir a esa misión?

5. **Esté en el Amor transformado:** ¿A qué habría que renunciar para comprometerse con esa misión? ¿Qué promesa ofrece ese sacrificio?

Segunda parte

Ser

INTERLUDIO
"Dios no resuelve"

A Donald Miller no le gustaba el jazz porque no resuelve. Una noche escuchó a un hombre en la calle tocar el saxofón sin abrir los ojos. "A veces tienes que ver a alguien amar algo antes de poder amarlo tú mismo. Es como si te mostraran el camino. Antes no me gustaba Dios porque no resolvía".[4]

Dios sigue siendo, a lo largo de nuestra vida, una pregunta más que una respuesta. Algunos dicen que es un misterio. Sin embargo, a medida que perseguimos el misterio, nuestras preguntas sobre Dios se convierten en preguntas más aceptables: preguntas sobre nosotros mismos.

¿En quién me he convertido? ¿Puedo mejorar? ¿Qué es mejor? ¿Cómo se relaciona con mis hermanas y hermanos y con la buena Tierra? ¿Proseguirá mi ser más allá de la muerte? ¿Puedo siquiera imaginarlo?

Continúe cuestionándose. Durante el camino, recuerde que ningún problema puede ser resuelto desde el mismo nivel de conciencia que lo creó. Me han dicho que eso lo dijo Albert Einstein. Por "nivel de conciencia", piense en los mismos procesos de pensamiento, los mismos supuestos, modelos mentales o enfoques de los temas.

La teología cristiana sugiere que Dios es como Jesús, que Dios es como el Cuerpo de Cristo en una comunidad cristiana que existe por el bien del mundo, por el bien de los que no pertenecen a ella. Esta es la teología que he absorbido durante los últimos treinta y cinco años en la Iglesia Episcopal. Algunos la llaman teología de la encarnación, es decir, que Dios sigue haciéndose carne. Para mí, ese es el núcleo de la creencia de nuestra Iglesia:

---

4. Donald Miller, *Blue Like Jazz: Nonreligious Thoughts on Christian Spirituality* (Nashville: Thomas Nelson, 2003), vii.

Dios entre nosotros, ver a Dios en las personas independientemente de su religión, etnia, nacionalidad o sexualidad.

Siguiendo con la teología de la puntuación, la Iglesia Unida de Cristo ha utilizado la coma como símbolo de la campaña publicitaria "Dios sigue hablando". El actor Gracie Allen (1895-1964), que dijo: "Nunca pongas un punto donde Dios ha puesto una coma", fue la fuente de inspiración.

Una coma invita a la conversación, a la imaginación y a la contemplación. Una coma sugiere que Dios sigue hablando.

No podemos conocer a Dios. Ninguno de nosotros. Huye de los que dicen conocerlo. Avergüéncense de ellos. Dios no habla con ninguno de nosotros directamente. Solo el Hijo conoce al Padre. El amor de Dios pasa a través de los demás y de su creación a nosotros, y a través de nosotros a los demás.

Una de mis lecturas favoritas es la del Libro de Isaías:

Pero ahora, Israel, pueblo de Jacob, el Señor que te creó te dice:

"No temas, que yo te he libertado; yo te llamé por tu nombre, tú eres mío. Si tienes que pasar por el agua, yo estaré contigo, si tienes que cruzar ríos, no te ahogarás; si tienes que pasar por el fuego, no te quemarás, las llamas no arderán en ti.

Pues yo soy tu Señor, tu salvador, el Dios Santo de Israel. Yo te he adquirido; he dado como precio de rescate a Egipto, a Etiopía y a Sabá, porque te aprecio, eres de gran valor y yo te amo.

Para tenerte a ti y para salvar tu vida entrego hombres y naciones. No tengas miedo, pues yo estoy contigo. Desde oriente y occidente haré volver a tu gente para reunirla." (43:1–5)

Escucha esta palabra del Señor... escúchala en tu mente y en tu corazón: "Eres de gran estima, eres honorable, y yo te amo".

PRIMER CAPÍTULO

Comienzos

Las aguas de la creación

El misterio de la vida comenzó en la Tierra hace mucho tiempo, en lo que los científicos llaman "tiempo profundo". Hace casi tres mil millones de años, la vida celular comenzó en los océanos superficiales. Dos mil millones de años después, la vida había progresado hasta convertirse en animales multicelulares visibles a simple vista. Con el tiempo se desarrollaron formas de vida que podían sobrevivir en la tierra. La vida se originó en el agua; toda la vida sigue necesitando el agua para sobrevivir.

La gente ha reconocido desde hace mucho tiempo la necesidad del agua para sus historias sobre los comienzos de la vida. Como cristianos compartimos la historia de la creación contada por los hebreos, en la que Dios sopló sobre la superficie de las aguas para provocar la creación. Dios reunió las aguas y apareció la tierra seca. De las aguas, Dios llamó a la existencia a un enjambre de criaturas vivientes.

El agua siguió desempeñando un papel central en los nuevos comienzos. Dios condujo a los hebreos a la liberación a través de las aguas del Mar Rojo, saliendo de Egipto y de la esclavitud hacia una nueva vida como pueblo elegido por Dios. Dios les proporcionó agua para su viaje por el desierto hacia la tierra que Dios les había prometido. A través del río Jordán, el pueblo de Dios cruzó a la Tierra Prometida de Canaán. Leemos estas historias en las escrituras judías (también llamadas el Antiguo Testamento).

Las aguas del bautismo de Jesús

Los Evangelios de las escrituras cristianas (también llamadas Nuevo Testamento) narran el comienzo acuático del ministerio de Jesús en Palestina. En el Evangelio de Lucas, en el bautismo de Jesús en el río Jordán, los cielos se abrieron, el Espíritu descendió sobre Jesús y Dios dijo: "Tú eres mi Hijo amado, a quien he elegido" (3:22). De pie, entre las ondas del río, Jesús oyó que Dios le llamaba "Hijo mío". Después de su bautismo, Jesús fue conducido al desierto y tentado para que se negara a atender el llamado de Dios. Pero Jesús rechazó la tentación y regresó a la sinagoga de su ciudad natal en Nazaret, donde reclamó su vocación: "El Espíritu del Señor está sobre mí, porque me ha consagrado para llevar la buena noticia a los pobres; me ha enviado a anunciar libertad a los presos y dar vista a los ciegos; a poner en libertad a los oprimidos" (Lucas 4:18). Jesús dijo: "Sí, yo soy tu Hijo". Considere las aguas de su propio bautismo, o los bautismos que ha presenciado, en los que Dios le reclama como suyo ("Tú eres..."). Considere las ondas en el agua que hablan de alegría y asombro, de lucha, de transformación. Escuche el bautismo como un "Sí, lo soy". Este es el corazón de la teología moral cristiana de la que habla Bill en el interludio que precede a este capítulo: Ser.

A través del bautismo, somos hechos una nueva creación en Cristo. Es en este misterio donde podemos empezar a ser transformados y llegar a ser lo que somos.

Aguas de nacimiento y renacimiento

Cada uno de nosotros fue concebido en un lugar abundante en agua. Durante nueve meses flotamos en un mar de agua dentro del vientre de nuestra madre, primero como una célula, luego dos, luego cuatro, luego ocho. Pronto desarrollamos órganos y extremidades. Finalmente, un día, atravesamos esas aguas y salimos al mundo.

En el día del bautismo, los recién bautizados nacen de nuevo, esta vez en el Cuerpo de Cristo, la Iglesia. De nuevo el bautizado sale del agua como una nueva persona. Incluso si usted no ha sido bautizado o no recuerda su propio bautismo, es probable que haya visto a otras personas ser bautizadas.

El día del bautismo, un sacerdote vierte agua sobre la cabeza de la persona que va a ser bautizada, o la sumerge completamente en un estanque de agua. Ahora bien, no vuelve a entrar en el vientre de su madre, como se preguntó un hombre llamado Nicodemo cuando escuchó a Jesús hablar de nacer de nuevo (Juan 3:1-10). Pero los recién bautizados nacen de nuevo. Se puede pensar en la pila bautismal, el recipiente que contiene las aguas del bautismo, como un vientre del que una persona nace de nuevo. El Espíritu Santo se mueve en esas aguas bautismales, haciendo a la persona nueva y otorgando dones espirituales para la vida y el ministerio en el mundo.

Las aguas del bautismo son poderosas. Son las mismas aguas de la creación sobre las que Dios sopló y llamó a la vida. Son las mismas aguas de la libertad mediante las cuales Dios sacó a los hebreos de una vida de esclavitud en Egipto, y las aguas de la promesa a través de las cuales caminaron hacia una nueva vida. Son las mismas aguas en las que Jesús fue bautizado y la misma agua viva que Jesús ofreció a la samaritana en el pozo. En estas aguas poderosas y vivas renacen los bautizados. Mediante esas aguas ellos comparten también las de la creación, las de la liberación, las de la promesa y las de la vida nueva en Cristo. En las aguas del bautismo son bañados en el agua viva donde nunca más tendrán sed.

El agua es un símbolo central del bautismo

Los bautismos de hoy, a diferencia de los bautismos en el fangoso río Jordán, pueden ser muy sentimentales: Bebés vestidos de blanco, recepciones con tarta y helado. Aunque en las ceremonias puede que no nos demos cuenta de la profunda conversión que se está produciendo ante nuestros ojos, los bautismos son realmente un motivo de celebración. Si nos fijamos en los rituales bautismales de los primeros cristianos, podremos reconocer mejor el bautismo como la muerte dramática de un viejo yo y el paso a una verdadera nueva vida.

El bautismo en la Iglesia primitiva

Para los primeros cristianos, bautizarse exigía cambios radicales en la vida, cambios que podían poner en peligro la propia existencia. Convertirse en cristiano significaba quebrantar las leyes romanas que exigían sacrificios a los dioses romanos, una infracción que podía suponer ser arrestado, encarcelado, torturado e incluso condenado a muerte. Perderías a tus amigos y quizás a tu familia. Algunos cristianos recién bautizados, como los que estaban en el ejército, tenían que dejar sus trabajos. Convertirse en cristiano en los primeros siglos después de la muerte de Jesús significaba, literalmente, volverse hacia una nueva forma de vida.

Aunque las prácticas bautismales variaban entre las primeras comunidades cristianas, una pauta descrita en los documentos del siglo IV es que los **catecúmenos**, personas que se encuentran estudiando sobre la fe cristiana con la intención de convertirse en candidatos al bautismo, comenzaban el ritual del bautismo mirando hacia el oeste, la dirección del sol poniente, la dirección simbólica de la oscuridad y el mal. De pie, descalzos, vestidos con una prenda áspera tejida con pelo de cabra (llamada "camisa de pelo") para indicar que deseaban morir a su vida de pecado, renunciaban tres veces a Satanás y a las obras del mal, profesando su deseo de abandonar—morir prácticamente—su antiguo modo de vida.

A continuación, los catecúmenos se vuelven hacia el este, la dirección de la salida del sol y el lugar simbólico de la nueva vida, mientras profesan su fe en Cristo tres veces. A continuación, se meten en un estanque de agua, sumergiendo todo su cuerpo. Este estanque de agua simbolizaba una tumba en la que sus viejos seres morían y sus pecados eran lavados. También representaba el vientre de una madre, del que nacía una nueva persona. Por último, al salir del agua, se vestían con un manto blanco que simbolizaba su nueva vida en Cristo.

El alba blanca que llevan los líderes litúrgicos durante la Santa Eucaristía y otros servicios de la Iglesia nos recuerda las prendas blancas del bautismo.

Aunque vivimos en un país que no persigue a los cristianos por su profesión de fe, seguir a Cristo sigue siendo una opción radical. Los cristianos están llamados a una vida de discipulado, alejándose del consumismo, el odio y la avaricia, y dirigiéndose a unas relaciones vivificantes marcadas por la integridad, la acogida y la justicia. Al igual que los primeros cristianos, elegimos ver el mundo de forma diferente a como lo harían otros. Elegimos ver un mundo en el que Dios está presente de forma activa, amando a toda la creación y anhelando un mundo en el que las personas actúen de forma que muestren que aman a Dios, a los demás y a toda la creación. Como miembros bautizados del Cuerpo de Cristo, estamos llamados a participar en el propósito amoroso de Dios amando a nuestro prójimo (especialmente a los que no son amables), luchando por la justicia y respetando la dignidad de todo ser humano. Cada vez que presenciamos un bautismo, prometemos seguir a Cristo con un modelo de vida particular y exigente. Al igual que para los primeros cristianos, su bautismo fue, o será, el comienzo de una nueva vida.

El bautismo

Hoy en día, muchos cristianos son bautizados cuando son bebés, mucho antes de que sean capaces de hablar por sí mismos o de entender lo que está sucediendo. El bautismo de infantes no es una práctica nueva. En el cristianismo primitivo, a veces se bautizaban hogares enteros de una sola vez. Si usted ha sido bautizado, tal vez quiera tomarse un tiempo para buscar su acta de bautismo o fotografías de aquel día. Su certificado de bautismo le indicará la fecha de su bautismo, el nombre del sacerdote que lo bautizó y los nombres de sus padres y padrinos. Si no encuentra su certificado, llame a la iglesia donde le bautizaron. Ellos tendrán un registro de su bautismo.

En el bautismo de niños, los padres y padrinos presentan ante Dios y el mundo al candidato al bautismo y hacen las promesas en el Pacto Bautismal de creer en Dios y seguir a Cristo en nombre de sus hijos. Prometen educarlos en la fe cristiana. (El capítulo 9 sobre los sacramentos explora con más detalle el pacto bautismal). Los candidatos adultos hablan por sí mismos en el rito del bautismo; ellos también tienen padrinos que los presentan para el bautismo.

El bautismo es un regalo de Dios. La fe cambia nuestra forma de ver el mundo. La lente de la fe en Jesucristo nos permite ver el mundo de manera diferente. En lugar de un mundo de acontecimientos aleatorios, vemos un mundo que forma parte del propósito de Dios. En lugar de un mundo de individuos sin relación entre sí, vemos un mundo de individuos llamados a estar en relación con Dios y con los demás, cuyo centro de la vida es Dios y el hijo de Dios, Jesucristo. En lugar de un mundo con un creador indiferente, vemos a un Creador enamorado e íntimamente preocupado por su creación. El leer este libro y comprometer su conocimiento y experiencia de Dios en el marco de los cinco imperativos—estar atento, ser inteligente, ser racional, ser responsable y estar en el Amor—le ayudará a vivir una vida en Cristo.

Pacto

Hemos utilizado la palabra "pacto" varias veces en este capítulo. Es una palabra que no escuchamos mucho hoy en día. Un pacto es una relación establecida libremente por dos o más partes, cada una de las cuales se compromete a ser fiel a la otra. Un pacto crea nuevas relaciones. Dios inicia la relación de alianza y promete transformar a los que responden con fe.

Un pacto es diferente de un contrato. Aunque las personas hacen promesas en un contrato y lo hacen libremente, los contratos están pensados para alinear los intereses de las partes implicadas, no para transformar a nadie. Los contratos son utilitarios. Los pactos son transformadores. Un ejemplo de contrato es la firma de un acuerdo para comprar una casa. Los vendedores quieren conseguir lo máximo posible por la casa. Los compradores quieren pagar lo menos posible. Un contrato llega a un precio en el que los intereses del comprador y del vendedor están alineados. El contrato facilita una transacción que satisface los intereses de ambas partes.

> El Pacto Bautismal es la base de nuestra relación con Dios a través de Cristo y es el regalo de Dios para nosotros. Respondemos a este don con una serie de promesas. El Pacto Bautismal lo puede encontrar en la página 224 del Libro de Oración Común.

Entrar en un pacto es diferente. Transforma a los que han entrado en la alianza. Dios nos ofrece un pacto para que seamos su pueblo y promete ser fiel. Aceptar las promesas de Dios significa necesariamente que somos transformados en algo nuevo. Vemos el mundo con ojos nuevos, a través de la lente del pacto. En lugar de ver el mundo como algo indiferente, aleatorio, hostil y amenazante, vemos la vida como algo que tiene un propósito, una relación y una invitación. El pacto de Dios da forma a cada una de nuestras acciones y no puede ser deshecho.

El pacto y las escrituras judías

Dios establece una relación con las personas en forma de pacto. En las escrituras judías sabemos que Dios estableció varios pactos: uno con Noé, otro con Abraham y otro con Moisés. En el pacto de Dios con los israelitas, Dios les prometió que serían su pueblo y que él sería su Dios. Dios les exigía ser fieles, hacer justicia, amar la misericordia y caminar humildemente con su Dios (Miqueas 6:8).

Como cristianos, participamos en el pacto de Dios y en los actos salvíficos de Dios relatados en las escrituras judías. El Dios de Israel es el mismo Dios que adoramos como cristianos. Los israelitas eran personas reales. El Dios de Israel, nuestro Dios, liberó a los hebreos de la esclavitud en Egipto y los condujo a la tierra prometida de Canaán. El siguiente mapa muestra una de las rutas que podrían haber seguido desde el norte de Egipto a través de la península del Sinaí hasta el actual Israel/Palestina y Jordania. Dios permaneció con ellos mientras vagaban por el desierto y proveyó a sus necesidades y más allá, así como Dios permanece con nosotros hoy y nos da lo que necesitamos. Dios es fiel al pacto y está con nosotros siempre.

El pacto y las escrituras cristianas

Nuestro Dios es también el que envió a su único hijo, Jesús, a vivir y morir como uno de nosotros. A través de Jesús, Dios renovó la alianza y la ofreció a todas las personas. En las escrituras cristianas (Nuevo Testamento), en la última cena de Pascua de Jesús, este nos dio un Nuevo Pacto. Durante la Eucaristía de cada domingo recordamos las palabras de Jesús en la Última

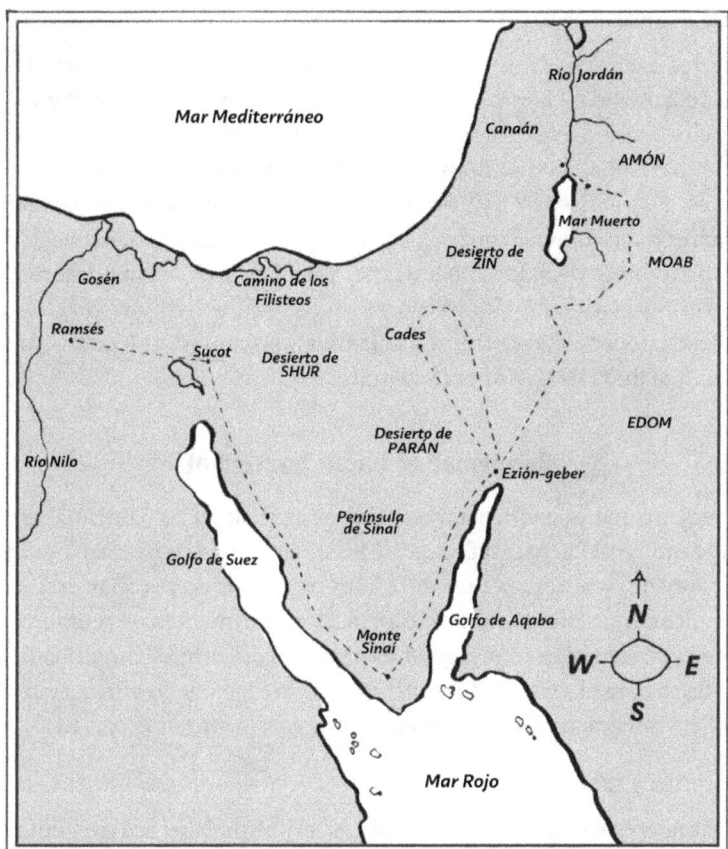

La línea de puntos de este mapa del Antiguo Próximo Oriente muestra una de las vías por las que los israelitas pudieron viajar desde la esclavitud en Egipto (extremo izquierdo) hasta la Tierra Prometida en Canaán (extremo derecho)

Cena como un imperativo y una promesa para nosotros ahora: "Beban todos de él. Esta es mi Sangre del nuevo Pacto, sangre derramada por ustedes y por muchos para el perdón de los pecados". (Libro de Oración Común [LOC], 285). En este Nuevo Pacto, Jesús promete llevarnos al reino de Dios. Respondemos al Nuevo Pacto amándonos unos a otros como Jesús nos ama.

El Nuevo Pacto es una nueva relación con Dios a través de Jesucristo. Este Nuevo Pacto fue profetizado en Jeremías 31.

El pacto bautismal

Los pactos dados por Dios en las escrituras judías y en las cristianas—y nuestro pacto bautismal—comparten las mismas características básicas: entramos libremente, hacemos promesas y Dios nos transforma. Si usted fue bautizado de niño (o de niña), podría decir que no eligió libremente ser bautizado. Tendría razón. Para usted, el bautismo fue un regalo, al igual que lo fue el nacer. Sus padres querían que formara parte de la comunidad cristiana, del Cuerpo de Cristo. Por eso decidieron bautizarle. Ellos hablaron en su nombre y prometieron enseñarle sobre Jesucristo y lo que significa vivir una vida cristiana. Decidieron ponerse de pie frente a la familia y los amigos y dejaron claro que querían que fuera de Cristo para siempre.

Reafirmar el pacto bautismal

Una persona que se confirma, recibe o reafirma su pacto bautismal está eligiendo renovar el Pacto con Dios: confirmar las promesas bautismales hechas en el bautismo y buscar la fuerza de Dios para vivir en esa alianza. Durante cada bautismo, confirmación o reafirmación, los miembros reunidos de la congregación también renuevan el Pacto Bautismal como comunidad.

El texto para el servicio de confirmación, recepción y reafirmación de los votos bautismales, deja claro estos compromisos. Veamos el servicio.

Presentación y examen

Tras la presentación de los candidatos, el obispo hace dos preguntas:

- ¿Reafirmas tu renuncia al mal?
- ¿Renuevas tu entrega a Jesucristo?

Estas dos preguntas representan las tres renuncias y las tres adhesiones que se encuentran en la liturgia del bautismo. Responder con un "sí, quiero" expresa el deseo y el compromiso de alejarse del pecado y de las tinieblas y acercarse a la vida en Cristo. Está diciendo que se aparta de los valores del pecado y de la muerte para pasar a los valores de Dios y de la vida. En lugar de actuar de manera que niegue a Dios y rompa las relaciones con los demás, está diciendo que sus acciones honrarán a Dios y nutrirán las relaciones con los demás.

Las dos preguntas que se hacen a los candidatos en la confirmación, la recepción y la reafirmación reflejan las seis preguntas que se hacen en el bautismo. Mire en la página 337 del Libro de Oración Común para leer esas seis preguntas.

Renovación de las promesas

Una vez que los candidatos han expresado su compromiso de seguir a Cristo, el obispo (o el sacerdote) continúa preguntando:

- ¿Crees en Dios Padre?
- ¿Crees en Jesucristo, el Hijo de Dios?
- ¿Crees en Dios el Espíritu Santo?

Esas preguntas se refieren al Credo de los Apóstoles. En el capítulo 4 de este libro exploramos detenidamente el Credo de los Apóstoles.

La palabra "credo" viene del latín *credere*, que tiene la misma raíz que la palabra "corazón". Decir "creo" no es una declaración abstracta sobre si creemos que Dios existe. Es una declaración sobre dónde está nuestro corazón y quién guiará nuestras muy particulares elecciones diarias. Cuando proclamamos "creo" estamos diciendo que ponemos nuestro corazón en Dios, y poner nuestro corazón en Dios cambia nuestra forma de vivir.

Una manera de pensar en el Credo de los Apóstoles es como una recitación de lo que Dios ha hecho por nosotros: crear el cielo y la tierra, vivir entre nosotros, morir y romper los lazos de la muerte, y habitar entre y con nosotros hoy. En el pacto bautismal, las preguntas que siguen a la recitación del Credo de los Apóstoles suscitan una respuesta a lo que Dios ha hecho por nosotros en forma de **promesas bautismales**:

- ¿Continuarás en la enseñanza y comunión de los apóstoles, en la fracción del pan y en las oraciones?
- ¿Perseverarás en resistir al mal, y cuando caigas en pecado, te arrepentirás y te volverás al Señor?
- ¿Proclamarás por medio de la palabra y el ejemplo las Buenas Nuevas de Dios en Cristo?
- ¿Buscarás y servirás a Cristo en todas las personas, amando a tu prójimo como a ti mismo?
- ¿Lucharás por la justicia y la paz entre todos los pueblos, y respetarás la dignidad de todo ser humano?

Respondiendo a cada una de estas preguntas, "Así lo haré, con el auxilio de Dios", se promete realizar acciones muy concretas a lo largo de la vida. Los candidatos están prometiendo adorar regularmente, resistir el mal y pedir perdón cuando no cumplan sus promesas. Prometen hablar a los demás del amor de Dios y prometen amar al prójimo como a sí mismos y luchar por la justicia y la paz. Cumplir estas promesas es lo que significa vivir el Pacto Bautismal.

Oraciones y bendiciones

Después de que los candidatos hayan renovado el Pacto Bautismal, toda la congregación pide a Dios que les dé la fuerza necesaria para cumplir sus promesas. La iglesia pide a Dios que les libere del pecado, les abra el corazón con la gracia y la verdad, les llene del Espíritu, les mantenga en la fe y les enseñe a amar a los demás. Las personas reunidas piden a Dios que les envíe al mundo para hacer el buen trabajo que han prometido. La fe, al fin y al cabo, es una relación con Dios que vivimos en comunidad.

La congregación está presente ese día y en adelante para ayudar a los candidatos a cumplir sus promesas, para acompañarlos en los momentos difíciles, para celebrar con ellos en los momentos felices y para animarles a llevar su fe al mundo.

Después de las oraciones, el obispo impone sus manos sobre los confirmandos para bendecirlos, pidiendo a Dios que los fortalezca con el Espíritu Santo, los capacite para el servicio de Dios y los sostenga todos los días de su vida. El que preside "reconoce [a los que son recibidos] como miembros de la Iglesia una, santa, católica y apostólica" y pide al Espíritu Santo que "dirija y sostenga [a los que reafirman sus promesas bautismales] en el servicio de Cristo y su reino" (LOC, 230).

El obispo representa la enseñanza y la comunidad de los apóstoles desde los tiempos de Jesús hasta el presente y a esa confraternidad global hoy en día. La imposición de manos es el acto simbólico que conecta visiblemente a los confirmados con los apóstoles y la Iglesia universal. El capítulo nueve profundiza en el significado de la imposición de manos del obispo que forma parte del rito de la confirmación.

La elección de proclamar su amor por Dios

El bautismo, la confirmación, la recepción y la reafirmación son oportunidades para declarar públicamente su amor por Dios y su deseo de vivir y hacer suyas las promesas de Dios. En estas liturgias, toda la congregación afirma su fe y demuestra su compromiso con Cristo. Si decide bautizarse o renovar su compromiso con sus promesas bautismales, responderá al llamado de Dios a una vida cristiana con un "sí", un "creo" y un "así lo haré, con el auxilio de Dios".

> Decir "creo en Dios" es nuestro corazón respondiendo al amor de Dios. Marjorie Thompson lo dice de esta manera: "El deseo de Dios por nosotros enciende la chispa de nuestro deseo por Él".[5]

Dios nos ha dado la libertad de elegir responder a su invitación de entrar y vivir según la alianza. Una vez bautizada, una persona es miembro de la casa de Dios y lleva para siempre la marca de Cristo. La confirmación, la reafirmación y la recepción son oportunidades para renovar las promesas hechas en el bautismo y decir "sí" una y otra vez.

Este libro le ayudará a entender el significado de las preguntas que se hacen a los candidatos, le orientará sobre cómo cumplir esas promesas y le ayudará a decidir: ¿Busco alejarme del mal y acercarme a Jesús? ¿Creo en la Trinidad? ¿Prometo actuar de la manera correcta para seguir a Jesús? Estas promesas constituyen la columna vertebral de nuestra fe y de nuestra relación con Dios.

Hecho a imagen de Dios y marcado como propiedad de Cristo para siempre

Si usted lee con atención las preguntas que conforman las promesas bautismales, se preguntará si puede, con toda sinceridad, decir que sí a cada una de ellas. No se preocupe. Cuestionar si puede prometer tal fidelidad significa que se toma en serio estas cuestiones y es honesto consigo mismo. Como todos, no cumplirá sus promesas. La Biblia está llena de personas que se quedaron cortas y resistieron a Dios: desde Jacob, que luchó con Dios en sus sueños, y Jonás, que intentó huir de Dios en las escrituras judías, hasta Pedro, el apóstol que negó a Jesús tres veces en las escrituras cristianas. Dios quiere que ofrezcamos todo nuestro ser: nuestra fe y nuestras dudas, nuestra fuerza y nuestra debilidad, nuestra alegría y nuestro dolor. Dios no pide menos. Y como nos recuerda el teólogo Bernard Lonergan, estamos en un camino de continua conversión hacia la autenticidad. La vida en Cristo no consiste en llegar, sino en seguir reiniciando.

Tenemos a Dios

Por suerte para nosotros, no estamos solos cuando nos enfrentamos a la necesaria toma de decisiones para poder cumplir con nuestras promesas bautismales. Tenemos a Dios, a Cristo y a los demás. Fíjese bien en la respuesta

---

5. Marjorie Thompson, *Soul Feast* (Louisville: Westminster John Knox Press, 2005), 33.

a cada pregunta. La respuesta es "así lo haré, con el auxilio de Dios"... Dios está con usted. Dios ha estado con usted desde el principio y siempre lo estará para darle la fuerza necesaria para afrontar los retos inherentes a una vida auténtica.

Dios nos ha dado a cada uno de nosotros lo que necesitamos para vivir una vida completa y santa. Esto no debería sorprendernos. Después de todo, llevamos la imagen de Dios. Entonces dijo: «Ahora hagamos al hombre a nuestra imagen. Él tendrá poder sobre los peces, las aves, los animales domésticos y los salvajes, y sobre los que se arrastran por el suelo.» (Génesis 1:26). La gente suele destacar el parecido de un bebé recién nacido con sus padres. "Ella tiene los ojos de su padre" o "Él tiene la nariz de su madre". Nuestra composición genética refleja el ADN de nuestra madre y nuestro padre. Del mismo modo, llevamos la impresión de la imagen de nuestro creador, Dios.

En pocas palabras, al igual que Dios, estamos hechos para amar y crear. Tenemos la capacidad de sanar relaciones rotas, de hacer obras de justicia, de procurar el bienestar físico y mental de los demás, e incluso de crear y sostener una nueva vida, tanto físicamente, creando nuevas familias, como espiritualmente, compartiendo nuestra fe con los demás mediante palabras o acciones. Dios nos ha dado la capacidad de vivir nuestras promesas bautismales.

Ahora bien, sería poco realista o ingenuo terminar la conversación ahí. Sí, estamos hechos para hacer el bien, pero a veces elegimos alejarnos de los deseos de Dios para nosotros. Ignoramos a Dios y pensamos solo en nosotros mismos. Olvidamos la bondad de Dios que hay en nosotros. Nos perjudicamos a nosotros mismos y a los demás. No cumplimos nuestras promesas. Es un hecho.

Tenemos a Cristo

Sabiendo de antemano que nos quedaremos cortos, una de las promesas que hacemos es que siempre que caigamos en el pecado, nos arrepentiremos y volveremos al Señor. Observe que no decimos si caemos en el pecado. Caer en el pecado es inevitable. Pero incluso antes de que eso ocurra, Dios nos perdona y endereza nuestros corazones una y otra vez. Lo que prometemos es pedir el perdón y la guía de Dios y recibir el perdón en acción de gracias.

Tienes a Dios, a Cristo y a la comunidad.

Por amor, Dios se hizo uno de nosotros. Por amor, Jesús, el único hijo de Dios, se entregó por nosotros en la cruz. Dios lo resucitó de entre los muertos. Compartimos la resurrección de Jesús y la nueva vida dada por Cristo.

En las aguas del bautismo los bautizados son hechos una nueva creación en Cristo. Sus frentes se marcan con la señal de la cruz, un pueblo sellado por el Espíritu Santo y marcado como propiedad de Cristo para siempre.

Tenemos comunidad

Creer en Dios no es un asunto privado. Toda la congregación es testigo de las promesas hechas y promete a su vez hacer todo lo que esté en su mano para apoyarnos en nuestra vida en Cristo. Estas son las personas con las que adoramos, estudiamos, rezamos y servimos. Estas son las personas con las que decimos el Credo de Nicea cada domingo. Cuando nuestra creencia flaquee, otros creerán por nosotros.

En la Iglesia Episcopal el bautismo, la confirmación, la recepción y la reafirmación son eventos públicos. Transforman al individuo y a la comunidad. La comunidad recorre junta el camino.

Conclusión

Ser cristiano es estar en un viaje de transformación que nunca termina. Dios anhela continuamente estar cerca de nosotros, estar en una relación restaurada con todas las personas. Ya sea que usted esté planeando renovar sus promesas bautismales, o hacerlas por primera vez, estará haciendo una afirmación pública de su fe y comprometiéndose con las promesas específicas del Pacto Bautismal. Durante el servicio, toda la congregación dice "sí" a Dios, al anhelo de Dios por nosotros y a ser un seguidor de Jesús.

Preguntas transformadoras

1. **Esté atento:** Considere el bautismo más reciente que haya presenciado. ¿Qué notó en el bautismo? ¿Qué vió? ¿Qué oyó? ¿Qué dijeron e hicieron el bautizado, el sacerdote, los padres, los padrinos y la congregación?

2. **Sea inteligente:** ¿Qué pensaba y sentía usted en ese momento? ¿Qué sugiere su respuesta a esta y a la primera pregunta sobre el significado del bautismo?

3. **Sea racional:** Lea el relato del bautismo de Jesús en Lucas 1:21-22. ¿Qué nota en el bautismo de Jesús (leer los pasajes anteriores y posteriores puede ayudar)? ¿De qué manera el bautismo de Jesús narrado en Lucas desafía o afirma lo que usted cree sobre el significado del bautismo en la actualidad?

4. **Sea responsable:** ¿Qué podría hacer de forma diferente como resultado de las ideas que ha adquirido sobre el bautismo?

5. **Esté en el Amor transformado:** ¿Qué le sugiere su experiencia con el bautismo sobre cómo permanecer abierto a la conversión personal?

Tercera parte

Buscar la verdad y estar atentos

INTERLUDIO
"Me pregunto"

"¿Dónde puedo encontrar una Biblia?" pregunta una mujer en una librería. En una caricatura del *New Yorker*, el dependiente le dice que busque en la sección de autoayuda.

La Biblia parece no tener un lugar en la cultura contemporánea; muchos tienen problemas para saber qué hacer con ella. Los literalistas bíblicos han aumentado la confusión. Porque la Biblia no es un libro de autoayuda, ni uno de reglas, ni las respuestas de Dios ante las cuestiones morales y, desde luego, tampoco es un arma con la que se pueda desdeñar a los demás.

La Biblia trata de Dios, no de nosotros. Personas como nosotros la escribieron para contar cómo experimentaron a Dios. "Dios es así para mí", dicen, o "Así es como experimenté a Dios", o "Así es como el Cristo resucitado llegó a mi vida, como un jardinero, un extraño en el camino, un amigo de confianza, un visitante en la orilla. Nos preparó el desayuno. Partió el pan con nosotros". Sus historias son para maravillarse.

Un momento clave de la Catequesis del Buen Pastor, el enfoque de formación religiosa para niños enraizado en la Biblia, la liturgia y los principios del método Montessori, es cuando el profesor, después de contar una historia de la Biblia, mira a los ojos de los niños, respetando a cada uno como persona, y dice simplemente: "Me pregunto…"

"Me pregunto por qué Jesús ama a las ovejas… por qué el pastor dejó a las noventa y nueve para encontrar a la que se había perdido… Me pregunto… qué pensó Andrés cuando Jesús le dijo: 'Sígueme'… Me pregunto… ¿también me lo dice Jesús a mí? Me pregunto… ¿qué significa eso?"

Nuestras escrituras, especialmente los Evangelios que hemos aceptado como norma de vida, son escritos radicalmente desafiantes. Porque Dios está siempre frente a nosotros, llamándonos a ser la mejor versión de nosotros mismos.

Los Evangelios pueden ser los escritos más radicales que jamás hayamos podido leer, si es que los leemos como una disciplina espiritual de introspección, de mente y corazón abiertos. A pesar de los eternos esfuerzos por domesticar y domar a Dios, el Dios de Jesucristo hace que los más liberales entre nosotros parezcan reaccionarios.

Una cosa que indica claramente que los Evangelios estaban destinados a desafiar más que a proporcionar soluciones específicas a los dilemas de la vida, por ejemplo, es la tensión que aparece a lo largo del Evangelio según Lucas entre la pobreza y las posesiones, entre la renuncia a las posesiones por un lado y el énfasis igualmente exigente en el uso de nuestras posesiones para ayudar a los demás.

Es difícil despejar el camino entre los retos de la renuncia personal y el uso adecuado. Las dos perspectivas—el abandono total, por un lado, y el uso sabio de las posesiones, por otro—indican que es prudente desconfiar del cristianismo de un solo sentido.

Había un fariseo llamado Nicodemo, que era un hombre importante entre los judíos. Éste fue de noche a visitar a Jesús, y le dijo:

—Maestro, sabemos que Dios te ha enviado a enseñarnos, porque nadie podría hacer los milagros que tú haces, si Dios no estuviera con él.

Jesús le dijo:

—Te aseguro que el que no nace de nuevo, no puede ver el reino de Dios.

Nicodemo le preguntó:

—¿Y cómo puede uno nacer cuando ya es viejo? ¿Acaso podrá entrar otra vez dentro de su madre, para volver a nacer?

Jesús le contestó:

—Te aseguro que el que no nace de agua y del Espíritu, no puede entrar en el reino de Dios. Lo que nace de padres humanos, es humano; lo que nace del Espíritu, es espíritu. No te extrañes de que te diga: "Todos tienen que nacer de nuevo." El viento sopla por donde quiere, y aunque oyes su ruido, no sabes de dónde viene ni a dónde va. Así son también todos los que nacen del Espíritu.

Nicodemo volvió a preguntarle:

—¿Cómo puede ser esto?

Jesús le contestó:

—¿Tú, que eres el maestro de Israel, no sabes estas cosas? Te aseguro que nosotros hablamos de lo que sabemos, y somos testigos de lo que hemos visto; pero ustedes no creen lo que les decimos. Si no me creen cuando les hablo de las cosas de este mundo, ¿cómo me van a creer si les hablo de las cosas del cielo?

» Nadie ha subido al cielo sino el que bajó del cielo; es decir, el Hijo del hombre. Y así como Moisés levantó la serpiente en el desierto, así también el Hijo del hombre tiene que ser levantado, para que todo el que cree en él tenga vida eterna.

El amor de Dios para el mundo

» Pues Dios amó tanto al mundo, que dio a su Hijo único, para que todo aquel que cree en él no muera, sino que tenga vida eterna. Porque Dios no envió a su Hijo al mundo para condenar al mundo, sino para salvarlo por medio de él.

"El que cree en el Hijo de Dios, no está condenado; pero el que no cree, ya ha sido condenado por no creer en el Hijo único de Dios. Los que no creen, ya han sido condenados, pues, como hacían cosas malas, cuando la luz vino al mundo prefirieron la oscuridad a la luz. Todos los que hacen lo malo odian la luz, y no se acercan a ella para que no se descubra lo que están haciendo. Pero los que viven de acuerdo con la verdad, se acercan a la luz para que se vea que todo lo hacen de acuerdo con la voluntad de Dios." (Juan 3:1-21).

Tengo un sello de goma que dice: "La Iglesia Episcopal: resistiendo la teología simplista desde 1785". Nos resistimos a la teología simplista haciendo nuestra búsqueda espiritual no solo con la Biblia, no solo con la tradición, no solo con nuestra razón y experiencia de vida dadas por Dios, sino con las tres: probando cada una con las otras dos. Es posible que usted haya oído hablar del taburete anglicano de tres patas: las escrituras, la tradición y la razón combinada con la experiencia vital.

La palabra de Dios viene en imagen ("El reino de Dios es como..."), comisión ("Id y haced discípulos..."), misterio ("Si no habéis nacido de lo alto") y pregunta ("¿Quién decís que soy?"). Se trata más de una respuesta personal ("Aquí estoy, envíame a mí") que de respuestas sólidas y rápidas.

Por un lado, la Biblia es la palabra de Dios; por otro, solo Jesús es la palabra de Dios. Para los cristianos—obviamente esto no sería así para los judíos, para los musulmanes, para los budistas o para otros creyentes no cristianos en Dios—lo más centrado en Dios, la más clara auto-revelación de Dios no es la Biblia sino Jesucristo, cuya vida, muerte y resurrección son ventanas al amor de Dios, su misericordia, compasión y perdón.

La palabra de Dios siempre viene a nosotros en la carne. Leer la Biblia puede ser un paseo con Nicodemo o un paseo con Jesús. Elige a Jesús.

SEGUNDO CAPÍTULO

Historias bíblicas

Un recorrido con Jesús y Dios

Camine con Jesús e imagine su propio viaje como parte de la historia del pueblo de Dios contada en la Biblia. La Biblia no es una narración cohesionada y cronológica. Es una colección de historias, canciones y oraciones para y sobre reuniones especiales, eventos importantes y viajes familiares. Nos dice algo sobre quién es Dios y quiénes somos nosotros como pueblo de Dios. Los personajes principales son Dios y su pueblo. La Biblia narra las acciones creadoras y redentoras de Dios a lo largo de la historia, entendidas desde la perspectiva del pueblo de Dios. A través de estas historias, oraciones y canciones vemos hilos de tradiciones comunes, identidades y ciclos de creación, pecado, redención y restauración. La Biblia es un relato honesto de la historia humana, lleno de amor, comunidad y fidelidad, así como de embaucadores, asesinatos, engaños, codicia y poder.

Las escrituras judías (también llamadas Biblia Hebrea y Antiguo Testamento) nos enseñan sobre Dios y la relación de Dios con su pueblo elegido. Dios inicia esta relación con un pacto en el que promete amar, guiar y proveer a su pueblo. A su vez, los israelitas prometen adorar al único Dios y vivir según sus leyes. Las escrituras judías se componen de relatos, leyes, poesía e historia sobre el amor inquebrantable de Dios. Las escrituras cristianas continúan la historia del amor y la alianza de Dios. Cuentan que Dios vino al mundo como una persona, Jesús, cuya vida y ministerio nos muestra lo que significa vivir el camino de la vida eterna, amando a Dios y a nuestro prójimo como a nosotros mismos. Dios entró en nuestra historia como humano para liberarnos de lo que nos separa de él.

> Nunca terminamos de leer la Biblia. Cada vez que volvemos a la Biblia, no solo recordamos; aprendemos más sobre nosotros mismos y sobre nuestro camino con Dios.

Una biblioteca

La palabra "biblia" viene de la palabra griega *biblios*, que significa libros. Nótese que *biblios* es plural. Se puede pensar en la Biblia como una colección de textos acomodados en una biblioteca de un solo libro. Esta biblioteca consta de sesenta y seis libros: treinta y nueve en las escrituras judías y veintisiete en las cristianas. Como comentamos a continuación, además de estos sesenta y seis libros, las Iglesias católica romana y episcopal incluyen escritos que algunos llaman apócrifos. Saber que la Biblia se concibe mejor como una biblioteca antes que como un libro nos ayuda a estar atentos al hecho de que sus contenidos reflejan la variedad de la literatura y los periodos de tiempo en los que se desarrollaron. También sugiere cómo abordar su lectura. En primer lugar, al igual que no cogemos el primer libro de la estantería en una biblioteca, no sería útil empezar a leer la Biblia por la primera página y seguir hasta el final. Por lo general, elegimos un libro de entre los muchos que hay en una biblioteca en función de la cuestión que queremos explorar o de nuestro interés particular. El leccionario dominical de la Iglesia—el ciclo de lecturas designado para los domingos a lo largo del año—no es en gran medida consecutivo. En segundo lugar, al igual que una biblioteca contiene muchos tipos de libros, los libros de la Biblia también reflejan muchos tipos de literatura. La Biblia incluye historias, sermones, documentos legales, poesía, himnos, romances, historias de intriga y cartas. Como cada uno de ellos está escrito con un propósito diferente, los leemos de forma distinta.

Las escrituras judías y cristianas

La Biblia tiene dos partes principales: las escrituras judías (Antiguo Testamento) y las escrituras cristianas (Nuevo Testamento). Utilizamos la palabra "escritura" en lugar de "testamento" a propósito. Aunque la mayoría de la gente utiliza la terminología Antiguo y Nuevo Testamento, la palabra "testamento" no refleja con exactitud su contenido. El Antiguo y el Nuevo Testamento dan *testimonio*, o muestran, el camino de la salvación de Dios a lo largo de la historia. La palabra "testamento", tal y como se utiliza en la Biblia, significa realmente *pacto*, o *acuerdo*. Llamamos al Antiguo y al Nuevo Pacto "Antiguo Testamento" y "Nuevo Testamento" porque las personas que tradujeron la Biblia del griego al latín en el siglo V e.c. (de la Era Común) tradujeron erróneamente la palabra griega para pacto como *testamentum*.

En este libro, nos referiremos al Antiguo Testamento como las escrituras judías y al Nuevo Testamento como las escrituras cristianas. Al utilizar las palabras "escrituras judías" estamos reconociendo que estos escritos son las historias sagradas del pueblo judío, las historias de los israelitas. Estas historias sagradas son también historias sagradas para los cristianos. Las escrituras judías también se conocen como escrituras hebreas. Las llamamos judías porque son las historias sagradas del pueblo judío actual. Hasta ahora nadie se ha puesto de acuerdo en un buen término paralelo que sustituya a "Nuevo Testamento". Las palabras "escrituras cristianas" subrayan el hecho de que el Nuevo Testamento se compone de escritos de individuos y comunidades que siguieron a Jesús.

Las **escrituras judías** narran las historias del pueblo hebreo y la relación de alianza de Dios con él. En este pacto, Dios promete estar con ellos, proporcionarles bienestar y fortalecerlos y animarlos. El pueblo de Dios responde prometiendo guardar la ley de Dios. Las **escrituras cristianas** cuentan cómo Dios renovó y fortaleció la alianza al hacerse humano, estableciendo una nueva relación con nosotros en la persona de Jesucristo. Su vida, muerte y resurrección abren nuevos caminos para responder al amor de Dios que se nos da gratuitamente.

Los cristianos y los judíos comparten los libros de las escrituras judías. Lo que los cristianos llaman comúnmente el Antiguo Testamento, los judíos lo llaman el Tanaj. Los musulmanes también incluyen algunos de los libros de las escrituras judías y los Evangelios de las escrituras cristianas como escritos sagrados.

Los orígenes de la Biblia

La Biblia se escribió a lo largo de un período de unos mil años, desde el 1,000 a.e.c. (antes de la era común) hasta el 100 e.c. (de la era común), por muchos autores, editores y comunidades del antiguo Cercano Oriente, una región del mundo que hoy llamamos Medio Oriente, que incluye los actuales países de Egipto, Palestina/Israel, Jordania, Siria y Líbano, como se muestra en el mapa de la página 43. Los primeros escritos comenzaron como canciones e historias que la gente cantaba y contaba cuando se reunía en sus casas y en

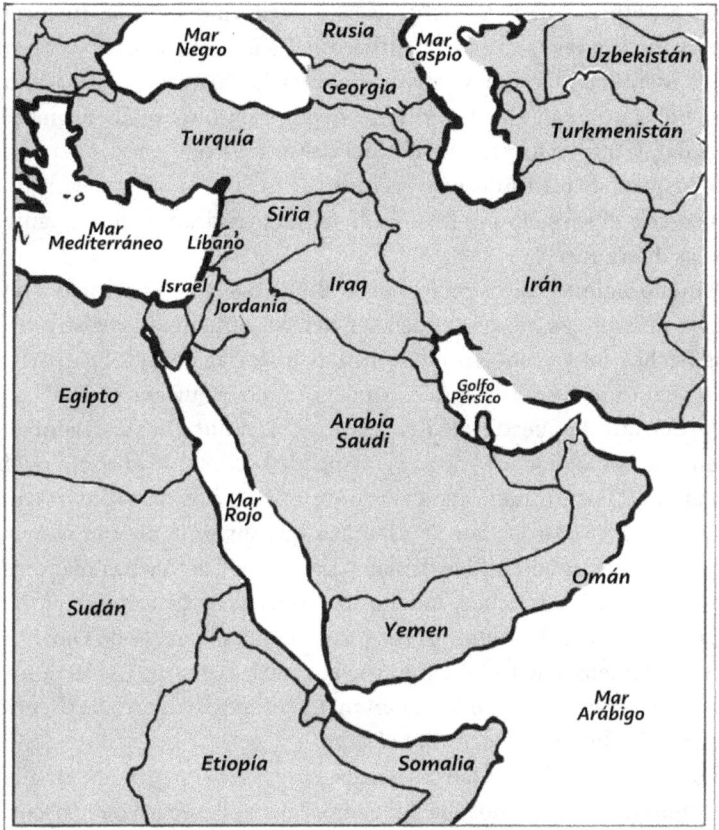

Este mapa muestra las naciones actuales del Medio Oriente. Esta es la zona geográfica del antiguo Cercano Oriente, la tierra de los pueblos de la Biblia.

las fiestas religiosas. Los ancianos transmitían estas historias a la siguiente generación, que las transmitía a la siguiente, formando una comunidad con una memoria compartida. Estas historias dieron forma a su identidad y les ayudaron a tomar decisiones que determinaron su futuro. Los israelitas se entendían a sí mismos como descendientes de Abraham y Sara, a los que Dios prometió que serían los antepasados de una gran nación. Sabían que pertenecían a una comunidad que se esforzaba por cumplir la ley dada a través de Moisés y podían vivir sabiendo que Dios siempre los amaría profundamente. Ahora bien, eso no significa que siempre recordaran que Dios los amaba o que tomaran buenas decisiones. Pero Dios les mostró, como nos muestra a nosotros, que somos amados pase lo que pase.

Las escrituras judías y cristianas se parecen mucho a las historias que compartimos en las reuniones familiares. Transmiten valores y conforman nuestra identidad. Contar y volver a contar las historias de una bisabuela que sirvió a su ciudad como alcaldesa, por ejemplo, ayuda a una familia a recordar y transmitir su sentido del deber cívico. Conocer esta historia puede inspirar a las futuras generaciones de la familia a compartir un compromiso con el servicio público. Cada familia tendrá una identidad y unas historias diferentes.

Aunque algunos de los relatos de la Biblia hablan de personas y acontecimientos históricos, no pretenden ser necesariamente un registro objetivo de los hechos tal y como sucedieron. Las historias de la Biblia pretendían abordar cuestiones básicas de la existencia, como "¿Quiénes somos?" y "¿Cuál es el propósito de nuestra vida en común?" Los antiguos narradores compartían y celebraban la identidad principal de la comunidad como pueblo de Dios, al que Dios prometió una tierra específica. Los narradores ayudaban a sus oyentes a recordar que se esperaba que vivieran de una manera que preservara su amistad con los demás y con Dios. De muchas maneras diferentes, y a través de muchos, muchos personajes, las historias exploraron la pregunta central: "¿Qué significa ser y vivir como el pueblo de Dios?"

En el comienzo de todo, Dios creó el cielo y la tierra. La tierra no tenía entonces ninguna forma; todo era un mar profundo cubierto de oscuridad, y el espíritu de Dios se movía sobre el agua.

Entonces Dios dijo: «¡Que haya luz!»

Y hubo luz. Al ver Dios que la luz era buena, la separó de la oscuridad y la llamó «día», y a la oscuridad la llamó «noche». De este modo se completó el primer día.

Después Dios dijo: «Que haya una bóveda que separe las aguas, para que estas queden separadas.»

Y así fue. Dios hizo una bóveda que separó las aguas: una parte de ellas quedó debajo de la bóveda, y otra parte quedó arriba. A la bóveda la llamó «cielo». De este modo se completó el segundo día.

Entonces Dios dijo: «Que el agua que está debajo del cielo se junte en un solo lugar, para que aparezca lo seco.»

Y así fue. A la parte seca Dios la llamó «tierra», y al agua que se había juntado la llamó «mar».

Al ver Dios que todo estaba bien, dijo: «Que produzca la tierra toda clase de plantas: hierbas que den semilla y árboles que den fruto.»

Y así fue. La tierra produjo toda clase de plantas: hierbas que dan semilla y árboles que dan fruto. Y Dios vio que todo estaba bien. De este modo se completó el tercer día.

Entonces Dios dijo: «Que haya luces en la bóveda celeste, que alumbren la tierra y separen el día de la noche, y que sirvan también para señalar los días, los años y las fechas especiales.»

Y así fue. Dios hizo las dos luces: la grande para alumbrar de día y la pequeña para alumbrar de noche. También hizo las estrellas. Dios puso las luces en la bóveda celeste para alumbrar la tierra de día y de noche, y para separar la luz de la oscuridad, y vio que todo estaba bien. De este modo se completó el cuarto día.

Luego Dios dijo: «Que produzca el agua toda clase de animales, y que haya también aves que vuelen sobre la tierra.»

Y así fue. Dios creó los grandes monstruos del mar, y todos los animales que el agua produce y que viven en ella, y todas las aves.

Al ver Dios que así estaba bien, bendijo con estas palabras a los animales que había hecho: «Que tengan muchas crías y llenen los mares, y que haya muchas aves en el mundo.»

De este modo se completó el quinto día. (Génesis 1:1-23), escuchamos este estribillo: "Y vio Dios que era bueno". Se trata de un mundo ordenado por lo divino y, en efecto, es muy bueno.

El libro del Génesis contiene dos relatos de la creación. La historia de la creación de siete días comienza con Génesis 1:1 y otra historia de la creación comienza con Génesis 2:4b.

Las escrituras judías

Los libros más antiguos de la Biblia son las escrituras judías, la mayoría de las cuales fueron escritas en hebreo. Las primeras historias se transmitían de generación en generación de forma oral y de memoria. Cuando la lengua hebrea se convirtió en palabra escrita, los escribas comenzaron a escribirla en rollos de papiro. Por ejemplo, se cree que los fundamentos de la historia de cómo Moisés sacó a los israelitas de la esclavitud en Egipto para que se convirtieran en una nación independiente fueron escritos en el siglo X a.e.c.—mil años antes del nacimiento de Jesús—por un poeta encargado por el rey Salomón. El poeta, y sus escribas, hacían su trabajo a mano—después de todo, la imprenta no se inventaría hasta dentro de dos mil años—por lo que se habrían hecho pocas copias.

Se desarrolló más de una tradición escrita, cada una de las cuales explicaba los acontecimientos del pasado de diferentes maneras, para diferentes culturas y diferentes circunstancias. Los escritores de los antiguos textos sagrados se basaron en las historias y los textos existentes, siguiendo la norma de no suprimir nada de lo que era aceptado por la comunidad como sagrado, solo añadiendo material. Los escribas insertaban ideas y prácticas de su actualidad en relatos anteriores, dando así autoridad a sus comprensiones y prácticas contemporáneas.

Los antiguos editores (a menudo denominados redactores) recogieron, adaptaron y reinterpretaron los relatos colectivos a la luz de las experiencias de su comunidad. El resultado no fue un relato único y claro de la historia y las leyes de una comunidad, sino un conjunto de relatos que a veces repiten los anteriores y a veces incluso se contradicen. La intención de los editores no era presentar una única perspectiva, sino preservar la diversidad de experiencias y teologías y los distintos puntos de vista reflejados en la literatura sagrada. Es probable que la edición se produjera durante un largo período de tiempo, pero se completó en su mayor parte en el siglo VI a.e.c.

En el primer siglo de nuestra era, las comunidades judías reconocían un conjunto común de textos como las escrituras judías oficiales. Estos textos se convirtieron en su canon o estándar (la colección de libros aceptados como Sagrada Escritura), porque eran los más utilizados entre las comunidades judías. La escritura judía era la Biblia para los judíos del primer siglo, incluido Jesús y las primeras comunidades cristianas. Las escrituras judías figuraban entre los textos que se leían cuando las primeras comunidades cristianas se reunían para recordar y celebrar la vida, muerte y resurrección de Jesús. De hecho, estas escrituras eran una lente importante a través de la cual estas primeras comunidades entendían quién era y seguía siendo Jesús como el Cristo vivo entre ellos. Los cánones judío y cristiano de las escrituras judías son similares, pero no idénticos. Por ejemplo, el canon católico romano (también reconocido por la Iglesia Episcopal) incluye escritos judíos sagrados que no forman parte del canon judío, llamados apócrifos. El canon judío no ha cambiado desde el primer siglo de nuestra era y el canon cristiano no ha cambiado desde el siglo XVI de nuestra era. La finalización de los cánones judíos y cristianos fue un proceso gradual, no exento de polémica.

Las escrituras cristianas

Las escrituras cristianas se desarrollaron de forma diferente a las judías. En primer lugar, los textos de las escrituras cristianas se escribieron durante la segunda mitad del primer siglo, unos cincuenta años, y se redactaron en *koiné*, el griego común que se hablaba en el Imperio Romano en aquella época. Al igual que los primeros escritos de las escrituras judías, las noticias de la vida, el ministerio y la resurrección de Jesús se difundieron al principio de boca en boca. Los primeros cristianos creían que Jesús volvería en cualquier momento y que el reino de Dios estaba a punto de comenzar. No parecía necesario escribir la historia de Jesús para las generaciones futuras.

Los primeros escritos de las escrituras cristianas son las cartas escritas por el apóstol Pablo a las distintas comunidades cristianas que visitó en el mundo grecorromano. La carta más antigua es la Primera epístola a los tesalonicenses, escrita probablemente en el año 50 de nuestra era, es decir, unos veinte años después de la muerte de Jesús. Las cartas de Pablo proclamaban el Evangelio, abordaban los problemas de estas comunidades y alentaban su nueva fe. Escritas en griego, Pablo enviaba sus cartas por medio de mensajeros que las leían en voz alta a las comunidades que se reunían en torno a la creencia en el Cristo resucitado. Al principio, estas comunidades no se consideraban cristianas, sino seguidores de Jesús, algunos de los cuales eran judíos y otros gentiles (no judíos).

Los estudiosos creen que el más antiguo de los cuatro Evangelios es el de Marcos, escrito después de las cartas de Pablo, entre los años 60 y 70 de nuestra era, unos treinta o cuarenta años después de la muerte y resurrección de Jesús. Luego vinieron los Evangelios según Mateo y Lucas, ambos escritos en algún momento de la segunda mitad del primer siglo. Es probable que los escritores de Mateo y Lucas estuvieran familiarizados con el Evangelio según Marcos, así como con un tercer texto que ya no existe, pero que los estudiosos creen que probablemente contenía dichos de Jesús. La prueba de que tanto Mateo como Lucas se basaron en Marcos es que comparten la estructura narrativa de este y siguen el relato de la pasión de Marcos. Los estudiosos se refieren al documento perdido con los dichos de Jesús como "Q" (*quelle*, la palabra alemana para "fuente"). Q incluye dichos de Jesús comunes a Mateo y Lucas pero que no se encuentran en Marcos. Mateo y Lucas se basaron en Marcos y Q y también incluyen su propio material. La historia del buen samaritano, por ejemplo, solo está en Lucas. El Evangelio según Juan fue el último en escribirse, probablemente en la última parte del primer siglo.

Los cuatro Evangelios cuentan la historia de la vida y el ministerio de Jesús, pero no la presentan de la misma manera. Marcos, por ejemplo, termina la historia con la tumba vacía en la mañana de Pascua, mientras que los otros Evangelios cuentan las numerosas apariciones de Jesús después de su resurrección. Cada uno de los escritores de los Evangelios tenía ideas diferentes sobre quién era Jesús, y escribieron para públicos distintos. Juntos, proclaman la buena noticia del único Hijo de Dios, Jesús.

Mientras que los Evangelios y las cartas de Pablo y otros se escribieron primero en pergaminos como los escritos sagrados judíos, en el segundo siglo las comunidades cristianas empezaron a coleccionar copias en forma de **códices**, hojas de papel dobladas (en aquella época papiro) cosidas y forradas en lo que podríamos llamar cuadernos. Las comunidades cristianas preferían los códices porque permitían encuadernar diferentes escritos y localizar los pasajes con mayor facilidad. Los códices también diferenciaban los escritos cristianos de los judíos, que estaban en pergaminos. Nuestra conocida Biblia encuadernada no existió sino hasta que se inventó la imprenta de estilo europeo en Alemania durante el siglo XVI.

Las primeras escrituras cristianas encontradas por los arqueólogos modernos son fragmentos del Evangelio según Juan en papiros del segundo siglo.

A medida que los relatos, liturgias, himnos y cartas de las primeras comunidades cristianas circulaban y se utilizaban en el culto, empezó a surgir un conjunto común de escritos. A finales del siglo IV, la Iglesia determinó qué escritos se considerarían parte del canon (es decir, las Sagradas Escrituras). El canon bíblico cristiano quedó definido. Durante la Reforma en el siglo XVI, algunas denominaciones eliminaron los escritos de la Biblia conocidos como apócrifos, mientras que la Iglesia romana afirmó su inclusión. La Iglesia Episcopal reconoce los apócrifos como parte del canon cristiano.

Una variedad de formas de literatura

Como ya hemos mencionado, la Biblia está compuesta por una gran variedad de tipos de literatura: leyes, historia, ficción, himnos, romances, cartas, etc. He aquí un vistazo a algunos de los géneros que encontramos en la Biblia.

La Ley. El **Pentateuco**, los cinco primeros libros de la Biblia, es una combinación de leyes e historia. Hemos hablado un poco de la historia. La Ley, o Torá, es el código por el cual se regía el pueblo y que determinaba el culto de la comunidad, las pautas de la vida cotidiana, el comportamiento moral y la ética comercial. Las leyes con las que probablemente usted se sienta más familiarizado son los Diez Mandamientos, la ley del pacto entregada por Moisés. Pero estas no son las únicas leyes del Pentateuco. Hay leyes sobre cómo se hereda la tierra, qué comer y cómo tratar a los delincuentes. Estas leyes se escribieron para una época determinada y no siempre se aplican a la forma en que vivimos hoy. De hecho, dado que el Pentateuco incluye leyes de diversas épocas, a veces se contradicen entre sí.

> La ley de la alianza es mucho más que los Diez Mandamientos dados por Dios a través de Moisés. De hecho, la palabra hebrea para ley es *torá*, que también es la palabra para los primeros cinco libros de las escrituras judías.

La poesía. Como ejemplos de poesía en la Biblia tenemos los Salmos, los Proverbios, Isaías y el Cantar de los Cantares. Esta poesía canta al amor y a la vida (Cantar de los Cantares), provee instrucción moral (Proverbios), y proporciona los himnos para la adoración (Salmos).

Ficción. Algunos libros de la Biblia son obras de ficción literaria. Al igual que las novelas actuales, estos libros no pretenden describir hechos reales. Tratar de determinar si los acontecimientos de los libros de ficción podrían haber sucedido realmente no tiene sentido. Están pensados para ser leídos por placer, enseñar una moraleja o transmitir una verdad. La mayoría de los estudiosos coinciden en que Jonás, por ejemplo, era una parábola ampliada que enseñaba que Dios es indulgente y misericordioso con todos, no solo con los israelitas. Un ejemplo moderno de cuento moral de ficción es la historia de George Washington cortando el cerezo. Es probable que sea una fábula, y si realmente cortó el árbol no es importante. Lo importante es que transmite la creencia de que George Washington era un hombre honesto.

Profecía. Muchos de los libros proféticos (Isaías, Oseas y Miqueas, por ejemplo) incluyen discursos pronunciados por un profeta para enseñar a la comunidad a vivir correctamente. Otras se dirigen a comunidades que han sufrido guerras y catástrofes, interpretando la devastación como la ira de Dios, e instándolas a enmendar sus caminos. Otros aseguraron al pueblo en el exilio la providencia de Dios y la liberación de su situación. Los libros proféticos también incluyen narraciones y biografías. El libro profético de Isaías se cita a menudo en las escrituras cristianas. Marcos 1:2 ("Está escrito en el libro del profeta Isaías") es un ejemplo.

Cartas. Llamamos Epístolas a las cartas de las escrituras cristianas. Las **Epístolas** son, en su mayoría, cartas que Pablo y otros escribieron a las comunidades que habían visitado para ayudarles a resolver sus problemas y preocupaciones. Es fácil darse cuenta de que se trata de cartas por sus palabras iniciales cuando comienzan con palabras como "Querido Fulano", tal como comenzamos nuestras cartas y correos electrónicos hoy en día. Las cartas de Pablo a Corinto, una ciudad de Grecia, por ejemplo, comienzan "A la iglesia de Dios que está en Corinto… Gracia y paz a vosotros". Las cartas son la mitad de una conversación completa, lo que hace que a veces sean difíciles de entender. Algunas de las cartas que llevan el nombre de Pablo fueron escritas por otras personas. Los autores no estaban siendo poco éticos. Estaban indicando que pretendían transmitir mensajes y enseñanzas coherentes con Pablo.

Es importante tener en cuenta el género literario cuando se lee la Biblia. Del mismo modo que no leerías un catálogo de ropa para inspirarte espiritualmente, no leerías las leyes en el Levítico del mismo modo que los himnos en los Salmos o la historia en los Reyes. Las leyes del Levítico son literalmente códigos legales que regían el comportamiento de un pueblo concreto en una época determinada, mientras que los himnos de los Salmos apelan de forma más universal a experiencias humanas como la alegría, el dolor, la pena y el perdón.

La unidad de la Biblia

Los diversos orígenes y los muchos tipos de literatura que se encuentran en la Biblia pueden hacer que uno se pregunte por qué se consideran como una sola palabra de Dios. La unidad de la Biblia puede entenderse en el *Shema*, la declaración hebrea de fe en un solo Dios:

»Oye, Israel: El Señor nuestro Dios es el único Señor. (Deuteronomio 6:4)

Esta es la oración que los judíos devotos rezan todos los días. Les recuerda, como los numerosos libros de la Biblia nos recuerdan a todos, que el Señor es nuestro Dios. La Biblia es el resultado de la interacción entre los seres humanos y lo divino. La Biblia es una forma importante de escuchar precisamente eso. Los narradores, escritores y editores se inspiraron para saber—y compartir con otros—que Dios entra en la historia de la humanidad para cuidar del pueblo de Dios y comunicar la voluntad de Dios. La Biblia es una de las formas en que Dios nos habla.

La Biblia es un testigo del Señor nuestro Dios. Dios es la fuente de toda la vida, y la creación lleva la huella divina de Dios. Dios es quien habla primero en la creación y es el fin de todo. Jesús es la revelación de Dios en la carne, mediador por excelencia. Los relatos de la Biblia narran los acontecimientos de la historia humana hacia el cumplimiento del propósito de Dios.

Con esta amplia introducción, veamos más de cerca la Biblia.

Las escrituras judías

Las escrituras judías se dividen en cuatro partes principales: el Pentateuco (Torá), los libros históricos, los libros poéticos y sapienciales y los libros proféticos. Los treinta y nueve libros de las escrituras judías se enumeran en el cuadro de la página 51.

El Pentateuco (Torá)

Los cinco primeros libros de la Biblia se conocen como el Pentateuco, palabra que proviene de dos términos griegos: *penta* que significa "cinco" y *téukos* que significa "libros". Los once primeros capítulos del Génesis, el primer libro de la Biblia, relatan los inicios de la humanidad, desde la creación del mundo y de los primeros pueblos, hasta la caída de Adán y Eva, el diluvio universal y la dispersión de los pueblos en diferentes naciones con diferentes lenguas (la

LAS ESCRITURAS JUDÍAS		
Pentateuco (Torá)		
Génesis	Levítico	Deuteronomio
Éxodo	Números	
Los libros históricos		
Josué	1, 2 Samuel	Esdras
Jueces	1, 2 Reyes	Nehemías
Rut	1, 2 Crónicas	Ester
Los libros poéticos y sapienciales		
Job	Proverbios	Cantares
Salmos	Eclesiastés	
Los libros proféticos		
Isaías	Joel	Habacuc
Jeremías	Amós	Sofonías
Lamentaciones	Abdías	Hageo
Ezequiel	Jonás	Zacarías
Daniel	Miqueas	Malaquías
Oseas	Nahúm	

Nota: La disposición de estos libros y sus divisiones difieren de la disposición judía.

torre de Babel). Estos primeros relatos, conocidos como historia primordial, expresan las creencias básicas sobre el origen del mundo y la naturaleza de los seres humanos y explican por qué había diferentes tribus y pueblos que adoran a diferentes dioses. Después de la historia de la torre de Babel, la historia particular del pueblo elegido por Dios comienza con el nacimiento de Abraham, a quien Dios prometió tierra y muchos descendientes. El resto del Génesis narra las historias de Abraham, Isaac y Jacob y concluye con la historia del hijo de Jacob, José, en Egipto. El Génesis está agrupado con otros cuatro libros, y en conjunto estos cinco primeros libros de las escrituras judías se llaman la Torá.

Torá es la palabra hebrea que significa ley o enseñanza. Estos libros contienen la Ley de Moisés (incluidos los Diez Mandamientos) y los códigos legales, así como la historia central del pueblo elegido por Dios, la nación de Israel, desde la alianza establecida con Abraham, hasta la liberación de los hebreos de Egipto, pasando por la entrega de los Diez Mandamientos y el viaje de cuarenta años por el desierto. El último libro de la Torá es el Deuteronomio, que termina con la muerte de Moisés, antes de que los israelitas entren en la tierra de Canaán. Un tema central del Pentateuco es la relación de alianza entre Dios y el pueblo de Dios. Juntas, las leyes y las historias hablan de la relación entre Dios y su pueblo, y de cómo debe vivir este último.

Los libros históricos

Los libros históricos no son solo historia. Contienen una variedad de tipos de literatura. Las narraciones históricas de Josué, Jueces, 1 y 2 Samuel, y 1 y 2 Reyes cuentan la historia continua de Israel desde el final de la vida de Moisés hasta el exilio de los israelitas en Asiria y Babilonia, mil años después, en el 500 antes de nuestra era. Las fechas, especialmente las de las historias del antiguo Israel, incluida la huida de Egipto, son difíciles de precisar.

Los libros históricos contienen historias ricas en significado incluso hoy en día. El relato de la viuda de Sarepta en 1 Reyes 17:7-24, que muestra una gran hospitalidad al profeta Elías, por ejemplo, puede servir de ayuda a las personas que viven en los márgenes de la vida.

Las acciones centrales de esta historia son la conquista de la tierra por Josué y la construcción del templo por el rey Salomón como lugar para guardar el Arca de la Alianza, un cofre que contenía los Diez Mandamientos y que se creía que representaba la presencia de Dios entre su pueblo. Durante este tiempo, Israel fue gobernado primero por jueces y luego por reyes. Israel era una nación pequeña que se enfrentaba a continuas amenazas de invasores extranjeros. En el siglo X antes de nuestra era, el reino unificado se dividió en dos: el Reino del Norte (Israel) y el Reino del Sur (Judá). El Reino del Norte fue conquistado por los asirios en el 722 a.e.c. y el Reino del Sur fue conquistado por los babilonios en el 586 a.e.c., cuando muchos judíos fueron enviados al exilio en Babilonia, lo que marcó el comienzo de la diáspora judía. Los libros de Esdras y Nehemías relatan el regreso de Israel de su exilio. Se cree que Rut y Ester son ficciones históricas escritas para enseñar lecciones importantes a la comunidad. Los libros históricos son ricos en personajes individuales cuyas historias nos enseñan sobre el pecado, el arrepentimiento y la redención y sobre el amor firme de Dios por el pueblo.

Libros poéticos y sapienciales

Los cinco libros de esta categoría también contienen diversos tipos de literatura. Job, Proverbios y Eclesiastés son conocidos como literatura sapiencial. A diferencia de otros libros de las escrituras judías, no se centran en los detalles de la nación de Israel. En su lugar, abordan las preocupaciones individuales sobre el mantenimiento de relaciones correctas con Dios y con los demás. Proverbios aborda la vida moral con advertencias sobre las consecuencias del comportamiento. Un ejemplo es:

"No presumas del día de mañana,
pues no sabes lo que el mañana traerá." (Proverbios 27:1).

A través del relato del sufrimiento de un hombre justo, Job se pregunta si el sufrimiento es un castigo por el pecado, mientras que Eclesiastés dice que el sufrimiento y la alegría forman parte de un ciclo natural de la existencia: "En este mundo todo tiene su hora; hay un momento para todo cuanto ocurre." (Eclesiastés 3:1).

Los **Salmos** y Cantares son libros de poesía. Los salmos son oraciones que se cantan en el culto del templo y expresan toda una serie de emociones humanas, desde la alabanza hasta el dolor o la ira. Aun así, la mayoría de los salmos que se leen durante el servicio de adoración del domingo son salmos de alabanza, aunque el cuarenta por ciento de los salmos son salmos de lamentación. Algunos sostienen que la sociedad moderna ha perdido la capacidad de lamentarse, por lo que los salmos pueden dar palabras a los que sufren. Cantares es una poesía que celebra el amor humano.

Los libros proféticos

Los libros proféticos se componen, en su mayoría, de largos discursos pronunciados por los profetas ante una reunión de personas, que posteriormente fueron escritos por el profeta o por uno de sus colaboradores. Al igual que con otros escritos bíblicos, los escritores posteriores añadieron biografías de los profetas, así como editaron y añadieron al material original de los libros.

La era de los profetas comenzó con el ascenso de los reyes y terminó durante el regreso del pueblo del exilio babilónico en el año 538 antes de nuestra era. Los profetas, hombres y mujeres santos de sabiduría y visión, fueron llamados por Dios para desempeñar funciones únicas como defensores del pueblo ante Dios y mensajeros de Dios para el pueblo. Los profetas criticaban a los ricos y poderosos y les instaban a ayudar a los pobres y desamparados. En cuanto a los imperativos de Lonergan, los profetas recuerdan al pueblo que debe ser *responsable*. Los profetas apoyaban la justicia social; llevaban la palabra de Dios al pueblo ("Así dice el Señor"), que a menudo condenaba las prácticas actuales como contrarias a la voluntad de Dios. Al mismo tiempo, los profetas se ponían del lado del pueblo ante Dios, pidiendo misericordia y perdón. Los libros proféticos ponen fin a los libros de las escrituras judías.

Las escrituras cristianas

Las escrituras cristianas están compuestas por veintisiete libros divididos en cuatro categorías: los Evangelios, la historia, las epístolas y la literatura

LAS ESCRITURAS CRISTIANAS		
Evangelios		
Mateo	Lucas	
Marcos	Juan	
Historia		
Hechos de los apóstoles		
Epístolas		
Romanos	Colosenses	Hebreos
1, 2 Corintios	1, 2 Tesalonisenses	Santiago
Gálatas	1, 2 Timoteo	1, 2 Pedro
Efesios	Tito	1, 2, 3 Juan
Filipenses	Filemón	Judas
Apocalíptica		
Apocalipsis		

apocalíptica. Estos libros fueron elegidos por los primeros concilios de la Iglesia entre una amplia gama de escritos cristianos primitivos, basándose en su coherencia con las enseñanzas de los apóstoles, la tradición de las narraciones de la vida y ministerio de Jesús y la literatura aceptada por las comunidades cristianas. Eran las lecturas más habituales en el culto de las diversas comunidades cristianas primitivas. En la página 54 hay una lista de los libros en el orden en que aparecen en la Biblia. Como hemos señalado anteriormente, las cartas de Pablo son anteriores a los Evangelios, por lo que, como puede verse, los libros no aparecen en el orden en que fueron escritos.

Los Evangelios

Los **Evangelios**—Mateo, Marcos, Lucas y Juan—proclaman la buena nueva de la salvación por medio de Jesucristo al relatar el ministerio, la enseñanza, la muerte y la resurrección de Jesús. En la época en que se escribieron los Evangelios, la palabra "evangelio" se refería al anuncio de un acontecimiento feliz, como el nacimiento de un hijo o un matrimonio. Así comienza el Evangelio según Marcos: "Principio de la buena noticia de Jesús el Mesías, el Hijo de Dios".

Mateo, Marcos y Lucas repiten muchas de las mismas historias y dichos de Jesús. Debido a su punto de vista similar, se les llama los Evangelios *sinópticos*. Sin embargo, cada uno hace hincapié en diferentes aspectos de la vida y las enseñanzas de Jesús. Mateo presenta a Jesús como un *gran maestro* y destaca la autoridad y la sabiduría con la que Jesús interpretaba la ley judía. Marcos presenta a Jesús como el *siervo sufriente* en términos de los grandes profetas de las escrituras judías: Elías, Moisés y Jeremías. Lucas presenta a Jesús como el *salvador de todas las naciones* y destaca su herencia real como descendiente del célebre rey David. La lectura atenta de los Evangelios, observando las palabras que se repiten, cómo se organiza el material, qué material es único y qué escrituras judías se citan, revela estas diferencias de puntos de vista. Un ejercicio muy instructivo es comparar los Evangelios utilizando una *armonía de los Evangelios* o *textos paralelos de los Evangelios*, que muestra relatos similares de cada Evangelio uno al lado del otro (busque "*armonía de los Evangelios* o *textos paralelos de los Evangelios*" para encontrar uno en Internet).

El Evangelio según Juan, el último que se escribió, se aleja notablemente de los otros tres en cuanto a la cronología y los detalles de la vida de Jesús. Este Evangelio enfatiza la divinidad de Jesús (la enseñanza de que Jesús es Dios) en mucha mayor medida que los Evangelios sinópticos.

Los símbolos tradicionales de los cuatro evangelistas: Mateo como el "Hombre divino"; Marcos como un león alado; Lucas como el buey alado; y Juan como un águila naciente.

A lo largo de los Evangelios hay dichos de Jesús, parábolas, detalles de la vida de Jesús e incluso himnos cantados por las primeras comunidades cristianas. Los sinópticos incluyen un tipo particular de historia llamada parábola, algunas de las cuales son historias alegóricas y otras son símiles. Las parábolas enseñan, sorprenden y permiten comprender conceptos difíciles, como la naturaleza del reino de Dios. Entre los ejemplos de parábolas del reino que se encuentran en Mateo, está la que dice Jesús a los discípulos que el reino de Dios es como un tesoro escondido en un campo, como un grano de mostaza y como la levadura. Como las parábolas enseñan por comparación, o metáfora, las entendemos recordando nuestras propias experiencias. Por ejemplo, para entender la parábola de la moneda perdida (Lucas 15:8-10), recordamos nuestra propia experiencia de perder, y luego encontrar, algo. Las parábolas permanecen vivas porque atraen nuestro pensamiento, nuestros sentimientos y nuestra curiosidad.

> Los primeros cristianos escuchaban el Evangelio, a veces durante largos periodos de tiempo. En Hechos 20:7-11 se habla de un joven llamado Eutiquio que, mientras escuchaba al apóstol Pablo, se quedó dormido y se precipitó desde una ventana a tres pisos de altura.

Hechos de los apóstoles

Es la continuación del Evangelio según Lucas y escrito por el mismo autor, Hechos es el relato del nacimiento y crecimiento de la Iglesia desde la ascensión de Cristo hasta la llegada de Pablo a Roma. Los Hechos nos cuentan cómo empezó la Iglesia primitiva, cómo se extendió el cristianismo y cómo las primeras comunidades cristianas intentaron resolver los problemas a los que se enfrentaban las nuevas comunidades de cristianos.

Una figura central en los Hechos es el apóstol Pablo, un judío que creció en la ciudad griega de Tarso. Pablo experimentó una dramática visión de Cristo, se convirtió al cristianismo y dedicó su vida a establecer y guiar comunidades cristianas. (El mapa de la página 58 muestra las principales comunidades que visitó Pablo.) Dos temas centrales de los Hechos son que la Iglesia continúa la historia del pueblo judío y que los gentiles, o no judíos, son bienvenidos en las comunidades cristianas y pueden compartir la promesa de salvación de Dios. Al describir la expansión de la Iglesia primitiva como dirigida por el Espíritu Santo, los Hechos proporcionan a los primeros cristianos la confianza de que sus comunidades viven de acuerdo con la voluntad de Dios.

Las epístolas

Las epístolas son un conjunto de veintiún cartas y escritos en forma de carta. Trece fueron escritas por el apóstol Pablo o por uno de sus seguidores en nombre de Pablo. Las cartas de Pablo (excepto Romanos) se enviaron a las primeras comunidades cristianas que había establecido mientras viajaba por la parte oriental del Mediterráneo para proporcionarles una orientación continua.

Las cartas eran una forma habitual de comunicación entre los líderes de las distintas comunidades eclesiásticas. Abordan temas como el liderazgo y los dones para el ministerio, así como cuestiones referentes al retorno del Mesías—Jesús, el salvador prometido por Dios—y si los gentiles tenían que seguir la ley judía para unirse a una comunidad cristiana.

Leer las Epístolas puede ser como escuchar uno de los extremos de una conversación telefónica. Conocemos una parte de la conversación por las

Este mapa del Mediterráneo muestra las principales comunidades que visitó Pablo.

ESCRITOS DEUTEROCANÓNICOS (APÓCRIFOS)		
Tobías	Sabiduría	1-4 Macabeos
Judit	Eclesiástico	Daniel (añadidos)
Ester (añadidos)	Baruc	

cartas que tenemos en la Biblia, pero para empezar no tenemos las cartas que plantearon las preguntas o los problemas. A veces tenemos que adivinar cuál era el problema o la pregunta inicial, así como los detalles de la cuestión concreta. Como constituyen solo la mitad de una conversación, las cartas son a veces difíciles de entender.

El Apocalipsis de Juan

La revelación hecha a Juan en el Apocalipsis es una visión que pretende servir de apoyo a los primeros cristianos frente a la persecución. Se llama **apocalíptico** porque *revela* algo desconocido. El Apocalipsis se escribió en una época en la que el mundo era hostil a los cristianos. Podías ser encarcelado e incluso condenado a muerte por ser cristiano. Con gran simbolismo y complejidad, el autor asegura a una Iglesia perseguida que Cristo está con ella y la anima a mantener la fe. El Apocalipsis puede ser un libro difícil de entender sin un buen comentario o maestro que guíe al lector, que debe ser especialmente cuidadoso para no interpretarlo de forma simplista o tomar su confuso simbolismo de forma literal.

Los apócrifos

Los treinta y nueve libros de las escrituras judías y los veintisiete de las cristianas componen los sesenta y seis libros de la Biblia. Además de estos libros, la Iglesia Episcopal (junto con la Iglesia Católica Romana) también reconoce como Sagrada Escritura los textos deuterocanónicos enumerados en el recuadro de la página 58.

Estos libros adicionales se conocen como **apócrifos**, que significa "cosas ocultas", o deuterocanónicos, que significa "segundo canon", porque se añadieron al canon cristiano en el siglo XVI, unos mil doscientos años después de que se estableciera por primera vez el canon cristiano. Estos libros adicionales, situados generalmente entre las escrituras judías y las cristianas, son literatura que se encuentra en la antigua traducción griega de las escrituras judías, llamada Septuaginta, o en las traducciones latinas del griego, pero que no están contenidos en las escrituras judías. En el siglo XVI, la Iglesia católica romana los aceptó en el canon, y la Iglesia de Inglaterra siguió su ejemplo. La mayoría de las iglesias protestantes no reconocen la literatura deuterocanónica como Sagrada Escritura. Los apócrifos incluyen historias, ficción histórica, sabiduría, escritos devocionales, cartas y una apocalíptica (una visión del fin de los tiempos).

La lectura de la Biblia

¿Por qué leer la Biblia?

Leemos la Biblia por varias razones. La Biblia revela quién es Dios y quiénes somos nosotros como criaturas de Dios. A lo largo de la Biblia aprendemos sobre las promesas que Dios nos hace y sobre cómo vivir dentro de la relación de alianza. Podemos recitar el mandamiento que dio Jesús: "Mi mandamiento es este: Que se amen unos a otros como yo los he amado a ustedes." (Juan 15:12). La Biblia nos orienta sobre cómo vivir este mandamiento, así como los dos más importantes:

Jesús le dijo:

—"Ama al Señor tu Dios con todo tu corazón, con toda tu alma y con toda tu mente." Éste es el más importante y el primero de los mandamientos. Pero hay un segundo, parecido a éste; dice: "Ama a tu prójimo como a ti mismo." (Mateo 22:37-39).

> La Biblia no es una autoayuda, ni un libro de reglas, ni las respuestas de Dios a las cuestiones morales, y desde luego no es un arma con la que se pueda desdeñar a los demás.

No te dirá por quién votar en unas elecciones, pero puede orientar las decisiones importantes. A través de las historias, los himnos y los dichos de la Biblia, llegamos a conocer la presencia misma de Dios, un Dios que nos cuida, nos guía, nos fortalece, nos consuela y nos inspira. Somos transformados por el conocimiento de que somos creaciones amadas y respondemos buscando vivir de manera que refleje ese conocimiento.

Leer la Biblia en comunidad

Cuando Felipe se acercó, oyó que el etíope leía el libro de Isaías; entonces le preguntó:
—¿Entiende usted lo que está leyendo?
El etíope le contestó:
—¿Cómo lo voy a entender, si no hay quien me lo explique?
Y le pidió a Felipe que subiera y se sentara junto a él. (Hechos 8:30–31)

Esta conversación entre Felipe y un eunuco en el libro de los Hechos nos recuerda que estamos destinados a leer la Biblia junto a otros. La Biblia es un libro público, un libro sobre la comunidad destinado a ser escuchado, estudiado y explorado en compañía de otras personas.

La Iglesia Episcopal reconoce de manera categórica que la Biblia es un libro público. Cada domingo, las congregaciones episcopales suelen leer cuatro pasajes de la Biblia: una lectura de las escrituras judías, un salmo, una lectura de las epístolas y una lectura del Evangelio. Las lecturas se seleccionan según el **Leccionario Común Revisado**, un ciclo de tres años (denominados Años A, B y C) de pasajes de la Biblia para el culto cristiano. Durante un período de tres años, usted podrá escuchar casi todas las escrituras cristianas y una buena parte de las escrituras judías. También escuchamos las escrituras mediante himnos y oraciones que se encuentran en el Libro de Oración Común. El himno 1 ("Cantad al Señor"), por ejemplo, está basado en el Salmo 98:1-3.[6] Nuestro servicio de la Sagrada Comunión está lleno de referencias bíblicas. El Sanctus ("Santo, santo, santo") se basa en Isaías 6:3 y Apocalipsis 4:8. Las palabras de institución durante las oraciones de la Eucaristía se basan en 1 Corintios 11:23-25. (Un chiste bien conocido entre los episcopales es que al leer la Biblia

---

6. *El Himnario*. New York: Church Publishing Incorporated, 1998.

usted se sorprenderá de la frecuencia con la que esta cita al Libro de Oración Común). Los himnos, las letras y las historias de la Biblia se encuentran "como en casa" en el servicio de adoración.

Escuchar la Biblia en el culto proporciona un contexto particular para las Escrituras. Es decir, escuchamos las historias de la Biblia a la luz de la buena noticia de que Dios nos ama tanto que vino a habitar entre nosotros como Jesucristo. En el culto episcopal, lo reconocemos cuando, antes de la lectura del evangelio, la congregación se pone en pie para decir "¡Gloria a ti, Cristo Señor!". En esa simple afirmación, estamos diciendo que Cristo está presente a través del evangelio proclamado. Oír la Biblia en el culto también nos da la oportunidad de escuchar las distintas interpretaciones de las Escrituras mediante el sermón, los himnos y las oraciones.

Al leer la Biblia en comunidad, podemos compartir nuestras percepciones y comprensiones con los demás. La sabiduría de la comunidad amplía nuestra comprensión bíblica, añade riqueza a la interpretación y nos anima a ser cuidadosos en el proceso.

Cuando lea cualquier parte de la Biblia, esté atento a: ¿Qué dice el autor? ¿Qué versión estoy leyendo? ¿Dios Habla Hoy? ¿Biblia Latinoamericana? ¿Biblia de Jerusalén? ¿Reina Valera? ¿En qué se diferencian las palabras de una versión con otra? Sea inteligente: ¿Qué he entendido? ¿Hay otras formas de entenderlo? Sea racional: entre varias interpretaciones, ¿cuál es la mejor? ¿Existe una que sea la mejor? ¿Cómo podría cambiar mi comprensión si lo discutiera en comunidad? Sea responsable: basándome en la comprensión de lo que he leído, ¿hay algo de valor que deba hacer?

Pasos para leer la Biblia

He aquí cinco pasos para leer un pasaje de la Biblia:

1. *Lea el pasaje y pregunte qué es lo importante. Encierre las palabras y frases clave. Comparta estas frases con los demás miembros de su grupo de estudio.*
Por supuesto, el primer paso es elegir una lectura. Una forma de hacerlo es mirar las lecturas para el próximo domingo o para cada día de la semana llamado El Leccionario del Oficio Diario. Se encuentra a partir de la página 822 del Libro de Oración Común o en varios sitios web y aplicaciones para teléfonos inteligentes.

Estas lecturas comienzan y terminan en lugares lógicos, como el principio y el final de una historia o parábola, y proporcionan un conjunto de lecturas que le ayudarán a familiarizarse con la diversidad de experiencias de Dios.

La desventaja de elegir las lecturas dominicales es que algunas partes de la Biblia no están en el ciclo del leccionario dominical y es posible que usted quiera leer selecciones más largas que las del leccionario. El Leccionario del Oficio Diario, que se puede encontrar en línea buscando "leccionario del oficio diario" cubrirá una gama más amplia.

Lea el pasaje. ¿Hay alguna palabra que le llame la atención? Rodéela con un círculo. Compártala con los demás miembros de su grupo. Leyendo y escuchando la Biblia hoy en su contexto específico es como la Biblia sigue siendo la palabra viva de Dios. Aunque el texto en sí no cambia, los lectores sí lo hacen. Es probable que otros miembros de su grupo se sientan atraídos por palabras y frases diferentes. Escuchamos las historias de la Biblia a través de nuestras propias experiencias. Con la guía del Espíritu Santo estas historias se convierten en nuestras historias.

2. *Vuelva a leer el pasaje y anote las preguntas que se le ocurran. Compartan sus preguntas y busquen juntos las respuestas.*

Mientras usted lee el pasaje por segunda vez, escriba sus preguntas. Las preguntas generales pueden ser sobre cómo abordar el pasaje. ¿Qué tipo de escrito es? ¿Es un himno, un escrito histórico o un código de leyes? ¿Se refiere el pasaje a creencias y prácticas culturales desconocidas? ¿Hay alguna idea que no haya notado antes? ¿Reconoce los personajes y los acontecimientos del pasaje? Ayúdense mutuamente a encontrar las respuestas. Un lugar donde buscar es en los ensayos introductorios y los comentarios que se encuentran en las biblias anotadas, así como en otros libros que comentan la Biblia. Los ensayos introductorios responderán a preguntas generales como éstas:

- ¿Cuál es el tipo de literatura?
- ¿Quién la escribió?
- ¿Cuándo es probable que se escribiera?
- ¿Cuáles son los temas principales?

Un comentario podría hablar de las costumbres y formas de pensar de la época y del simbolismo, así como de traducciones de palabras adicionales. Recuerde que la Biblia no se escribió por primera vez en español. Tuvo que ser traducida, y hay muchas traducciones disponibles. Incluso puede pedir a los miembros de su grupo que lean diferentes traducciones al español para compararlas.

Es importante conocer las prácticas, las creencias y la cultura de la época en que se escribió el pasaje. Le ayudará a entender, por ejemplo, que la prescripción de Éxodo "Pero si la vida de la mujer es puesta en peligro, se exigirá vida por vida, ojo por ojo, diente por diente, mano por mano, pie por pie, quemadura por quemadura, herida por herida, golpe por golpe." (Éxodo 21:23-25) es una ley que limitaba la retribución en una época que permitía una venganza ilimitada. A medida que estudie la Biblia, usted mejorará en las respuestas a las preguntas y aprenderá más sobre el mundo en el que se escribió la Biblia. No se preocupe si no encuentra respuestas a todas sus preguntas. Pero siga teniéndolas en cuenta mientras explora el significado del pasaje.

3. **Lea los versículos inmediatamente anteriores y posteriores al pasaje.**

Los versículos que preceden y siguen al pasaje a menudo proporcionan una gran visión del significado de su lectura. Por ejemplo, la historia de la mujer que derramó un aceite muy caro sobre la cabeza de Jesús en Mateo 26 viene justo antes de la Última Cena. Conocer este contexto nos muestra que su acción no fue un acto de adoración al azar; verter aceite sobre Jesús era preparar su cuerpo para la muerte y, para los lectores, presagia la crucifixión.

4. **Discuta los temas principales del pasaje.**

Una vez que tenga una idea del contexto, vuelva a mirar las palabras y frases que ha marcado con un círculo. Éstas le ayudarán a identificar los temas principales del pasaje. Discuta estos temas con los demás miembros de su grupo. Pregunte a los demás si estos temas les hacen recordar otras historias de la Biblia. Si es así, ¿cuáles? Evalúe si estos temas le recuerdan experiencias de su propia vida. ¿Le ayudan estas otras historias a entender el pasaje? Si estaba leyendo el pasaje del ojo por ojo en Éxodo, podría recordar que Jesús enseñó una nueva norma de misericordia y perdón: amar a sus enemigos, hacer el bien a los que le odian y poner la otra mejilla (Lucas 6:29 y Mateo 5:39).

5. **Pregúntese:** "¿Qué me pide el pasaje?" y comparta sus reflexiones. El último paso es aplicar los temas y mensajes a su vida y su fe hoy. La Biblia es la palabra viva de Dios destinada a ayudarnos a entender a Dios, a nosotros mismos y a nuestro mundo y las relaciones que en él se dan. Pregúntense unos a otros: "¿Qué consecuencias tiene esto en lo que creo y en cómo decido vivir?" Una vez más, hay que tener en cuenta el contexto original de la escritura. Los textos se escribieron en una época y una cultura específicas que son muy diferentes de las nuestras. Considere su respuesta en términos de las prácticas y enseñanzas de su comunidad de fe. Su congregación puede ser especialmente útil en este último paso. Una comunidad le dará una variedad de puntos de vista, le proporcionará sabiduría, conocimiento y experiencia, y le ayudará a explorar el significado del pasaje para su vida.

Leer la Biblia: es nuestro viaje con Dios

La Biblia refleja nuestras creencias centrales: solo el Señor es nuestro Dios, solo el Señor; Dios nos liberó de las ataduras de la muerte enviando a su único Hijo, Jesús, y nos llama a amarnos unos a otros. Lea la Biblia como una historia que le dice quién es Dios, quién es usted y qué se nos pide que hagamos como pueblo de Dios. Las luchas de las personas que se leen en la Biblia son a menudo muy parecidas a nuestras luchas actuales. La vida, el ministerio y las enseñanzas de Jesús nos servirán de guía en nuestra vida actual. Su muerte y resurrección nos dan hoy una nueva vida.

Preguntas transformadoras

1. **Esté atento:** Busque las lecturas del próximo domingo, elija una y léala despacio. (El sitio web https://www.latinosepiscopales.org/es/ ofrece las lecturas del Leccionario Común Revisado en español). ¿Qué sucede en la lectura? ¿Quiénes son los personajes? ¿Qué dicen y hacen? ¿Hay algo que le sorprenda?
2. **Sea inteligente:** ¿A qué situación actual se refiere la lectura? ¿Qué dice la lectura?
3. **Sea racional:** Consulte un comentario. (El *Comentario bíblico internacional* es un ejemplo). ¿Qué dicen otros sobre el significado de la lectura? ¿Qué nuevas ideas ofrecen estas fuentes?
4. **Sea responsable:** ¿A qué le invita la lectura?
5. **Esté en el Amor transformado:** ¿Qué le sugiere este ejercicio sobre cómo podría abordar la lectura de la Biblia?

INTERLUDIO

"Cuatro palabras hacia el ¡Ajá!: Hoy recordamos el mañana"

Estas son cuatro palabras que una vez me dejaron reflexionando. Ahora las rezo cuando me preparo para celebrar la Eucaristía. Me emocionan. Una colega de la Casa Diocesana, a punto de presidir nuestra Eucaristía semanal, nos explicó que utilizaríamos las lecturas y oraciones asignadas para el día siguiente. Concluyó: "Hoy recordamos el mañana".

Las palabras cantaban. *Hoy* (cualquier día), nosotros (tres o trescientos) recordamos (damos gracias recordando) el *mañana*. ¡Imagínate recordando el mañana! Recordando las promesas de Dios, proyectamos nuestra esperanza.

Cuando celebramos la Eucaristía, oramos diciendo: "Te damos gracias... por la bondad y el amor que tú nos has manifestado en la creación; en el llamado a Israel para ser tu pueblo; en tu Verbo revelado a través de los profetas; y, sobre todo, en el Verbo hecho carne, Jesús, tu Hijo... En la víspera de su muerte por nosotros, nuestro Señor Jesucristo tomó pan... 'Hagan esto como memorial mío'. Después de la cena tomó el cáliz... se lo entregó... 'Beban todos de él... como memorial mío'". Agradece. Recuerda. Llénate de esperanza.

Una exmonja es la protagonista de la novela *Severina* del autor italiano Ignazio Silone. Mientras agoniza, una hermana de su antiguo convento le toma la mano: "Severina, dime que crees". Severina le responde: "No... *pero tengo la esperanza*".

¿Podrías expresar tu fe de esa manera? Te has preguntado sobre Dios, sobre cómo se representa a Dios, sobre la historia. Tienes esperanza, confías, recuerdas... el mañana.

Aunque no esté en el primer plano de tu conciencia, el hecho de que estés leyendo este libro sugiere que has tenido alguna historia con Dios. Puede que estés buscando descubrir el centro medular de tu fe y esperanza: reconocer que Jesucristo es el Señor. No permitas que nada ni nadie domestique ese centro radical.

Dios nos desafía a soñar. Orar es soñar, esperar, confiar, imaginar. Ya sea adorando junto a una comunidad, leyendo a solas, reflexionando sobre la Biblia, considerando una experiencia personal, una historia o una película, estamos trabajando en un ecosistema de oración, la dimensión investigativa y de desarrollo de la Iglesia.

Solo quien reza sabe que lo realmente real es que Dios irrumpe en la historia de la humanidad, rompiendo nuestros prejuicios y nociones favoritas con preguntas sobre los pobres y los indefensos, sobre la justicia y la paz, sobre la transformación personal y sistémica, para que podamos salir con nuevos corazones dados por Dios para perseguir los deseos del corazón de Dios.

Permite que Dios te transforme a ti y al mundo que te rodea. No dejes que nadie defina y reduzca la realidad por ti. No dejes que nadie te encarcele en esa prisión super segura, sin muros, sin el contexto de la historia, la prisión en la que no sabes que estás, la prisión de los *no santos*. Imagina la realidad de Dios. Ve las cosas de forma diferente. Recuerda el día de mañana.

Mira hacia atrás en tu historia. ¿No has sido atraído por Dios? Mira hacia atrás a los ídolos que has abandonado. ¿Podrías estar en una etapa de tu vida en la que estás llegando a creer menos, pero a la vez más?

En los últimos años, he leído muchas columnas de David Brooks. Parece que a menudo escribe cuatro columnas y luego un sermón. Estaría orgulloso de predicar sus sermones.

"Uno pensaría que la fe es una simple creencia, o una confianza en lo que no se ve", escribió en una columna reciente titulada *Las sutiles sensaciones de la fe*, "pero, en la vida real, la fe es impredecible y siempre cambiante. Comienza, para muchas personas, con una experiencia elusiva de asombro y misterio".

El "asunto principal de la fe", continuó, es "vivir atentamente cada día". Y concluyó:

> Los creyentes inseguros a veces se aferran a una fe rígida y simplista. Pero los creyentes seguros de sí mismos están dispuestos a enfrentarse a sus periodos de sequía, sus dudas y su evolución.
>
> La fe que practican estas personas es un cambio. Es inquieta, creciente. No es el bien y el mal lo que cambia, sino su estado espiritual y su práctica diaria. A medida que los anhelos se enriquecen, la vida también lo hace.[7]

Brooks señaló que Christian Wiman escribió: "Estar verdaderamente vivo es sentir la existencia última dentro de la existencia diaria".[8]

Hoy, recordamos el mañana.

---

7. David Brooks, Column, "The Subtle Sensations of Faith," *New York Times*, Dec. 22, 2014, https://www.nytimes.com/2014/12/23/opinion/david-brooks-the-subtle-sensations-of-faith.html
8. Ibid.

TERCER CAPÍTULO

Historia

Como nos recuerda Bill en el interludio "Cuatro palabras hacia el ¡Ajá!: Hoy recordamos el mañana", ya tenemos una historia con Dios. Y su historia es parte de una larga historia. Así como Dios le ha atraído, ha atraído antes a innumerables santos hacia su corazón. Así que escuchemos sus testimonios para que podamos continuar nuestro camino hacia Dios y recordar el mañana.

El nacimiento de la Iglesia

> Así pues, los que hicieron caso de su mensaje fueron bautizados; y aquel día se agregaron a los creyentes unas tres mil personas. Y eran fieles en conservar la enseñanza de los apóstoles, en compartir lo que tenían, en reunirse para partir el pan y en la oración. (Hechos 2:41–42)

Este pasaje de los Hechos nos dice que cincuenta días después de la resurrección de Jesús, el día de **Pentecostés**, el Espíritu Santo descendió del cielo como un fuerte viento. Las lenguas de fuego se posaron sobre los apóstoles y comenzaron a hablar en muchas lenguas. Llenos del Espíritu Santo, fueron capaces de vivir la **Gran Comisión** que Jesús les había dado:

> Vayan, pues, a las gentes de todas las naciones, y háganlas mis discípulos; bautícenlas en el nombre del Padre, del Hijo y del Espíritu Santo, y enséñenles a obedecer todo lo que les he mandado a ustedes. Por mi parte, yo estaré con ustedes todos los días, hasta el fin del mundo. (Mateo 28:19–20)

> Como pueblo de Dios—la Iglesia—estamos llamados a esta misma Gran Comisión, que, como cantamos en el himno 320, consiste en "amar entregándose en alma y cuerpo a la humanidad". ¿Cómo entiendes la Gran Comisión?

Ese día de Pentecostés los apóstoles bautizaron a los que creyeron, unos tres mil. Cada año celebramos este día en que nació la Iglesia como Pentecostés, el quincuagésimo día de Pascua. La palabra griega traducida como "iglesia" es *ekklesia*, que significa literalmente el pueblo llamado fuera del mundo y reunido, o la congregación. La palabra "Iglesia" en este sentido no se refiere a un edificio, sino a una comunidad de creyentes.

Tras la resurrección de Jesús, los apóstoles difundieron las enseñanzas de Jesús, primero en las comunidades judías cercanas a Jerusalén y, más tarde, durante los viajes misioneros fuera de Jerusalén. Estas primeras comunidades se entendían como judíos que seguían a Jesús, un movimiento de reforma dentro del judaísmo. No fue sino hasta el año 90 de nuestra era, casi sesenta años después de la muerte y resurrección de Jesús, cuando los seguidores de Cristo comenzaron a llamarse "cristianos".

El apóstol Pablo desempeñó un papel importante en la difusión del cristianismo. Conocido originalmente como Saulo, era un ciudadano judío romano que empezó persiguiendo celosamente a los seguidores de Jesús, pero, como sabemos en Hechos 9, en el camino a Damasco, en lo que ahora es el país de Siria, todo cambió. Saulo conoció a Jesús resucitado por primera vez a través de una visión en la que se le decía que difundiera la buena nueva a los gentiles, es decir, a las personas que no eran descendientes de los israelitas. Se convirtió en un seguidor de Jesús después de su experiencia de conversión en el camino de Damasco, y entonces fue conocido por el nombre que usamos para él hoy: Pablo.

Pablo y sus compañeros de viaje empezaron a establecer comunidades cristianas en toda la zona que rodeaba el mar Mediterráneo, que en aquella época estaba controlada por los romanos y formaba parte del Imperio Romano. Estas primeras comunidades cristianas—que creían que el mundo, tal y como lo conocían, acabaría pronto cuando Jesús regresara—compartían comidas, enseñanzas y oraciones en los hogares de los demás. Los nuevos conversos se unían a la comunidad mediante el bautismo, y partían y comían juntos el pan para recordar la muerte y resurrección de Cristo. El bautismo y la fracción del pan son los dos sacramentos centrales de la Iglesia actual.

A lo largo de sus cartas, Pablo desarrolló una teología y una moral que podrían resumirse así: *Porque Cristo vive en ti, eres algo nuevo. Eres una nueva creación.* Esa es la teología. Y esta es la moral: *Por lo tanto, sé quien eres. Vive como una nueva criatura.* Manténgase atento a las experiencias que puedan de alguna manera conducirle al cambio.

Comunidades de la Iglesia primitiva

El mapa de la página 58 del capítulo 2 muestra la ubicación de muchas de las primeras comunidades eclesiásticas. Antioquía, Éfeso, Alejandría, Corinto y Roma, las ciudades más grandes del Imperio Romano conectadas por rutas comerciales, tenían comunidades cristianas más grandes. Durante las primeras centurias posteriores a la resurrección de Jesús, el resto del mundo no tenía ningún conocimiento—o al menos muy poco—de Jesús. El cristianismo comenzó como pequeñas comunidades en una región específica del mundo—el Imperio Romano—y desde allí se extendió desde Asia a Europa y África. Durante el siglo XV, la colonización europea extendió el cristianismo a las Américas. Hoy en día existen iglesias cristianas en todo el mundo.

El episkopos en la Iglesia primitiva

Los apóstoles eran los líderes de la Iglesia primitiva y tenían la autoridad de las enseñanzas de Jesús. El líder de una comunidad cristiana local se llamaba, en griego, *episkopos*, o "supervisor". De hecho, la palabra "episcopal" viene del griego *episkopos*, y la traducción al español del griego *episkopos* es "obispo". En la Iglesia Episcopal, el obispo supervisa la diócesis, la principal unidad geográfica y administrativa de la Iglesia Episcopal. Los primeros cristianos también se referían a su líder local como *presbyteros* (presbítero, o sacerdote) y *diakonos* (diácono). Hoy en día la Iglesia Episcopal tiene un triple ministerio ordenado de obispo, sacerdote y diácono, cada uno con un papel distinto en la Iglesia. Los apóstoles transmitían su autoridad a los líderes locales imponiendo sus manos a los nuevos líderes. La continuación de la autoridad de la enseñanza de los apóstoles mediante la imposición de manos se denomina sucesión apostólica. La sucesión apostólica y el triple ministerio de obispos, sacerdotes y diáconos son características que definen a la Iglesia Episcopal.

Del Imperio Romano a la Edad Media

El cristianismo comenzó a extenderse rápidamente en el año 324 de nuestra era común, cuando el emperador romano Constantino legalizó el cristianismo. Hasta entonces, los cristianos eran perseguidos periódicamente con multas, encarcelamientos e incluso con la muerte por negarse a adorar a los dioses romanos. Cuando Constantino se hizo con el control de todo el Imperio Romano, trasladó su capital de Roma a Bizancio, en la actual ciudad de Estambul (Turquía). Rebautizó la ciudad con el nombre de "Nova Roma", o Nueva Roma, pero era conocida popularmente como Constantinopla (la ciudad de Constantino). Posteriormente, Constantinopla se convirtió en el centro del cristianismo ortodoxo oriental, mientras que Roma se convirtió en el centro del cristianismo católico occidental. Constantino vio en el cristianismo una forma de unificar su vasto imperio y comenzó el proceso de creación de una creencia uniforme convocando a los obispos en el año 325 de la era cristiana en Nicea, situada en la actual ciudad de Iznik, Turquía. Su trabajo era encontrar una comprensión común de quién era Jesús y su lugar en la historia. El resultado fue el Credo de Nicea, que recitamos en la iglesia cada domingo.

En el siglo V, el Imperio Romano se había debilitado por la invasión de tribus del norte de Europa y las luchas políticas en Roma. El fin de la dominación romana dio comienzo al período de once siglos que va desde el 400 al 1500 de nuestra era y que llamamos **Edad Media**. El imperio occidental (Europa) se dividió en pequeñas regiones con numerosas lenguas, cada una gobernada por diferentes reyes y nobles. La Iglesia proporcionó la unidad religiosa y cultural de Europa. El emperador romano gobernó la parte oriental del Imperio Romano hasta 1453, cuando los gobernantes turcos musulmanes de Asia conquistaron la ciudad de Bizancio.

Durante la Edad Media en Europa, las comunidades se organizaban en torno a las tierras propiedad de los nobles locales y protegidas por los caballeros. Los campesinos trabajaban la tierra y producían bienes para la nobleza a cambio de protección. La Iglesia, en particular los monasterios, era dueña de gran parte de la tierra y se involucraba cada vez más en los aspectos sociales, políticos y comerciales de la vida cotidiana. Muchos monasterios eran responsables del bienestar espiritual, económico y físico del pueblo. Los monjes y las monjas preparaban medicinas, cosían y enseñaban a leer y escribir. Los monasterios eran también las bibliotecas de la sociedad y conservaban importantes escritos de los primeros cristianos. Las magníficas catedrales situadas en el centro de las ciudades, como la catedral de Notre Dame en París (Francia), son testimonio de la importancia de la Iglesia en la vida de la Edad Media.

> "El experimento de San Benito, San Francisco [ambos monjes]... representó la rebelión de un alma heroica contra la apatía y la decadencia circundantes; una invasión de novedad; una brusca ruptura con la sociedad" (Evelyn Underhill).[9] ¿Qué respuesta nos pide el testimonio de San Benito?

La Edad Media fue también la época de las Cruzadas. Es posible que hayas visto películas como *Cruzada* (en Hispanoamérica) o *El reino de los cielos* (en España) o que hayas aprendido sobre las Cruzadas en la escuela primaria. Las Cruzadas, que duraron unos cien años, fueron impulsadas en 1095 por la Iglesia para recuperar Tierra Santa—la región del mundo donde se desarrollaron las historias de la Biblia y donde vivió Jesús—de manos de los musulmanes. Los reyes y otros líderes de Europa apoyaron las Cruzadas para adquirir tierras, riquezas y controlar las rutas comerciales. Durante las Cruzadas, todos los no cristianos, especialmente los judíos y los musulmanes, fueron objeto de persecución.

La Reforma

A medida que la Iglesia Católica Romana se hacía más rica y poderosa, los líderes de la Iglesia limitaron la libertad del pueblo para expresar ideas contrarias. La Iglesia utilizaba su poder sobre la vida espiritual de la gente para vender indulgencias, trozos de papel que decían garantizar la entrada al cielo. Algunas personas creían que las indulgencias eran abusos del poder de la Iglesia y que violaban las enseñanzas de la Biblia.

La gente empezó a protestar contra estas y otras prácticas y pidió reformas. Este movimiento, que cobró impulso en el siglo XVI, se denomina **Reforma**. El alemán **Martín Lutero** y el francés **Juan Calvino** fueron dos de los muchos líderes de la Reforma Protestante en Europa.

El acto más famoso de Martín Lutero fue clavar noventa y cinco tesis—o argumentos—en la puerta de la Iglesia del Castillo de Wittenberg en 1517. Las tesis exponían sus disputas con la Iglesia Católica Romana, incluida la venta de indulgencias. Argumentó en contra de la enseñanza de la Iglesia Católica Romana de que la salvación venía a través de la Iglesia. En cambio, Lutero promovió una doctrina llamada **justificación por la gracia a través de la fe**, que afirma que Dios ha dado a las personas la salvación gratuitamente. No podemos ganarnos la salvación con buenas acciones, pero podemos aceptarla con fe. Lutero creía que la gente no necesitaba a la Iglesia

---

9. Evelyn Underhill, *The Life of the Spirit and the Life of To-day* (New York: E. P. Dutton, 1922), 6.

entre ellos y Dios y que los sacramentos del pan y el vino no eran necesarios para la salvación. La gracia de Dios era suficiente.

Mientras tanto, en Francia, Juan Calvino aceptaba la doctrina de Lutero de la justificación por la gracia mediante la fe. Pero también creía en la doctrina fundamental de la predestinación. La predestinación es la creencia de que Dios dirige el curso de la historia hasta el más mínimo detalle. El trabajo de las personas es mantener el orden creado por Dios. La Reforma dio lugar al establecimiento de iglesias protestantes que rompieron con las prácticas tradicionales de la Iglesia Católica Romana. Tanto Lutero como Calvino fueron importantes para este movimiento.

La gente se había opuesto a las doctrinas de la Iglesia Católica Romana en siglos anteriores. Entonces, ¿qué hizo que la Reforma Protestante properara en el siglo XVI? Los historiadores coinciden en que la imprenta desempeñó un papel importante en el éxito de la Reforma. La imprenta, utilizada por primera vez en Europa a mediados del siglo XIV, permitió difundir ampliamente las opiniones discrepantes, fortaleciendo el movimiento de la Reforma.

La Reforma y la imprenta también ayudaron a que se pudieran hacer traducciones de la Biblia del latín, la lengua oficial de la Iglesia, a idiomas que la gente hablaba a diario, como el francés, el alemán o el inglés. Las nuevas doctrinas animaban a la gente a tomar sus propias decisiones sobre las creencias, por lo que necesitaban leer la Biblia en sus propias lenguas.

En 1524, Lutero había traducido las escrituras cristianas al alemán, y en 1526 Guillermo Tyndale las había traducido al inglés. Esto puso las palabras de la Biblia y su interpretación en manos de más creyentes que solo del clero culto y los monjes educados para leer en latín.

Inglaterra durante la Reforma

La Iglesia Episcopal hunde sus raíces directamente en la Iglesia de Inglaterra, que, hasta Enrique VIII, formaba parte de la Iglesia Católica Romana. La Iglesia de Inglaterra siempre había reconocido al papa en Roma como cabeza de la Iglesia, y al principio el rey Enrique VIII apoyaba al papa. Por su leal apoyo, el Papa nombró a Enrique VIII "Defensor de la Fe". Sin embargo, poco después estalló una disputa. Enrique VIII pidió al Papa que anulara, o pusiera fin, a su matrimonio con Catalina de Aragón porque no daba a Enrique un heredero al trono. La negativa del Papa a conceder la anulación fue un catalizador para que la Iglesia de Inglaterra reconociera a Enrique como su cabeza. En 1534 el Parlamento confirmó a Enrique como cabeza suprema de la Iglesia de Inglaterra con el "Acta de Supremacía".

La Iglesia de Inglaterra no se separó de la Iglesia romana por diferencias de creencias y, por tanto, a diferencia de las iglesias protestantes, la Igle-

74 BUSCAR LA VERDAD Y ESTAR ATENTOS

La reina Isabel, 1533–1603

sia de Inglaterra mantuvo muchas de las prácticas y creencias de la Iglesia romana, incluido su sistema de gobierno por obispos y su estilo de culto. Al igual que las iglesias protestantes, la Iglesia de Inglaterra celebraba el culto en la lengua del pueblo (en este caso, el inglés), y la Iglesia de Inglaterra afirmaba que la salvación proviene únicamente de la gracia de Dios, no de las obras del creyente.

Para que el culto fuera comprensible para el común de los mortales, **Thomas Cranmer**, arzobispo de Canterbury, compiló el Libro de Oración Común. Publicado en 1549 durante el reinado de Eduardo VI, este libro de oración es el primero que presenta los servicios diarios y dominicales en inglés y en un solo volumen. El Libro de Oración Común de 1979 tiene sus raíces en el Libro de Oración Común de Cranmer de 1549.

En 1553 la reina María I devolvió a Inglaterra al catolicismo romano, pero en 1558 la reina Isabel I heredó el trono y en un año restableció una Iglesia de Inglaterra independiente. El Acta de Uniformidad (1559) convirtió el Libro de Oración Común en el libro de oración oficial de la Iglesia de Inglaterra. Con la reina Isabel, la Iglesia anglicana se encaminó a ser un pueblo de oración común, más que de creencias comunes.

"No tengo ningún deseo de abrir ventanas en las almas de los hombres".
Atribuido a la reina Isabel I

La Iglesia de Inglaterra en Norteamérica

La Iglesia Episcopal es una institución única en Estados Unidos. Nuestra historia ha influido en gran medida en quiénes somos, en cómo rendimos culto juntos y en cómo nos gobernamos. Y seguirá ayudándonos a definirnos en el futuro.

Al igual que los estadounidenses empezaron a verse a sí mismos como una nueva nación separada de Inglaterra y de la corona, los miembros de la

Iglesia de Inglaterra en Norteamérica también veían a su iglesia como algo separado de la Iglesia de Inglaterra. En 1607, la ciudad de Jamestown, en Virginia, se organizó como congregación con un sacerdote ordenado en Inglaterra y mantuvo a su clero con los impuestos del gobierno local. Debido a que estos colonos cubrían sus propias necesidades financieras, comenzaron a considerarse independientes de la Iglesia de Inglaterra.

La situación era un poco diferente en las colonias del norte. Los impuestos en el norte de Nueva Inglaterra apoyaban a la Iglesia Congregacional, no a la Iglesia de Inglaterra. En Nueva Inglaterra, los miembros de la Iglesia de Inglaterra mantenían mayores vínculos con Inglaterra porque las sociedades religiosas de Inglaterra pagaban a sus sacerdotes. Durante el período colonial, ningún obispo visitó o vivió en Norteamérica. Los dirigentes de la Iglesia de Inglaterra y el Parlamento británico no querían conceder a las comunidades americanas la independencia que les proporcionaría tener un obispo. Pero a los colonos no les importaba: mientras tuvieran un número suficiente de sacerdotes, estaban contentos de estar lejos del dominio de la Iglesia de Inglaterra.

Obispos norteamericanos

Después de la Revolución, los anglicanos de Nueva Inglaterra quisieron organizarse formalmente y consideraron que necesitaban un obispo. En junio de 1783 eligieron a Samuel Seabury, rector de una iglesia del estado de Nueva York, y lo enviaron a Inglaterra para ser ordenado obispo. Como Samuel Seabury era un ciudadano estadounidense y no podía prestar el juramento de la Supremacía del Rey, los obispos ingleses no podían ordenarlo obispo. Seabury se dirigió a los obispos de Escocia, que no estaban sujetos a la ley inglesa. En noviembre de 1784, ordenaron a Samuel Seabury como primer obispo estadounidense.

Dos años más tarde, el Parlamento concedió al arzobispo de Canterbury el derecho a ordenar a tres obispos a los que no se les pediría que juraran fidelidad a la corona. En 1790, tres sacerdotes americanos habían sido ordenados como obispos, un número suficiente para llevar el episcopado histórico, o sistema de gobierno por obispos, a Norteamérica.

El nacimiento de la Iglesia Episcopal

Cuando Samuel Seabury regresó a los Estados Unidos en 1785, comenzó a unificar varias iglesias anglicanas como una sola Iglesia episcopal americana. No fue un trabajo fácil. Las comunidades del Norte querían tener obispos, mientras que las del Sur se habían acostumbrado a gobernarse sin obispo. Los dos grupos llegaron a un acuerdo: tendrían obispos, pero los sacerdotes y miembros de la congregación ayudarían a elegir a los obispos y a redactar los cánones o leyes de la Iglesia.

Samuel Seabury fue el primer obispo estadounidense de la Iglesia Episcopal.

Las constituciones de la Iglesia Episcopal aprobadas en 1789 decían que los sacerdotes y los miembros de las parroquias elegirían a los obispos en lugar de ser nombrados por el rey o la reina como se hacía en Inglaterra. Dos cámaras—la Cámara de Obispos, compuesta solo por obispos, y la Cámara de Diputados, compuesta por sacerdotes y miembros de la Iglesia en general—gobernarían la Iglesia Episcopal. Las leyes pueden originarse en cualquiera de las dos cámaras, pero ambas deben estar de acuerdo con ellas. El sistema bicameral era muy parecido al del Congreso de los Estados Unidos.

El año 1789 fue un año de gran importancia para la Iglesia Episcopal. Aprobó su constitución y adoptó el primer **Libro de Oración Común** estadounidense. El *American Book of Common Prayer* era muy parecido al libro de oración de Inglaterra, pero sin las oraciones por el rey y la familia real. Además, añadió una invocación al Espíritu Santo, o *epíclesis*, a la oración eucarística, reflejando la influencia de los obispos escoceses en Samuel Seabury.

La Iglesia Episcopal en el siglo XIX

Después de la Revolución Americana, la Iglesia Episcopal siguió siendo moldeada por la vida y la cultura de los Estados Unidos. Durante el siglo XIX se colonizó el Oeste, se libró la Guerra Civil, se expandió la industria estadounidense y un gran número de personas procedentes de Irlanda, Alemania, Escandinavia, el sur de Europa y Asia emigraron a Estados Unidos. Esta inmigración hizo que el país pasara de ser una nación de origen mayoritariamente británico a un pueblo con prácticas y creencias diversas. Las prácticas de culto y las actividades sociales se hicieron igualmente más variadas en la Iglesia Episcopal.

La expansión hacia el oeste y los misioneros

Durante sus primeras décadas, la Iglesia Episcopal tuvo dificultades. Las Convenciones Generales contaban con poca asistencia, varias diócesis no tenían obispos y el número de miembros no crecía. Pero llegó John Henry Hobart, con su gran energía y entusiasmo por la evangelización. Como obispo de Nueva York de 1816 a 1830, Hobart fue responsable de establecer iglesias episcopales en casi todas las ciudades importantes del estado de Nueva York, aumentando su número de 50 a 170. Durante sus primeros cuatro años como obispo, el número de sacerdotes y diáconos se duplicó y el número de misioneros se cuadruplicó. En 1820, el número de iglesias episcopales en Estados Unidos se había duplicado hasta alcanzar las cuatrocientas.

En 1835, la Convención General ordenó obispos misioneros que, en lugar de supervisar una diócesis establecida, fueron enviados a la frontera para establecer nuevas diócesis. **Jackson Kemper** fue el primer obispo misionero. Viajando a caballo y en carreta, organizó ocho diócesis y estableció dos colegios. Kemper trabajó especialmente entre los potawatomi, los seneca, los oneida y los hurones, instó a la Iglesia a prestar más atención a los nativos americanos y fomentó la traducción de la Biblia y del libro de oración a sus lenguas nativas.

Jackson Kemper ordenó diácono a Enmegahbowh, un odawa (ottawa) de Canadá, en 1859. Doce años después, en 1867, Enmegahbowh se convirtió en el primer sacerdote nativo americano reconocido en la Iglesia Episcopal. En 1869, **Paul Mazakute** fue ordenado primer sacerdote dakota, y en 1881, **David Pendleton Oakerhater** se convirtió en el primer diácono cheyenne. Estos hombres trabajaron duro, a menudo sin el apoyo financiero de la Iglesia en general, para difundir el Evangelio entre los nativos americanos. El duro trabajo de la Iglesia en las misiones dio sus frutos. De 1820 a 1859, el número de congregaciones episcopales se multiplicó por más de cinco, pasando de 400 a 2120

Los afroamericanos y la Guerra Civil

Estados Unidos era una nación de esclavitud y fanatismo racial. Justo después de la Guerra de la Independencia, 800,000 afroamericanos vivían como esclavos; solo 59,000 afroamericanos eran ciudadanos libres. Estados Unidos fue también un lugar de grandes cambios. **Absalom Jones**, que nació en 1746 en la esclavitud, compró la libertad de su esposa y la suya propia y más tarde se convirtió en el primer afroamericano en ser ordenado sacerdote en la Iglesia Episcopal. Jones trabajó activamente contra la opresión de los negros estadounidenses. Él y otros negros habían abandonado la Iglesia Metodista de San Jorge de Filadelfia cuando su junta parroquial decidió separar a negros y blancos, haciendo que los negros se sentaran en el balcón durante la adoración. Él y otros se marcharon y comenzaron otra iglesia que más tarde se unió a la Iglesia Episcopal como Iglesia Episcopal Africana de Santo Tomás.

Absalom Jones fue el primer sacerdote episcopal afroamericano. Fue ordenado en 1802. (Raphaelle Peale, Absalom Jones, 1810, óleo sobre papel montado sobre tabla, Delaware Art Museum. Regalo de la Escuela Absalom Jones, 1971. Reproducido con permiso).

Antes de que comenzara la Guerra Civil, otros quince afroamericanos fueron ordenados sacerdotes episcopales.

Nacida en 1820, **Harriett Tubman Ross** fue otra afroamericana episcopal que luchó por la libertad de los esclavizados y contra la opresión de los negros en Estados Unidos en el siglo XIX. Tubman Ross es una conocida líder del Ferrocarril Subterráneo (también conocido como *Ferrocarril Clandestino*; en inglés, *Underground Railroad*) y se dice que sacó de la esclavitud a entre sesenta y trescientas personas en Canadá. También sirvió como enfermera, exploradora, espía y cocinera para el ejército de la Unión y fue una firme defensora de los derechos de la mujer junto a Elizabeth Cady Stanton y Susan B. Anthony.

Al igual que la nación estaba dividida respecto a la esclavitud entre las líneas Norte-Sur, también lo estaba la Iglesia Episcopal. La agricultura del Sur se construyó sobre el trabajo de los esclavos. Los esclavos no rendían culto junto a sus dueños. Más bien, los propietarios de plantaciones episcopales del sur construyeron para sus esclavos negros sus propias iglesias atendidas por el clero blanco. Los norteños, en su mayoría, apoyaban la abolición, pero algunas iglesias blancas del norte segregaban a sus miembros según el color de su piel. La Iglesia Episcopal nunca adoptó una posición oficial sobre la esclavitud.

Cuando el Sur se separó de los Estados Unidos y se declaró una nación aparte, muchas diócesis del Sur se organizaron como una iglesia escindida llamada Iglesia Episcopal Protestante en los Estados Confederados de América. La Iglesia Episcopal no reconoció la escisión y siguió incluyendo a los obispos del sur en la lista de las convenciones generales. Al final de la Guerra Civil, las diócesis del sur fueron invitadas a regresar a la Iglesia Episcopal; en 1865, la Iglesia Episcopal volvió a unirse.

El auge de la industria y la respuesta de la Iglesia a los problemas sociales

Tras el final de la Guerra Civil, la industria estadounidense creció a pasos agigantados, pasando de ser la cuarta a la primera del mundo. A medida que la gente se alejaba de las granjas y los pueblos pequeños para buscar trabajo—y oportunidades—en las fábricas, arribaban a Estados Unidos recién llegados de otros países, y nuestras ciudades crecieron rápidamente. Pero las fábricas ofrecían malas condiciones de trabajo, bajos salarios y largas jornadas. Muchas empleaban a niños. Surgieron dos nuevas clases sociales: los trabajadores pobres y los capitalistas ricos (los que tenían dinero para construir las fábricas y obtener beneficios). Aparecen nuevos problemas sociales: el desempleo, las condiciones de trabajo inseguras, el trabajo infantil y las viviendas precarias.

Los episcopales, que comparten el compromiso bautismal de ayudar a los necesitados, respondieron con acciones. **William Augustus Muhlenberg** fue un defensor del Evangelio social, un movimiento de principios del siglo XX que aplicaba la ética cristiana a cuestiones de interés social. Fundó la Iglesia de la Santa Comunión en la ciudad de Nueva York en 1844 como una iglesia gratuita en una época en la que muchas iglesias cobraban por el asiento en el que se sentaban los domingos por la mañana. También creó una escuela y un fondo parroquial para el desempleo y un fondo "para salidas al aire libre" que llevaba a los niños pobres de la ciudad al campo durante el verano. Muhlenberg también introdujo en su iglesia algunas prácticas tradicionalmente católicas, como la comunión semanal, las flores del altar, las túnicas del coro, el follaje navideño y los servicios especiales para la Semana Santa, los días en que los cristianos recuerdan la crucifixión y muerte de Jesús. Pero Muhlenberg seguía manteniendo el énfasis protestante en la relación personal con Dios.

"Que prevalezca el nombre de hermandad, que no haya diferencias de rango mundano, en la Iglesia de la Santa Comunión". -William Augustus Muhlenberg[10]

La Asociación de Mujeres de la Junta de Misiones, organizada en 1871, proporcionó gran parte de los fondos para los programas de toda la Iglesia

---

10. William August Muhlenberg, "Address by the Rev. Dr. Muhlenberg at the Laying of the Corner Stone of the Church of the Holy Communion," transcrito por Wayne Kempton from *The Gospel Messenger and Church Record of Western New York*, Utica, August 3, 1844. http://anglicanhistory.org/usa/muhlenberg/corner_stone1844.html

para ayudar a las personas necesitadas. Las Mujeres Auxiliares dieron paso en los años 70 a las **Mujeres de la Iglesia Episcopal** (**ECW**, por sus siglas en inglés), una organización de toda la Iglesia cuya misión es capacitar a las mujeres en una vida de discipulado. En 1883, **William Rainsford**, rector de la iglesia San Jorge en Nueva York, creó clubes para niñas, niños, mujeres y hombres, así como sociedades para diferentes grupos de interés. También construyó escuelas de la Iglesia con gimnasios para los niños pobres de la ciudad y puso en marcha programas de enfermería parroquial.

El movimiento de Oxford

La introducción por parte de Augustus Muhlenberg de las tradiciones "católicas romanas" a mediados de 1800 allanó el camino para otras prácticas de la "alta iglesia" en otras congregaciones del país. Los seguidores del Movimiento de Oxford, iniciado en Inglaterra en 1833, querían que la Iglesia Episcopal adoptara de nuevo las prácticas católicas romanas, como poner velas en el altar, hacer que los sacerdotes llevaran casullas y otros ornamentos, procesar con una cruz e inclinarse al pasar la cruz. Con la llegada de un gran número de inmigrantes de origen católico romano a Norteamérica durante estos años, muchos recién llegados a la Iglesia Episcopal se sintieron como en casa con estos rituales.

Sin embargo, muchas otras personas se sintieron ofendidas por estos rituales y consideraron que eran demasiado similares a las prácticas católicas romanas. Les preocupaba que estos rituales formales hicieran que la Iglesia Episcopal se pareciera a la Iglesia Católica Romana también en otros aspectos. Temían que una Iglesia episcopal más "romana" intentara ejercer poder sobre las creencias individuales de las personas.

Esta controversia, conocida como la "controversia ritualista", no fue insignificante. Por ejemplo, el obispo de la diócesis de Massachusetts se negó a visitar una iglesia de Boston porque tenía velas y un crucifijo en el altar y su rector llevaba vestimentas. En 1868, la Convención General consideró una propuesta para prohibir tales prácticas. Pero el Obispo Presidente John Henry Hopkins consideró que la diversidad era buena para la Iglesia y mantuvo la mayoría de estas prácticas. Solo se prohibió inclinarse y levantar el pan y el vino durante la Eucaristía como actos de adoración.

La Iglesia Episcopal en los años 1900 y principios de los 2000

Los años 1900 se caracterizaron por el interés en la unidad global de la Iglesia, la continua preocupación por los problemas sociales y la creciente atención al papel de la mujer en la Iglesia.

Unidad de la Iglesia

A finales de los años 1800 y principios de los 1900, los líderes estadounidenses de las iglesias se preguntaban si las distintas confesiones eclesiásticas de Estados Unidos (por ejemplo, bautistas, metodistas, luteranos, católicos romanos) podrían abordar los problemas modernos con mayor eficacia como un solo cuerpo. **William Reed Huntington**, un sacerdote episcopal, esbozó cuatro principios que la Iglesia Episcopal considera necesarios para restaurar la unidad de todas las denominaciones como una sola Iglesia. Este importante documento para la Iglesia Episcopal se conoció como el *Cuadrilátero de Chicago* y está reimpreso en las páginas 771-72 del Libro de Oración Común en la sección llamada "Documentos históricos". A principios del siglo XX, **Charles Henry Brent**, un obispo episcopal, lideró el camino hacia los debates ecuménicos mundiales. En 1927, presidió la Conferencia Mundial de Fe y Constitución, que posteriormente pasó a formar parte del **Consejo Mundial de Iglesias**, una comunidad de unas 350 denominaciones cristianas de todo el mundo.[11]

Este es el símbolo del Consejo Mundial de Iglesias.

La Iglesia Episcopal sigue trabajando por la unidad con otras iglesias. En 1950 la Iglesia Episcopal ayudó a fundar el Consejo Nacional de Iglesias.[12] La Iglesia Episcopal entró en plena comunión con la Iglesia Evangélica Luterana de Norteamérica en 2000 y con la Iglesia Morava en 2010. Las denominaciones en plena comunión reconocen los miembros, ministerios y sacramentos de la otra y pueden intercambiar pastores y sacerdotes. La plena comunión no es una fusión. Más bien, las denominaciones respetan las diferencias y se unen en un testimonio común de fe cristiana y servicio en el mundo. Las discusiones formales sobre la Comunión continúan entre la Iglesia Episcopal y la Iglesia Presbiteriana de los Estados Unidos de América y la Iglesia Metodista Unida.

La mayoría de las Iglesias miembros del Consejo Mundial de Iglesias se encuentran en África, Asia, el Caribe, América Latina y el Pacífico.

---

11. oikoumene.org
12. www.nationalcouncilofchurches.us

Los Afrodescendientes y la Iglesia Episcopal

En parte debido a su énfasis en visualizar su misión mediante la lente de la encarnación—la presencia y acción de Dios en el mundo—la Iglesia Episcopal se ha comprometido históricamente a participar en cuestiones sociales. Aun así, como hemos señalado anteriormente, la Iglesia Episcopal se ha quedado a veces corta a la hora de vivir los valores evangélicos. Al igual que Estados Unidos quedó profundamente segregado tras la Segunda Guerra Mundial, la Iglesia Episcopal también lo estuvo. La segregación y el racismo fueron temas políticos importantes en la Iglesia en las décadas de 1950 y 1960. En la década de 1960, la Iglesia Episcopal comenzó a trabajar más activamente para hacer frente al racismo, apoyando las leyes por los derechos civiles y dando tiempo y dinero a organizaciones que trabajaban para acabar con las desigualdades sociales. Hacemos memoria de varios activistas episcopales de los derechos civiles como parte del año eclesiástico. **Jonathan Daniels**, un joven seminarista episcopal europeo-estadounidense martirizado en el movimiento por los derechos civiles, y **Pauli Murray**, abogada de derechos civiles, activista política y la primera mujer afroamericana ordenada sacerdote, son dos de ellos.

Aunque los afroamericanos llevaban asistiendo a seminarios desde el siglo XIX, no fue sino hasta la década de 1950 cuando la Iglesia Episcopal empezó a recibir a negros y blancos en los mismos seminarios. Algunos de los sacerdotes de la Iglesia Episcopal eran negros, pero era probable que sus congregaciones también lo fueran. Algunas diócesis fusionaron congregaciones de blancos y negros en un esfuerzo por la integración. En 1970, **John Burgess** fue elegido el primer obispo diocesano afroamericano al servicio de una diócesis en Estados Unidos. La Unión de Episcopales Negros,[13] establecida en 1968, es una organización dedicada a preparar y animar a los episcopales negros a vivir el Pacto Bautismal y a participar plenamente en la misión y el gobierno de la Iglesia Episcopal. Tiene miembros en todo el territorio continental de Estados Unidos, el Caribe, Canadá, África y América Latina. En 1991, la Convención General declaró que la práctica del racismo es un pecado y pidió a todos los miembros de la Iglesia que trabajaran para eliminar el racismo de la sociedad.

En la actualidad, aproximadamente el 3% de los sacerdotes, el 8% de los obispos y el 6% de los miembros de la Iglesia Episcopal son afroamericanos. En 2008, en el marco de un culto celebrado en la iglesia fundada por Absalom Jones, la Iglesia Episcopal se disculpó públicamente por su participación y

---

13. www.ube.org

apoyo a la institución de la esclavitud y por su apoyo a la segregación durante años después de la abolición de la esclavitud en Estados Unidos. Esta disculpa forma parte de un largo camino de reconciliación que continúa en la actualidad.

En 2015 la Iglesia Episcopal eligió a Michael Curry como su obispo presidente, la primera persona Afrodescendiente en ocupar ese cargo. En su primer discurso como obispo presidente, expuso su visión de la Iglesia Episcopal como una rama del "Movimiento de Jesús", llamada a salir al mundo y ser "instrumentos de la reconciliación de Dios".

Recordar la historia difícil es una oportunidad para advertir que Dios irrumpe en la experiencia humana, desafiando nuestros prejuicios, para que podamos esperar, confiar y recordar... un mañana lleno de los sueños de Dios.

Los nativoamericanos y La Iglesia Episcopal

La historia de la Iglesia Episcopal entre los nativoamericanos no es un orgullo. La carta de 1606 de Jamestown, Virginia, pedía a la Iglesia de Inglaterra que convirtiera a los "infieles y salvajes" que "viven en la oscuridad y en la miserable ignorancia del verdadero conocimiento". A finales del siglo XIX, la Iglesia Episcopal estableció misiones entre los indios del suroeste, pero rara vez apoyó económicamente estos ministerios o permitió que los nativos americanos fueran ordenados sacerdotes.

En la segunda mitad del siglo XX, la Iglesia comenzó a trabajar en serio para respetar la espiritualidad de los nativos americanos y reconocer su plena participación en la Iglesia. Dos nativos americanos—David Pendleton Oakerhater y Enmegahbowh—son celebrados por su ministerio entre los nativoamericanos. En 1977, la Convención General creó la Misión del territorio Indio Navajo a partir de par-

Michael Bruce Curry, 27º Obispo Presidente y Primado de la Iglesia Episcopal, elegido en 2015. Anteriormente fue obispo de la Diócesis de Carolina del Norte.

tes de las diócesis de Arizona, Utah y Río Grande en Nuevo México como una diócesis propia, al servicio de la Nación Navajo. La Convención General de 1997 designó una Década de la Memoria, el Reconocimiento y la Reconciliación "para acoger a los pueblos nativos en la vida congregacional y desarrollar una colaboración orientada al servicio social de los pueblos nativos urbanos". En la actualidad, la Iglesia Episcopal cuenta con un Misionero para los Ministerios Indígenas cuya oficina se encarga de la plena inclusión de los nativos e indígenas en la vida y el liderazgo de la Iglesia Episcopal.

En 2012, la Iglesia Episcopal se unió al Consejo Mundial de Iglesias para renunciar a la Doctrina del Descubrimiento,[14] la creencia de los colonialistas cristianos en el derecho a reclamar la propiedad de las tierras "descubiertas" que ya pertenecían a los pueblos indígenas soberanos. Los estadounidenses de ascendencia europea se benefician aún hoy de esta doctrina. Una de las misiones de la Iglesia Episcopal es reconocer y abordar los efectos a largo plazo de la ocupación colonial y las políticas de dominación de los pueblos indígenas.

Los latinos y asiáticos y la Iglesia Episcopal

La Iglesia Episcopal tiene más de cincuenta años de historia de ministerio en las comunidades latinas y una Oficina de Ministerios Latino/Hispano que busca apoyar el trabajo de la Iglesia en la formación de discípulos dentro de las comunidades de habla hispana. Llegar a este segmento de estadounidenses de rápido crecimiento sigue siendo una prioridad para la Iglesia Episcopal. En 2009 en la Convención General en Anaheim, California se adapto la "Visión Estratégica de la Iglesia Episcopal para Alcanzar a los Latinos/Hispanos".

Los asiáticos han formado parte de la Iglesia Episcopal desde finales del siglo XIX. Hiram Hisanori Kano fue el primer sacerdote japonés-americano ordenado en Estados Unidos en 1936. Kano fue misionero de los japoneses-americanos en Nebraska y atendió a muchos en los campos de internamiento de japoneses durante la Segunda Guerra Mundial. La Oficina de Ministerios Asiáticos ofrece recursos para difundir las buenas noticias de Cristo entre las comunidades asiático-americanas.

Las mujeres y La Iglesia Episcopal

Históricamente, las mujeres no han gozado de los mismos derechos de gobierno, liderazgo y participación en la Iglesia que los hombres. En 1889 la Iglesia Episcopal adoptó el cargo de diaconisa como una forma de que las jóvenes solteras ayudaran a atender las necesidades de los pobres y los

---

14. Katherine Jefferts Schori, "Repudiation of the Doctrine of Discovery," www.episcopalchurch.org/posts/indigenousministries/repudiation-doctrine-discovery

enfermos y a formar a los jóvenes en la fe. Pero las diaconisas no tenían una liturgia de ordenación en el Libro de Oración Común y debían renunciar si se casaban.

La Iglesia Episcopal también revivió las órdenes religiosas para mujeres. En 1845, **Anne Ayres**, feligresa de la Iglesia de la Santa Comunión de Nueva York, se convirtió en la primera religiosa de Estados Unidos de tradición anglicana. Pero las mujeres seguían sin ser invitadas a ocupar puestos de liderazgo en la Iglesia Episcopal.

Desde la década de 1920 hasta la de 1950, el número de diaconisas disminuyó. En su lugar, muchas mujeres interesadas en servir a la Iglesia trabajaron como directoras de educación cristiana o profesoras en seminarios.

En 1944 Florence Li Tim-Oi se convirtió en la primera mujer ordenada sacerdote en la Comunión Anglicana. Se ordenó en Hong Kong para atender a los refugiados chinos en la China ocupada por los japoneses.

No fue sino hasta los años 60 y 70 que las mujeres obtuvieron mayores derechos dentro de la Iglesia. En 1964, las diaconisas obtuvieron el derecho a casarse y, en 1970, las mujeres pudieron servir como lectoras laicas y diputadas en la Convención General. Después de una resolución en 1973 para ordenar a las mujeres como sacerdotes, el 29 de julio de 1974, once mujeres diaconisas—conocidas como las "once de Filadelfia"—fueron ordenadas como sacerdotes por tres obispos retirados.

Dos años después, la Convención General modificó el derecho canónico para permitir la ordenación de mujeres en el triple ministerio de diácono, sacerdote y obispo. En 1989, **Barbara Clementine Harris** se convirtió en la primera obispa de la Iglesia Episcopal. En 2006, la Convención General eligió a Katharine Jefferts Schori como obispa presidenta de la Iglesia Episcopal. En 2017, menos del 10% de todos los obispos episcopales eran mujeres.

LGBTQ y La Iglesia Episcopal

Como todas las personas, los que se identifican como LGBTQ son hijos de Dios. Sin embargo, la Iglesia no siempre los ha tratado como miembros de pleno derecho. Sin embargo, en 1976, la Convención General declaró oficialmente que las personas LGBT tienen "un derecho pleno e igual al de todas las demás personas al amor, la aceptación y la preocupación y el cuidado pastoral de la Iglesia". Integrity USA, fundada por el activista laico Louie Crew Clay, trabaja desde 1975 para hacer realidad esa resolución en la vida de la Iglesia. En 1994, la orientación sexual se añadió a los cánones

Louie Crew Clay (a la derecha) fundó Integrity y ha desempeñado un papel importante en el movimiento hacia la plena inclusión de los LGTBQ en la vida de la Iglesia.

de no discriminación para la ordenación y en 2003, V. Gene Robinson se convirtió en el primer obispo abiertamente gay de la Iglesia Episcopal. En 2012, la Iglesia Episcopal prohibió oficialmente la discriminación basada en la identidad o expresión de género. Hoy en día dos personas, independientemente de su género, pueden casarse entre sí en la Iglesia Episcopal.

La Iglesia Episcopal de hoy

La Iglesia Episcopal sigue trabajando por una mayor unidad entre todas las Iglesias del mundo y se toma las cuestiones sociales tan en serio como siempre. El Obispo Presidente Michael Curry sugiere que cada episcopal forma parte del Movimiento de Jesús, llamado por Dios a ser un evangelista que proclama la buena nueva de Jesucristo, encarna el modo de vida reconciliador de Jesús y cuida la creación. Usted está invitado a orientar su corazón, su mente y su cuerpo hacia las enseñanzas de Jesús en su vida cada día. La mayor parte de las respuestas de la Iglesia Episcopal a las injusticias son promulgadas por las iglesias locales, ya que las congregaciones se esfuerzan por vivir los imperativos evangélicos de alimentar a los pobres, vestir a los desnudos, consolar a los afligidos y liberar a los prisioneros. A nivel eclesiástico, la Oficina de Relaciones Gubernamentales de la Iglesia Episcopal en Washington, DC, aboga por leyes que aborden la reconciliación racial, el cambio climático, el medio ambiente y cuestiones de justicia social. La Cámara de Obispos, el Consejo Ejecutivo y el obispo presidente suman sus voces, haciéndolo recientemente en temas como la violencia armada, el cambio climático, el matrimonio igualitario, la reconciliación racial y los derechos a las tierras sagradas de los pueblos indígenas. A nivel internacional, la Iglesia Episcopal trabaja activamente por una paz justa y la eliminación de la pobreza mundial, fomentando el desarrollo sostenible en apoyo de los Objetivos de Desarrollo Sostenible adoptados por las Naciones Unidas en 2015.

La Iglesia Episcopal tiene hoy unas 6,500 congregaciones y misiones y 1.8 millones de miembros bautizados activos, de los cuales unos 580,000 asisten regularmente al servicio dominical. Aproximadamente tres quintas partes de los laicos y un tercio del clero son mujeres. La Iglesia Episcopal está creciendo en diversidad étnica y tiene la oportunidad de mostrar cómo podemos vivir juntos en la diversidad como una sola comunidad. Cerca del 6% de los episcopales son negros, cerca del 4% son latinos y cerca del 1% son asiáticos o de las islas del Pacífico.[15] Nuestros edificios, culturas, idiomas y estilos de culto varían mucho, pero somos un pueblo unido por una fe compartida en un solo Dios, un ministerio común y una oración común.

Preguntas transformadoras

1. **Esté atento:** Seleccione un problema contemporáneo al que se enfrente la Iglesia Episcopal en la actualidad. ¿Qué cree usted sobre el tema? ¿Ha prejuzgado el tema o a los que defienden una u otra posición?

2. **Sea inteligente:** Identifique una experiencia que se relacione con su creencia. ¿Cómo afirma o cuestiona esta experiencia su creencia? ¿Qué otras interpretaciones son posibles?

3. **Sea racional:** ¿Qué creen los demás sobre esta cuestión? Tal vez quiera confirmar su opinión con otras personas. ¿Qué nueva información o perspectivas aportan estas otras posiciones a sus propias creencias?

4. **Sea responsable:** ¿Sugiere su nueva visión que usted podría actuar de forma diferente?

5. **Esté en el Amor transformado:** ¿Qué puede hacer en el futuro para invitar a otros a compartir diferentes perspectivas sobre un tema?

---

15. Tablas, gráficas e informes de investigación (en inglés), The Episcopal Church.

Cuarta Parte

Ser inteligentes

INTERLUDIO
"Pongo mi corazón en Dios"

Hace más de cincuenta y cinco años, en un aula de la Universidad Gregoriana de Roma, mi alma mater, un profesor introdujo su curso de Teología de la Revelación—lo que sabemos de Dios porque Dios nos lo ha dicho—con esta imagen.

En una gran sala de conferencias, con capacidad para varios centenares de estudiantes de unos cincuenta países, se pasea lentamente por una plataforma elevada. Apretó un punto blanco con tiza en una enorme pizarra. Tras una pausa dramática, dijo en latín: "Lo blanco es lo que sabemos de Dios. Lo negro es lo que no sabemos. Lo que sabemos es poco. Pero lo poco que Dios nos ha dado a conocer es precioso".

Entre lo poco valioso, se podría decir que está el Credo de Nicea, una profesión de fe del siglo IV que se reza durante las celebraciones dominicales de la Eucaristía. "Yo creo", como se dice en la misa católica romana. "Creemos", en la Santa Eucaristía de las iglesias episcopales.

Aunque hayas dicho este credo durante diez, veinte o cincuenta años, ¿ha sido para ti oración o recitación? Durante gran parte de mi vida, el Credo de Nicea en el culto parecía una recitación de creencias, apenas una oración.

Me encantó, hace unos años, leer un artículo de opinión en el *New York Times* de T.M. Luhrmann, profesora de antropología de Stanford, en el que afirmaba que "el papel de las creencias en la religión está muy exagerado, como los antropólogos saben desde hace tiempo".[16]

Me atrajo el ingenioso titular: *La creencia es la menor parte de la fe*. El titular es exagerado, pero creo que no mucho.

---

16. T. M. Luhrmann, "Belief is the Least Part of Faith," *New York Times*, 29 de Mayo, 2013.

Parte del problema de ver la fe solo como creencia es que, aunque la creencia tiene una forma verbal en español (creer), la fe no. Por lo general, "Fe" ha tomado prestado a la palabra "creer" como verbo. Ahí está el problema. Tal vez la forma verbal inglesa de fe podría resultar ser mejor "*to trust*" (confiar).

"La creencia religiosa, tal como la conceptualizamos hoy", escribe la señora Luhrmann, "es un fenómeno totalmente moderno".

Ella se refiere al estudioso de la religión comparada, Wilfred Cantwell Smith, quien señaló que cuando se imprimió la Biblia del Rey Jacobo (o versión King James) en 1611, "creer" significaba algo así como "tener cariño".

Smith escribió una vez que la afirmación "Creo en Dios" solía significar: "Dada la realidad de Dios como un hecho del universo, le confío a él mi corazón y mi alma. Me comprometo a vivir en lealtad a él. Ofrezco mi vida para ser juzgada por él, confiando en su misericordia".[17]

Se ha argumentado que "Credo" (creo que la primera palabra del Credo de Nicea en latín) tiene la misma raíz que "corazón".

Decir "creo", entonces, no es solo una declaración sobre si creo que Dios existe. Es una declaración sobre dónde está mi corazón. Cuando proclamo: "Creo", digo que estoy entregando mi corazón a Dios. Entregar mi corazón cambia mi forma de vivir.

Intenta rezar el Credo de Nicea de esta manera. En lugar de "yo/nosotros creemos", piensa y reza: "yo pongo mi corazón".

Pongo mi corazón en un solo Dios, Padre todopoderoso. Pongo mi corazón en un solo Señor, Jesucristo. Pongo mi corazón en el Espíritu Santo, Señor y dador de vida. Pongo mi corazón en la Iglesia, que es una, santa, católica y apostólica. Reconozco un solo Bautismo para el perdón de los pecados. Espero la resurrección de los muertos y la vida del mundo futuro.

En relación con esto hay una vieja y encantadora historia sobre la diferencia entre "creo que" y "creo en" (pongo mi corazón en). Si ves a un hombre empujando una carretilla por una cuerda floja entre dos altos edificios y apuestas diez dólares a que consigue cruzar, tú crees "eso". Si te colocas en la carretilla, tú crees "en".

---

17. Wilfred Cantwell Smith, *Belief and History* (Charlottesville, VA: University of Virginia Press, 1977), 44.

CUARTO CAPÍTULO

La fe: ¿En quién confiamos?

Jesús le dijo: Puedes irte; por tu fe has sido sanado. En aquel mismo instante el ciego recobró la vista, y siguió a Jesús por el camino. (Marcos 10:52)

Con unas pocas palabras, "Puedes irte; por tu fe has sido sanado", Jesús curó al ciego Bartimeo. Sin la vista, el mundo era amenazante, peligroso, limitante y lleno de miedo. El ciego Bartimeo se ganaba la vida mendigando a un lado del camino, tomando más que dando. Pero, sintiendo que Jesús estaba cerca, Bartimeo gritó: "¡ten compasión de mí!". Jesús respondió: "¿Qué quieres que haga por ti?". "Maestro, quiero recobrar la vista", dijo. Entonces Jesús proclamó: "Vete; tu fe te ha curado".

La fe de Bartimeo le dio una nueva forma de ver, y le mostró un mundo lleno de luz, esperanza y posibilidades. En este nuevo mundo con el amor de Dios, Bartimeo no tenía que tener miedo. Tal vez Bartimeo había sido objeto de burlas por ser un mendigo. No lo sabemos. Sabemos que Bartimeo fue curado. Dios amaba a Bartimeo, y esta nueva forma de ver le cambió tanto que se levantó inmediatamente y siguió a Jesús. Así se convirtió en un discípulo. También nuestra fe es una nueva forma de ver. A través de la fe vemos el mundo como un lugar en el que Dios nos bendice y nos invita a responder con acciones de amor. Cuando vemos el mundo como Dios nos invita a hacerlo, nos sentimos atraídos a convertirnos en seguidores de Jesús, como Bartimeo. Expresamos cómo experimentamos el amor de Dios en nuestras declaraciones de fe.

Declaraciones de fe

En la Iglesia Episcopal tenemos tres declaraciones oficiales de fe: el Credo de Nicea, el Credo de los Apóstoles y el Credo de Atanasio. Decimos el Credo de Nicea durante la Santa Eucaristía y decimos el Credo de los Apóstoles durante el servicio del Santo Bautismo y el "Oficio Diario" de la Oración Matutina y la Oración Vespertina en el Libro de Oración Común. Puede encontrar el Credo de San Atanasio entre los documentos históricos del Libro de Oración Común (páginas 758-59).

> En su interludio a este capítulo, Bill señala que cuando se imprimió la Biblia King James las palabras "I believe" (yo creo) se entendían mejor como "I hold dear" (me es querido). ¿Qué significa tener a Dios en el corazón?

Estos credos son antiguas declaraciones de creencia que surgieron de cuestiones y disputas en los primeros años de la Iglesia. Preguntas como: ¿Quiénes son exactamente Jesús y el Espíritu Santo? ¿Es el Espíritu Santo también divino? ¿Es Jesús divino y humano a la vez? ¿Creer en Dios Padre, Hijo y Espíritu Santo es creer en un solo Dios? ¿Cómo están relacionados el Padre, el Hijo y el Espíritu Santo? Los concilios eclesiásticos de Nicea y Calcedonia, ciudades de la actual Turquía, se reunieron durante los siglos IV y V para reflexionar sobre estas cuestiones, y como respuesta redactaron el Credo de Nicea. El Credo de Nicea es una declaración de fe de una comunidad, por lo que comienza con la frase "Creemos".

El Credo de los Apóstoles se desarrolló a partir de las respuestas a las preguntas que la Iglesia hacía a los candidatos al bautismo en los primeros años del cristianismo. Esas preguntas son:

¿Crees en Dios Padre?
¿Crees en Jesucristo, el Hijo de Dios?
¿Crees en Dios Espíritu Santo?

Los candidatos al bautismo—o sus padrinos—siguen respondiendo hoy a estas mismas preguntas junto con toda la congregación reunida para presenciar el bautismo. El Credo de los Apóstoles es una declaración personal de creencia, por lo que comienza con la frase "Creo": "Creo en Dios, Padre todopoderoso".

El Credo de los Apóstoles

Dedica uno o dos minutos a leer despacio el Credo de los Apóstoles.

> Creo en Dios Padre todopoderoso,
>   creador del cielo y de la tierra.
> Creo en Jesucristo, su único Hijo, nuestro Señor.
>   Fue concebido por obra y gracia del Espíritu Santo
>   y nació de la Virgen María.
>   Padeció bajo el poder de Poncio Pilato.
>   Fue crucificado, muerto y sepultado.
>   Descendió a los infiernos.
>   Al tercer día resucitó de entre los muertos.
>   Subió a los cielos,
>   y está sentado a la diestra de Dios Padre.
>   Desde allí ha de venir a juzgar a vivos y muertos.
>
> Creo en el Espíritu Santo,
>   la santa Iglesia católica,
>   la comunión de los santos,
>   el perdón de los pecados,
>   la resurrección de los muertos,
>   y la vida eterna. Amén.

Oriente su corazón hacia Dios

El Credo de los Apóstoles comienza con las palabras "Creo en Dios". Cuando decimos "creo en Dios", no estamos afirmando que Dios existe. Estamos diciendo que estamos en relación con Dios. Es como decirle a alguien que amas: "Creo en ti". En el ensayo que precede a este capítulo, Bill nos recuerda que las palabras "credo" y "corazón" comparten la misma raíz latina. Así que, como sugiere Bill, cuando proclamamos nuestra creencia en Dios, lo que realmente estamos diciendo es: "Pongo mi corazón en Dios". ¡Qué gran diferencia!: al poner nuestro corazón en Dios, entramos en una relación de confianza. Los credos son declaraciones sobre el Dios que amamos y en el que confiamos.

> Reza el Credo de los Apóstoles, sustituyendo las palabras "amo" por las palabras "creo". ¿Cómo cambia esto tu comprensión?

La Trinidad

El Credo de los Apóstoles (al igual que el Credo de Nicea) es trinitario: Creo en Dios... Creo en Jesucristo... Creo en el Espíritu Santo... Tres personas en una: Padre, Hijo y Espíritu Santo. Llamamos Trinidad a Dios que existe en tres personas eternas, distintas e iguales. La palabra "trinidad" viene de dos palabras latinas: *tri* que significa "tres" y *unitas* que significa "unidad". La naturaleza de Dios son tres personas unidas en un solo Dios.

No fueron unos teólogos encumbrados en torres de marfil los que inventaron que Dios es tres en uno. Esa concepción de Dios refleja la experiencia de los primeros cristianos sobre Jesús resucitado y la venida del Espíritu Santo. Esa experiencia llevó a la Iglesia a entender a Dios como una comunidad de amor efusivo, un Dios en relación, un Dios que es ser-en-comunidad. Creer que Dios es Trinidad es creer que la relación está en el corazón del universo.

Creer que Dios es Trinidad es creer que tú y yo solo existimos como personas genuinamente humanas cuando estamos en relación con los demás y con Dios.

Una doctrina tradicional de la Trinidad es que las tres personas que son un solo Dios son una, iguales y coeternas.

Uno. Hay infinidad de analogías para entender la Trinidad. Ninguna es perfecta. Pero intente pensar en la Trinidad como análoga al tiempo: el tiempo se compone de pasado, presente y futuro. Cada uno es distinto del otro, pero cada uno es una expresión del mismo concepto, es decir, el tiempo. El pasado no representa un tipo de tiempo, el presente otro y el futuro otro. Son uno. Asimismo, Dios Padre, Dios Hijo y Dios Espíritu Santo son personas distintas, pero cada una es Dios.

Iguales. El pasado, el presente y el futuro representan cada uno un aspecto diferente del mismo tiempo. Uno no es más importante que el otro; solo se puede entender uno junto a los otros. No se puede, por ejemplo, comprender el pasado sin conocer también el presente y el futuro. Supongamos que vas a la iglesia el domingo. Al día siguiente, el lunes, puedes decir que tu ida a la iglesia ocurrió en el pasado. ¿Cómo sabes que fue en el pasado? Porque sabes que es un evento que ocurrió antes del día actual, el lunes. Como ves, solo conoces el pasado en relación con el presente. Lo mismo ocurre con el futuro. Todos los tiempos—presente, pasado y futuro— son iguales y solo se conocen en relación con los demás. Esto representa su igualdad. Del mismo

La triquetra es un símbolo de la Trinidad.

modo, Dios Padre, Dios Hijo y Dios Espíritu Santo son personas iguales como un solo Dios. La forma en que entendemos al Hijo, por ejemplo, nos ayuda a entender también al Padre y al Espíritu Santo.

Coeternos. No podemos entender el tiempo sin un pasado, un presente y un futuro: esos tres elementos son **coeternos**. Es decir, los tres son parte de uno; lo han sido siempre y juntos serán siempre parte de nuestro concepto del tiempo. El Hijo y el Espíritu Santo estaban con Dios Padre antes de la creación, están con Dios Padre ahora y estarán con Dios Padre hasta el final de los tiempos. De la misma manera, las tres personas, Dios Padre, Dios Hijo y Dios Espíritu Santo, han existido y existirán juntas como una sola para siempre.

La creencia básica respecto a la Trinidad es la siguiente: "El Padre es Dios, el Hijo es Dios, el Espíritu Santo es Dios, el Padre no es el Hijo, el Hijo no es el Espíritu Santo, el Espíritu Santo no es el Padre, No hay tres dioses, sino un solo Dios". Los teólogos a lo largo de los siglos han tratado de entender y explicar cómo es esto. Algunas nociones pueden haber sido mejores que otras. Ninguna ha sido absoluta. Porque siempre que hablamos de Dios, no podemos decir más que "Dios es como…"

Lo que significan las palabras del Credo de los Apóstoles

Al rezar cualquier credo, preste atención a las palabras y solo a esas palabras, no a las interpretaciones particulares que usted o los demás puedan dar a las palabras. Hay que reconocer que las personas y las iglesias han establecido más de una comprensión en las declaraciones de credo y que la Iglesia Episcopal no requiere que usted elija una u otra de esas comprensiones para ser episcopal.

Creo en Dios

Comenzamos con la primera persona de la Trinidad: Dios Padre. Afirmamos que Dios es real, que existe un "otro" maravilloso y magnífico al que somos fieles, en el que confiamos, y que se preocupa íntimamente por cada uno de nosotros, por nuestro bienestar y por nuestras relaciones con otras personas y con toda la creación. Pero aún más que eso, estamos proclamando que amamos a Dios, que le damos nuestro corazón y que queremos tener una relación con Dios.

Padre todopoderoso, creador del cielo y de la tierra.

No creemos en cualquier Dios. El Dios que amamos nos adoptó como hijas e hijos y entra en la historia humana una y otra vez con actos poderosos que nos reconcilian continuamente con él. Creemos en el Dios que hizo todas las cosas, tanto en el cielo como en la tierra, y que es la fuente de todas las cosas, en todas partes.

Dios como Padre es solo una imagen que los cristianos utilizan para expresar su experiencia de Dios. A lo largo de la Biblia, Dios es descrito de muchas maneras. Dios es descrito como hombre y como mujer. En Isaías 66:13, por ejemplo, se describe a Dios como una madre que consuela a su hijo. Dios es descrito como la naturaleza. En el Salmo 28, por ejemplo, el salmista llama a Dios "mi Roca". Las oraciones que utilizamos durante los servicios religiosos expresan muchas imágenes de Dios: Dios como gobernante del universo, fuente de vida, fuente de bondad, santo Señor, escudo y armadura de luz, santa sabiduría y dador de vida. Estas imágenes reconocen que Dios se revela de muchas maneras. Una sola imagen no puede describir adecuadamente a Dios.

Reconocer a Dios—y nuestra relación de amor con él—nos hace ver el mundo de una manera totalmente diferente. Cuando los israelitas se enfrentaron a un desierto hostil al salir de Egipto y se preguntaron cómo podrían encontrar el camino, Dios los guió con una nube de día y una columna de fuego de noche. Cuando no tenían nada que comer, Dios les dio maná del cielo, suficiente para sus necesidades diarias. Cuando tuvieron sed, Dios los condujo a una roca que Moisés golpeó, ordenando que brotara agua para saciar su sed.

En las escrituras cristianas, Jesús siguió mostrándonos nuevas formas de ver el mundo. Los pobres, dijo, recibirán el reino de Dios, los hambrientos serán saciados, los tristes reirán y los que lloran serán consolados. Cuando vemos el mundo como lo ve Jesús, miramos el mundo de forma muy diferente. Más adelante en el capítulo, exploraremos cómo el creer en Dios cambia lo que somos y nuestra respuesta hacia los demás en el mundo. Recibir el reino de Dios con ojos nuevos nos impulsa a participar en la realización de los sueños de Dios para el mundo.

Creo en Jesucristo, su único Hijo, nuestro Señor.

Proclamamos nuestra creencia en la segunda persona de la Trinidad: Jesucristo. Al decir "creo en Jesucristo", estamos haciendo algo más que reconocer que alguien llamado Jesús vivió en un pequeño país del Medio Oriente hace dos mil años. En cambio, estamos comprometiendo nuestras vidas con este Jesús y convirtiéndonos en sus seguidores, o discípulos. Nos comprometemos con la Ley de Moisés (los Diez Mandamientos) y con el nuevo mandamiento de Jesús: amar al prójimo como a uno mismo.

La segunda parte de esta frase (su único Hijo) afirma que Jesús es la imagen humana perfecta de la Divinidad. Su vida y su ministerio nos muestran la esencia de Dios, que es el amor. Llamamos a Jesús "nuestro Señor" porque sabemos que nos lleva a Dios Padre. En el Evangelio según Juan, Jesús dice: "Yo soy el camino, la verdad y la vida. Nadie viene al Padre sino por mí" (Juan 14:6). Los cristianos que reconocen a Jesús como su camino al Padre no tienen por qué creer que Dios no se relaciona con los que se comprometen con Dios de forma distinta a la cristiana.

Fue concebido por obra y gracia del Espíritu Santo y nació de la Virgen María.

Esta es una afirmación contundente. Dice que creemos que Jesús es tanto humano como divino. Al entrar en nuestro mundo como un ser humano, Dios entró en la historia y se convirtió en una persona como tú y como yo. Dios se convirtió en uno de nosotros. Jesús nació, como nosotros, en una familia humana, y creció en esa familia. Los Evangelios se centran en el ministerio público de Jesús como adulto y no dicen mucho sobre la juventud de Jesús. Esto no debería sorprendernos. Los Evangelios no son biografías modernas. Son anuncios de la buena noticia de que el reino de Dios ha llegado en Jesús, el Cristo resucitado.

Pero los Evangelios nos cuentan muchas cosas sobre cómo era Jesús. Como nosotros, Jesús dormía, comía, reía y lloraba. Como nosotros, Jesús se enfrentó a las tentaciones. Como nosotros, Jesús afrontó momentos de debilidad y pidió a Dios que le quitara sus problemas. Al igual que nosotros, Jesús necesitaba el apoyo de sus amigos más cercanos. Como nosotros, Jesús sintió el dolor y el abandono. Jesús fue sometido a un gran sufrimiento en la cruz.

Nuestra creencia de que Jesús era Dios en la carne se llama la **encarnación**. El Verbo se hizo carne y vivió entre nosotros. Decimos las palabras "Virgen María" tanto para enfatizar la humanidad de Jesús como para conectar a Jesús con la antigua profecía de Isaías 7:14: Pues el Señor mismo les va a dar una señal:

La joven está encinta y va a tener un hijo, al que pondrá por nombre Emanuel.

Las palabras "nacido de la Virgen María" proclaman nuestra creencia de que Jesús no adoptó simplemente la apariencia de un hombre, sino que fue verdaderamente humano, además de verdaderamente divino. El escándalo de nuestra fe es que Dios redimió la creación entrando en ella.

Jesús también era plenamente divino. Nada separaba a Jesús de Dios. Jesús expresó el amor de Dios en su vida sanando a los enfermos, perdonando los pecados, reparando las relaciones rotas, alejándose del mal y llamando a todos a la amistad con Dios. No queremos decir que Jesús fuera solo un hombre que llevó una vida correcta, sino que Dios Padre vivió completamente en Jesús. Dios asumió la naturaleza humana en Jesús.

Padeció bajo el poder de Poncio Pilato.

Puede parecer extraño mencionar a Poncio Pilato en una declaración de fe sobre Dios. Recibe una mala reputación en nuestra lectura de la Biblia como el líder romano que interrogó a Jesús en su juicio y lo condenó a muerte en la cruz. Entonces, ¿por qué mencionarlo en el credo? Se menciona a Poncio Pilato por que su nombre sitúa a Jesús en la historia de la humanidad. Poncio Pilato fue gobernador de Judea, una antigua región de Palestina que formaba parte del Imperio Romano, que desde el año 26 al 36 de la era cristiana, época de la crucifixión de Jesús, incluía la ciudad de Jerusalén. El historiador judío Josefo, que vivió poco después de Jesús, recoge el mandato de Pilato. Dios se hizo carne en un momento y lugar determinados.

Fue crucificado, muerto y sepultado.
Descendió a los infiernos.

Jesús realmente sufrió y murió como un humano en la cruz. A través de Jesús, Dios eligió sufrir y morir como uno de nosotros. Decimos que descendió a los infiernos [al lugar de los muertos] no necesariamente para decir que Jesús fue literalmente a un lugar donde residían los muertos, sino que Dios ofrece la salvación a través de Jesús a todas las personas: a los vivos y a los que ya habían muerto antes de que Jesús naciera en el mundo. La muerte no es la última palabra para nadie. Dios ofrece la liberación de la muerte, o la salvación, a todas las personas.

La cruz es un símbolo cristiano central.

Al tercer día resucitó de entre los muertos.

Después de la muerte de Jesús, varias mujeres acudieron al sepulcro donde fue depositado Jesús para ungir su cuerpo con perfumes y aceites. Pero se sorprendieron al ver que el sepulcro estaba vacío. En el Evangelio según

Lucas, dos ángeles les dijeron a las mujeres que Jesús había resucitado, y ellas corrieron a decírselo a los amigos más cercanos de Jesús, los discípulos. Durante cuarenta días, Jesús resucitado se reveló a los discípulos, que lo reconocían cada vez que compartían una comida. El camino de Emaús, en Lucas 24, es una historia conmovedora de dos discípulos que reconocen que el forastero que les acompaña es Jesús justo en el momento en que este parte el pan para una comida.

Al vencer a la muerte, Jesús abrió el camino a la vida eterna. "Vida eterna y salvación" tiene varios significados. Vida eterna y salvación significa una vida sin sufrimiento físico o emocional y una vida donde nuestros pecados son perdonados. No podemos experimentar la salvación completamente como seres humanos viviendo en la tierra. Pero a través de nuestra fe en Dios y con su ayuda podemos tomar decisiones que disminuyan el sufrimiento humano y demuestren el amor de Dios a los demás.

Ya que Jesús resucitó de entre los muertos, no tenemos que vivir completamente separados de Dios. Y al igual que se reveló a los discípulos, Jesús sigue revelándose a nosotros a través de la Eucaristía, la comida especial que los cristianos comparten juntos, y a través de las acciones de amor de las personas entre sí y hacia la creación. La muerte no puso fin a la historia.

La resurrección de Jesús está en el centro de lo que significa ser cristiano. A través de la resurrección de Jesús se nos hace una nueva creación y se nos da un camino de vida eterna.

Subió a los cielos,
y está sentado a la diestra de Dios Padre.

Creemos que Jesús habita con el Padre al igual que algún día lo haremos nosotros también. Las palabras "sentado a la derecha" no significan que Jesús esté literalmente sentado junto a Dios a su derecha. En el mundo antiguo, la persona más importante de la cena se sentaba a la derecha del anfitrión. Es una forma de decir que Jesús comparte la autoridad y el poder de Dios como gobernante de toda la creación.

Desde allí ha de venir a juzgar a vivos y muertos.

Decía: «Ya se cumplió el plazo señalado, y el reino de Dios está cerca. Vuélvanse a Dios y acepten con fe sus buenas noticias.» (Marcos 1:15). Dios creó el mundo y gobierna el mundo actual. Lo que queremos decir con gobernar el mundo es que Dios tiene un propósito y un orden para el mundo.

Debemos amar a nuestro prójimo como a nosotros mismos. Debemos cuidar de la tierra y de todos los seres vivos. Dios envió a Jesús para mostrarnos el camino para vivir según su voluntad y para ofrecernos la sanación que necesitamos para amarnos a nosotros mismos, a los demás y a la creación. También esperamos un tiempo en el que ya no estemos separados de Dios y vivamos de acuerdo con su voluntad. Esperamos el momento en que nuestra relación con Dios se restablezca por completo, cuando nos encontremos con Dios cara a cara, por así decirlo.

Creo en el Espíritu Santo,

El Espíritu Santo es la tercera persona de la Trinidad: el poder y la presencia de Dios en nuestro pasado, nuestro presente y nuestro futuro. El Espíritu Santo es Dios actuando en el mundo y en la Iglesia, desde el principio de los tiempos hasta la eternidad. El Espíritu Santo es el aliento sobre la nada en la creación, el maná del cielo que alimentó a los israelitas en el desierto, las palabras de Dios al comienzo del ministerio de Jesús diciendo, Se oyó entonces una voz del cielo, que decía: «Éste es mi Hijo amado, a quien he elegido.» (Mateo 3:17). Y eran fieles en conservar la enseñanza de los apóstoles, en compartir lo que tenían, en reunirse para partir el pan y en la oración. (Hechos 2). El Espíritu Santo es la persona de la Trinidad que nos fortalece, alimenta y sostiene. Por medio del Espíritu Santo, vivimos en Cristo y Cristo vive en nosotros. A través del Espíritu Santo, llevamos la alegría, la paz y la justicia de Cristo al mundo.

la santa Iglesia católica,

"Católico" es otra palabra para universal, o mundial. Cuando decimos que creemos en la Iglesia católica, queremos decir que apoyamos a una comunidad de fe universal, a todos los que creen en Jesús. Según la tradición, la Iglesia se fundó cuando el Espíritu Santo descendió sobre los apóstoles en Pentecostés. Ese día se bautizaron tres mil personas. Nosotros, como los bautizados en la fundación de la Iglesia, perseverábamos "en la enseñanza de los apóstoles, en compartir lo que [teníamos], en [reunirnos] para partir el pan y en la oración". (Hechos 2:42).

la comunión de los santos,

La palabra "santos" significa aquí una comunidad de personas fieles, los numerosos miembros del Cuerpo de Cristo, que creen en

La paloma que desciende es un símbolo del Espíritu Santo.

Dios y en Jesucristo. Cuando somos iniciados en la vida de la Iglesia mediante el bautismo, nos convertimos en santos con "s" minúscula. Es diferente de los santos con "S" mayúscula, a los que la Iglesia romana honra especialmente por su vida devota y sus milagros. Afirmar nuestra pertenencia a la comunidad de los santos significa que estamos relacionados en nuestra fe con todos los demás miembros del Cuerpo de Cristo, o la Iglesia. Cuidamos esa relación mediante la adoración, la oración y el servicio mutuo.

el perdón de los pecados,

No importa lo que hagamos mal, Dios quiere restablecer la amistad con nosotros y nos perdona incluso antes de que se lo pidamos. En el bautismo, nosotros—o nuestros padres y padrinos—renunciamos al mal y nos entregamos a Jesucristo como nuestro Salvador. Pero, inevitablemente, erramos y no cumplimos nuestras promesas bautismales por cosas que hacemos y dejamos de hacer. A veces nuestras acciones traen el mal al mundo, y a veces no hacemos lo que Dios nos pide, lo que también puede contribuir a la ruptura de la creación. Así que una y otra vez tenemos que alejarnos del mal, decir que lo sentimos y pedir el perdón de Dios. Podemos confiar en que Dios siempre nos perdonará.

la resurrección de los muertos,
y la vida eterna.

Creemos que Dios nos resucitará por completo a una nueva vida con él. Porque somos miembros vivos del Cuerpo de Cristo—la Iglesia—compartimos la resurrección de Jesús. Así como Jesús conquistó el pecado, el sufrimiento y la muerte, nosotros ya no experimentaremos dolor ni sufrimiento. Seremos resucitados en perfección por Dios y, como personas resucitadas, estaremos unidos a Dios, viviendo en perfecta alegría y paz unos con otros, amando a Dios y a los demás de una manera que no es posible ahora. En última instancia, nada—ni el pecado, ni el sufrimiento que conocemos ahora en la tierra, ni siquiera la muerte—nos separará del amor de Dios.

La fe como visión y respuesta

La fe de Bartimeo le abrió los ojos y le hizo saltar y seguir a Jesús. Fíjese en esas dos acciones: la fe dio la vista y la vista provocó una respuesta. Lo mismo ocurre con nuestra fe. Nuestra fe significa que vemos el mundo dentro de una relación con Dios. Y respondemos de manera que mantenemos nuestra relación con Dios y con el mundo. Como Bartimeo, estamos llamados a seguirle.

Decimos que creemos en—y ponemos nuestro corazón en—Dios todopoderoso. Lo que vemos es un Dios que está con nosotros, nos ama y nos cuida. Dios está en el centro de nuestras vidas y prometemos vivir según su voluntad. Decimos que creemos en—y ponemos nuestro corazón en—Jesús. Lo que vemos es un mundo en el que Dios nos conoce íntimamente—nuestro dolor, nuestra alegría y nuestros miedos—porque a través de Jesús se hizo uno de nosotros. Jesús todavía nos muestra signos del reino de Dios, un mundo marcado por la vida, la alegría, la abundancia y la justicia. A cambio, prometemos ser discípulos de Jesús, para que el mundo se parezca más al reino de Dios. Decimos que creemos—y ponemos nuestro corazón—en el Espíritu Santo. Eso significa que vemos un mundo en el que Dios actúa, ofreciendo el perdón, sosteniendo la vida y el crecimiento, y guiando al mundo hacia su realización. Respondemos aceptando la guía de Dios, aceptando su perdón y tratando de alinear nuestras acciones con la voluntad de Dios. Lo hacemos dedicando tiempo a adorar a Dios y a rezar cada día, llevándole nuestras preguntas y pidiéndole que nos guíe. A través de la oración invitamos a Dios a participar en nuestras decisiones y a continuar preguntándonos si lo que hacemos es compartir el amor que Dios nos da.

Creer cambia nuestra forma de ver las cosas y de responder al mundo. Creer sin actuar no es creer.

¿Cómo sabemos cómo responder?

Recuerde que nuestra relación con Dios es una relación de alianza. Las historias de las escrituras judías (Antiguo Testamento), la vida y el ministerio de Jesús, y las promesas que hicimos en el bautismo nos hablan de cómo vivir en ese pacto sagrado. Cuando Dios estableció el pacto con los israelitas a través de Moisés, prometió ser su Dios, guiándolos y dándoles tierra, comida y bebida. En respuesta, Dios exigió al pueblo que fuera fiel, que hiciera justicia, que amara la misericordia y que caminara humildemente con su Dios. Los cristianos se refieren al pacto sagrado que Dios estableció con los israelitas como el **Antiguo Pacto**. Piense en la palabra "antiguo" aquí como un término de respeto. No significa que este pacto ya no dé vida ni sea relevante.

Como parte del pacto con los israelitas, Dios dio los Diez Mandamientos para mostrar lo que significa vivir dentro del pacto. Puede leerlos en Éxodo 20:1-17 y también en Deuteronomio 5:6-21. Los cuatro primeros mandamientos definen nuestra relación con Dios. Adoramos a un solo Dios. Honramos a Dios mediante el amor y el respeto y poniendo a Dios en primer lugar. Los últimos seis mandamientos definen nuestra relación con los demás. Ser fieles a nuestras relaciones con los demás significa que actuamos de forma que mostremos honor, amor y respeto por toda la vida.

Jesús vino al mundo para cumplir las leyes que Dios dio a los israelitas. Es decir, Jesús cumplió las leyes de Dios amándole y amando al prójimo como a sí mismo. Y además, mediante su resurrección, Jesús cumplió las leyes ofreciéndonos el perdón por todas las veces que desobedecemos las leyes de Dios. A través de Jesús, Dios estableció una nueva alianza, una nueva relación con la humanidad. En el Nuevo Pacto, Jesús nos promete el reino de Dios, una vida marcada por la alegría, la comunidad, la abundancia y la justicia. En el **Nuevo Pacto**, Cristo nos llama a responder con amor guardando sus leyes, especialmente los siguientes **dos Grandes Mandamientos:**

> "Ama al Señor tu Dios con todo tu corazón, con toda tu alma y con toda tu mente".
> y uno, que era maestro de la ley, para tenderle una trampa, le preguntó:
> —Maestro, ¿cuál es el mandamiento más importante de la ley?
> Jesús le dijo:
> —"Ama al Señor tu Dios con todo tu corazón, con toda tu alma y con toda tu mente." Éste es el más importante y el primero de los mandamientos. Pero hay un segundo, parecido a éste; dice: "Ama a tu prójimo como a ti mismo. "En estos dos mandamientos se basan toda la ley y los profetas. (Mateo 22:35–40)

Fíjese cómo estos dos Grandes Mandamientos reflejan los Diez Mandamientos. El primer mandamiento trata de amar a Dios, mientras que el segundo trata de amar a los demás. Para vivir dentro de la relación de alianza con Dios, cada una de nuestras acciones debe reflejar nuestro amor a Dios, a nosotros mismos y al prójimo. El Catecismo del Libro de Oración Común (página 737) ofrece una guía específica sobre cómo hacerlo.

Honrar nuestra relación con Dios significa:

- amar y obedecer a Dios y llevar a otros a conocer a Dios;
- no poner nada en lugar de Dios;
- mostrar respeto a Dios en pensamiento, palabra y obra; y
- reservar tiempos regulares para la adoración, la oración y el estudio de los caminos de Dios.

Elegimos tomar estas acciones como respuestas libres a nuestro Dios amoroso. Imagine que usted conoce a una persona que saca lo mejor de usted, que le hace reír, que se queda a su lado tanto en los buenos como en los malos momentos y que pide algo de usted. Presentamos a ese amigo a nuestros otros amigos, y hacemos tiempo para estar juntos.

Estas cuatro primeras acciones sitúan a Dios en el centro de nuestra vida. Nos ayudan a conocer el amor generoso de Dios. Conociendo ese amor, podemos ver la bondad que Dios desea para el mundo. Al tomar tiempo para amar a Dios y poner a Dios en el centro, permitimos que Dios nos atraiga hacia acciones que comparten el amor de Dios. Estas acciones serán para:

- amar, honrar y ayudar al prójimo
- respetar la vida y hacer cosas que traigan paz al mundo;
- respetarnos a nosotros mismos y a nuestro cuerpo;
- ser honestos y justos en todo lo que hacemos
- decir la verdad;
- honrar la vida y los dones de los demás.

Dios ama a toda la creación. Cuando nos unimos al reino de Dios, también amamos a toda la creación como Dios nos ama, sin reservas. Cuidamos la tierra y todo lo que hay en ella. Vivimos con honestidad. Solemos pensar en las normas como una molestia, pero en realidad son una forma de libertad porque ayudan a las personas a florecer en comunidad. El Antiguo y el Nuevo Pacto revelan lo que significa estar en una relación vivificante con Dios y con los demás.

Rompiendo relaciones

Seguir la voluntad de Dios no siempre es fácil. A veces nos quedamos cortos. Es decir, pecamos. El Catecismo define el pecado como "seguir nuestra voluntad en lugar de la voluntad de Dios, deformando así nuestra relación con él, con las otras personas y con toda la creación". (LOC, 741). Cuando pecamos estamos rompiendo nuestras promesas hechas a Dios y nuestra propia relación con Dios y con los demás. A menudo nos ponemos a nosotros mismos—no a Dios—en primer lugar. Cada día, las cosas que son malas nos tientan a alejarnos del amor de Dios. Este mal nos quita la fe y nos quita la capacidad de conocer el amor de Dios y ver las posibilidades de un mundo lleno del amor de Dios.

No podemos prometer no pecar, pero podemos prometer reconocer cuando hemos actuado mal, buscar el perdón y, con la ayuda de Dios, prometer tomar decisiones correctas.

Pedir perdón

La segunda de las cinco promesas bautismales es "perseverar en resistir al mal, y de caer en pecado, arrepentirnos y volvernos al Señor". No prometemos ser perfectos o no pecar nunca; eso sería una promesa que nunca podríamos cumplir. Prometemos que cuando pequemos reconoceremos lo que hemos hecho, nos alejaremos del pecado y nos volveremos hacia Dios pidiendo perdón a Dios y a los que hemos herido. Prometemos restablecer una relación correcta con Dios y con otras personas. Podemos buscar el perdón de muchas maneras. Podemos pedir el perdón de Dios en cualquier momento. También confesamos nuestros pecados como comunidad durante nuestra adoración dominical. Y podemos participar en un rito llamado la Reconciliación del Penitente, confesando nuestros pecados en privado a un sacerdote y recibiendo la absolución, o el perdón. El capítulo 9 explora este rito.

Ponga en práctica su fe

Como Bartimeo, vemos el mundo de una manera totalmente nueva cuando nuestros ojos se abren por la fe. Con cada una de nuestras acciones, tratamos de seguir los dos Grandes Mandamientos de Jesús, y nuestras promesas bautismales nos ayudan a hacerlo. Nuestras acciones son la forma como ponemos en práctica la fe que hay en nuestros corazones.

Preguntas transformadoras

1. **Esté atento:** Identifique un momento en el que se haya sentido rodeado por el amor de Dios. Describa el acontecimiento. ¿Qué ocurrió? ¿Quién estaba presente? ¿Qué se dijo o hizo?

2. **Sea inteligente:** ¿Qué se siente al estar rodeado del amor de Dios? ¿Qué pensaba y sentía en ese momento? ¿Qué significa para usted estar rodeado del amor de Dios?

3. **Sea racional:** Comparta su historia con un compañero e invite a su compañero a compartir con usted una historia sobre cómo es sentir el abrazo de Dios. ¿Qué tienen en común sus historias? ¿En qué se diferencian? ¿Qué sugieren las similitudes y las diferencias?

4. **Sea responsable:** ¿A qué se retaría usted mismo a hacer como resultado del abrazo de Dios?

5. **Esté en el Amor transformado:** ¿A qué debe renunciar para aceptar ese reto? Rece para obtener la gracia necesaria para hacerlo.

Quinta Parte

Ser racionales

INTERLUDIO
"Un llamado inquietante"

Su madre, María, llevó una vez a un adolescente con problemas llamado Jesús a un monasterio, a un monje que tenía fama de maestro y sanador. El monje le preguntó a Jesús qué le preocupaba. "Dios", dijo Jesús. "Dios hace que me pregunte sobre las cosas. Sobre quién soy. Sobre lo que podría hacer. No sé por qué".

El monje sugirió a María que permitiera a Jesús quedarse con él durante un tiempo. Convenció a Jesús de que Dios no molestaría así a un joven. El adolescente Jesús fue curado. Regresó con su madre a Nazaret, donde vivió una vida relativamente feliz como carpintero, y murió de viejo.

Comentando esta historia que escuchó del activista jesuita por la paz Daniel Berrigan, Tom Roberts, ahora del *National Catholic Reporter*, entonces periodista/columnista del antiguo *Bethlehem* (Pensilvania) *Globe-Times*, escribió: "Las comunidades cristianas deberían ser signos de contradicción en cualquier época. Si no lo hacen, entonces o el reino prometido está aquí en toda su plenitud o estamos haciendo algo mal".[18]

La solución es de Dios, continuó Roberts. No obstante, "la acción de Dios nos toma en cuenta. Vivimos en la intersección de libertades muy misteriosas, la de Dios y la nuestra... Nunca esas libertades se rozaron más íntimamente como en la vida de ese santo rebelde que comenzó hace dos mil años en el Belén" de tierras bíblicas.

Todo lo que se nos ha dado—energía, talento, tiempo, dinero—se nos ha dado por el bien de la solución de Dios, el reino en el que todos somos alguien. La solución de Dios comienza con su inquietante llamado. Esperemos no domesticarlo.

La perenne estrategia cristiana de Hechos 2:42—"Y eran fieles en conservar la enseñanza de los apóstoles, en compartir lo que tenían, en reunirse

---

18. Tom Roberts, "Mysterious Freedoms and a Wild Holy," *Bethlehem Globe-Times*, December 1978.

para partir el pan y en la oración.".—ha sido parafraseada como (1) reunir a la gente; (2) partir el pan; (3) compartir las historias.

Aunque es crucial que las historias se cuenten más allá de los recintos de las iglesias, la verdadera historia en la que se basa nuestra vida como cristianos—la vida, la muerte y la nueva vida de Jesucristo—se ensaya una y otra vez donde la gente se reúne para partir el pan. El recuerdo de nuestra historia subversiva en nuestras comunidades de fe está en el corazón de la Pascua y la Eucaristía.

De adolescente, luché con el ser "un llamado". Había leído Damián el Leproso. El sacerdote belga que tomó el nombre de Damián y se ofreció como voluntario para trabajar en Molokai, donde los afligidos por la lepra se quedaban sin ayuda. Hizo comprometerme. ¿Era un llamado? En la aislada península de Hawai durante veintitrés años, Damián comió y adoró con aquellos a los que servía. Los invitó a su casa, hasta el punto de que pudo comenzar un sermón, diciendo: "Nosotros los leprosos".

Fui al seminario en Filadelfia y Roma, y luego serví como sacerdote en la diócesis católica romana de Allentown durante dieciocho buenos años. Alrededor de 1980 empecé a escuchar otro llamado. Escuché, luché y renuncié al sacerdocio católico romano. En 1981, me casé. Mónica y yo nos unimos a la Iglesia Episcopal.

Irónicamente, durante esos años intermedios, dos sacerdotes católicos romanos y Dorothy Day habían sido mis héroes. Todos, incluido Damián, son conmemorados en la Iglesia Episcopal.

El obispo Oscar Romero de El Salvador fue martirizado en 1980, asesinado a tiros mientras celebraba la misa. Había predicado un sermón en el que pedía a los soldados que desobedecieran las órdenes que violaban los derechos humanos.

El sacerdote jesuita, paleontólogo pionero y místico Pierre Teilhard de Chardin (1881-1955) desarrolló una visión de la creación que, según un libro de la Iglesia Episcopal que conmemora a los santos, "sostenía que la evolución era el proceso por el que la materia se ordena inexorablemente hacia una mayor complejidad hasta que surge una conciencia reconocible... en la que el universo llegará a la unidad perfecta y se encontrará con Dios... el punto más alto de la conciencia pura, siempre tirando del proceso evolutivo hacia su destino prometido".

Su iglesia le prohibió enseñar. Tuvo que defenderse de las acusaciones de herejía. ¿Puedes creerlo? Aun así, permaneció leal. Durante el año anterior a su muerte, rezó: "Oh Dios, si en mi vida no me he equivocado, permíteme morir en el Domingo de Pascua". Y lo hizo.

Dorothy Day adoptó una vida de pobreza voluntaria, abrió una cadena de comedores sociales y casas de acogida para los pobres del Lower East Side de Nueva York, protestó contra la guerra y apoyó a los sindicatos. Michael Harrington la describió como "una mística salida de una novela de Dostoievski". El difunto cardenal John O'Connor, en 2000, entonces arzobispo de Nueva York, la recomendó para la canonización. "Raro fue el joven sacerdote que no fue tocado por su vida", escribió. "Ella nos inquietó. Ese fue su regalo para nosotros".[19]

Siendo un sacerdote relativamente joven, me pidieron que dirigiera un retiro para unas cien monjas, muchas enfermas, que esperaban la muerte. Hablé de la diferencia crucial que existe entre la ocasión de una llamada, quizás hace mucho tiempo, y su significado, que viene después.

Puede que algunos de nosotros no experimentemos la alegría de explorar las profundidades del sentido. Algunos de nosotros podemos recibir percepciones periódicas, celo renovado y otros consuelos—incluyendo que la sabiduría y el ritmo del cristianismo es la ley de la cruz, que permite a Dios sacar un mayor bien de cualquier mal que se nos presente.

Los significados más poderosos son a menudo los que no reconocemos sino hasta que miramos atrás, reflexionando desde contextos completamente diferentes sobre las ocasiones de las llamadas. Entonces, habiendo esperado que se esclarezca el sentido, podemos experimentar que Dios nos facilita una nueva vida y una nueva posibilidad.

---

19. Ibid.

QUINTO CAPÍTULO

Explorar la Iglesia: de lo local a lo global

La palabra griega para Iglesia, *ekklesia*, significa literalmente "llamada a salir". La Iglesia es una comunidad llamada por Dios para ser un pueblo particular. Al igual que Bill sintió un llamado, todos lo hacemos. Toda la Iglesia lo hace. Al leer este capítulo sobre la estructura de la Iglesia Episcopal en la actualidad, pregúntese: "¿Me ayuda la Iglesia a escuchar y responder al llamado de Dios?" "¿Constituye la Iglesia, como signo del reino de Dios, una contradicción en esta época?" Conocer el funcionamiento de la Iglesia le ayudará a explorar estas interrogantes.

Una, Santa, Católica y Apostólica

Como se lee en el capítulo 3, la Iglesia Episcopal de Estados Unidos se estableció en 1785. Unos mil setecientos años antes, en Pentecostés, nació la Iglesia.

Como decimos cada domingo con las palabras del Credo de Nicea, la Iglesia que nació en Pentecostés es "la Iglesia una, santa, católica y apostólica". Veamos estas cuatro palabras con mayor detenimiento.

Por *una* queremos decir que la Iglesia es un solo cuerpo con Cristo como cabeza. Todas las denominaciones no son iguales, pero todas adoran al mismo Dios. Por *santa* queremos decir que el Espíritu Santo habita entre nosotros y sigue guiándonos para representar a Cristo en el mundo. Por *católica* (c minúscula) queremos decir universal. Nuestra fe es una fe para todas las personas y para todos los tiempos. Dios quiso que la Iglesia fuera para todas las naciones, tanto para los ricos como para los pobres, tanto para los hombres como para las mujeres, y para personas de cualquier clase social y nivel de educación. En la Oración de los Fieles de cada semana, rezamos por toda la Iglesia, por todo el pueblo cristiano.

> La unidad de la Iglesia trata de cómo la Iglesia es la comunidad de aquellos que son conducidos al único lugar en el corazón del Padre donde puede ser conocido, donde puede ser visto.—Rowan Williams[20]

La Iglesia es apostólica porque continúa la enseñanza y la comunidad que los apóstoles iniciaron en los años posteriores a la muerte y resurrección de Jesús. Justo después del bautismo de miles de personas en Pentecostés, el escritor de los Hechos de los Apóstoles nos dice que los recién bautizados "eran fieles en conservar la enseñanza de los apóstoles, en compartir lo que tenían, en reunirse para partir el pan y en la oración." (Hechos 2:42). La Iglesia continúa esas acciones centrales en una historia ininterrumpida desde su nacimiento en Pentecostés hasta nuestros días.

En su conjunto y en sus partes, la Iglesia es la comunidad de personas que, en el bautismo, renunciaron al mal y se convirtieron a Jesucristo como su Salvador. La Iglesia es un pueblo que cree en Dios Padre, Dios Hijo y Dios Espíritu Santo. La Iglesia Episcopal forma parte de la Iglesia una, santa, católica y apostólica.

Un organismo viviente

Las colmenas de abejas son una hermosa disposición de celdas hexagonales que encajan perfectamente, pero más sorprendente que la belleza de sus nidos es su comportamiento. Las abejas actúan en una colonia como un solo organismo, cada una con una función específica que mantiene sana a toda la comunidad. Una abeja reina pone unos 1500 huevos al día. Dependiendo de su etapa de vida, las abejas obreras (abejas hembras) cuidan de las larvas (los huevos recién eclosionados), limpian la casa o buscan comida. Cuando el flujo de néctar aumenta, más abejas comienzan a forrajear. Cuando la población de huevos aumenta, más abejas atienden a las larvas. Los zánganos (abejas macho) se aparean con reinas vírgenes de otras colonias para trans-

---

20. Rowan Williams, "One Holy Catholic and Apostolic Church: Archbishop's address to the 3rd Global South to South Encounter, Ain al Sukhna, Egypt," October 28, 2005. Transcripción encontrada en http://rowanwilliams.archbishopofcanterbury.org/articles.php/1675/one-holy-catholic-andapostolic-church

mitir los genes de su colonia. La supervivencia de la colonia depende de la capacidad de la comunidad para discernir lo que se necesita para prosperar y de que cada abeja cumpla con sus obligaciones. Las abejas están tan comprometidas con su colonia que dan su vida para protegerla. Una abeja melífera muere poco después de picar lo que ha percibido como un peligro para su comunidad.

Al igual que una colmena, la Iglesia es un organismo vivo con miles de miembros, cada uno con un papel específico. Cuando funciona bien, la "colmena de la Iglesia" actúa como un solo cuerpo con una sola misión: "Restaurar a todos los pueblos a la unión con Dios y unos con otros en Cristo" (LOC, 747). Para hacer crecer el reino de Dios, la Iglesia necesita que cada uno de sus miembros desempeñe su papel, y necesita que estos miembros actúen de forma coordinada.

Todos tenemos un ministerio

El bautismo es la plena iniciación en el Cuerpo de Cristo, lo que convierte al bautizado, sea cual sea su edad, su profesión o su historia personal, en miembro de pleno derecho de la Iglesia. No se necesita nada más para completar la pertenencia a la Iglesia. No es necesario pasar una prueba. En el bautismo una persona es marcada como propiedad de Cristo para siempre. Como miembro del Cuerpo de Cristo, cada miembro es también un ministro de la Iglesia, llamado a servir a los demás en nombre de Cristo. Esta amplia definición de "ministro" puede sorprenderle. La mayoría de la gente reserva la palabra "ministro" para los ordenados. Pero como cada miembro de la Iglesia está llamado a vivir las promesas hechas en el bautismo, cada miembro tiene un ministerio y es un ministro de la Iglesia. Los bautizados también pueden pensar en sí mismos como misioneros enviados en nombre del bienestar del mundo.

Los ministros de la Iglesia incluyen a los laicos, los obispos, los sacerdotes y los diáconos. Aunque todos los ministros comparten el ministerio y la misión básicos de representar a Jesús y a su Iglesia, cada persona está llamada de manera diferente a cumplir ese ministerio y esa misión. Los **laicos** encuentran su ministerio trabajando y actuando en el mundo como estudiantes, trabajadores, padres, activistas de la comunidad, etc. Los tres ministerios restantes son ministerios ordenados, cuyo ministerio principal es apoyar el ministerio de los laicos.

En el capítulo 9 tratamos el ministerio específico de cada uno de los ministerios ordenados, también llamados órdenes sagradas. En el próximo capítulo, exploraremos el ministerio de los laicos. A continuación, una breve explicación de las órdenes sagradas. Los obispos actúan como apóstoles, sacerdotes principales y pastores de una diócesis. Los sacerdotes dirigen las congregaciones como un pastor para el pueblo. Los diáconos desempeñan ministerios especiales de servicio a las necesidades de los demás, especialmente de los pobres, los enfermos y los que sufren. Los diáconos también ayudan a los sacerdotes u obispos en el culto. Los laicos, obispos, sacerdotes y diáconos son todos ministros y ministras en la Iglesia Episcopal.

La Iglesia Episcopal

La Iglesia Episcopal cuenta con unos 1.8 millones de miembros en unas 6,500 iglesias y misiones organizadas en 109 diócesis, trescientos obispos, 14,000 sacerdotes al servicio de las congregaciones y casi 3,000 diáconos en todo Estados Unidos, América Latina, el Caribe, Taiwán y Europa. Los países de América Latina y el Caribe incluidos en la Iglesia Episcopal son Colombia, República Dominicana, Ecuador, Haití, Honduras, Puerto Rico, las Islas Vírgenes y Venezuela. La Iglesia Episcopal en Europa está formada por iglesias estadounidenses cuyos miembros son en su mayoría ciudadanos de dicha nacionalidad que viven en el extranjero, por ejemplo, los que prestan servicio militar, trabajan en empresas o estudian en un país extranjero.

Los episcopales se consideran tanto protestantes como católicos: protestantes porque celebran el culto en su propia lengua, utilizan el Libro de Oración Común y se basan en las Escrituras, la razón y la tradición para interpretar la Biblia; católicos porque defienden la fe de la Iglesia primitiva a través de los sacramentos y los credos.

La Iglesia Episcopal afirma un principio de integralidad, y se considera una Iglesia de centro radical, católica y reformada, a la vez plenamente católica y protestante. "Aunque aplicar este principio de integralidad es extremadamente difícil de hacer en la práctica", escribe John Westerhoff en *A People Called Episcopalians*, "la lucha por hacerlo es un aspecto importante de nuestra tradición".[21] Sin embargo, la Iglesia Episcopal suele contarse entre las iglesias protestantes (es decir, distintas de la católica romana y la ortodoxa oriental).

---

21. John H. Westerhoff, Sharon Ely Pearson, and Tobias Stanislaus Haller, *A People Called Episcopalians: A Brief Introduction to Our Way of Life*, Revised Edition (Harrisburg, PA: Morehouse Publishing, 2014), 22.

Mientras que algo más de la mitad de los ciudadanos estadounidenses son miembros de una iglesia protestante, solo el 1% son miembros de la Iglesia Episcopal. (Las mayores denominaciones protestantes de Estados Unidos son la Convención Bautista del Sur y la Iglesia Metodista). Más de la mitad de las iglesias episcopales tienen doscientos o menos miembros. Algunas tienen miles de miembros.

Estructura de la Iglesia: una visión panorámica

Una forma útil de entender el modo en que se gobierna la Iglesia Episcopal es observar su paralelismo con el gobierno estadounidense. El cuadro de la página 119 muestra las similitudes. Al igual que el gobierno de EE.UU. tiene tres niveles de gobierno—federal, estatal y local—la Iglesia Episcopal también está dividida en tres niveles: Eclesiástico, diocesano y congregacional, cada uno de ellos con su propio líder elegido. El obispo presidente es el líder de la Iglesia Episcopal; los obispos dirigen las diócesis; y los rectores (o vicarios o sacerdotes encargados o misioneros) dirigen las congregaciones. Al igual que el gobierno de EE.UU., cada nivel de la política eclesiástica tiene su propio órgano de gobierno. La Cámara de Obispos y la Cámara de Diputados (con laicos y clérigos elegidos por sus diócesis) se reúnen cada tres años en una Convención General, siendo su principal responsabilidad el mantenimiento de la Constitución y los Cánones de la Iglesia (documentos rectores) y otras resoluciones relativas a asuntos nacionales y globales, relaciones interreligiosas y ecuménicas, y cuestiones sociales, entre otros temas. Probablemente reconozca el paralelismo con las dos cámaras del Congreso de los Estados Unidos. La estructura de la Iglesia Episcopal está pensada para facilitar su misión, que a nivel de toda la Iglesia es asociarse con las iglesias locales en su ministerio para participar en la misión de Dios.

Su iglesia local

Lo que significa ser una iglesia ha cambiado a lo largo de los siglos. Jesús no pertenecía a una iglesia (era judío) ni estableció iglesias. Jesús estaba en una misión. Viajando con un grupo de personas que compartían su misión, el suyo era un ministerio de "El Camino". Las comunidades de personas que siguieron a Jesús y establecieron prácticas cristianas únicas en una región geográfica específica no surgieron hasta unos cincuenta años después de la muerte de Jesús. Como se mencionó anteriormente, estas comunidades fueron llamadas en las epístolas con el nombre de *ekklesia*, traducido más comúnmente como "iglesia" en la Biblia. Lo que significaba ser Iglesia cambió

> ## Paralelismos entre el Gobierno de los Estados Unidos y la Iglesia Episcopal
>
> **Nación** .... Iglesia Episcopal
>
> **Presidente** .... Obispo/a Presidente/a
>
> **Congreso** .... Convención General
>
> **Senado** .... Cámara de Obispos
>
> **Cámara de Representantes** ...... Cámara de Diputados
>
> **Estado** .... Diócesis
>
> **Gobernador** .... Obispo/a
>
> **Legislatura estatal**. .... Convención Diocesana
>
> **Ciudad**. .... Congregación o Misión
>
> **Alcalde** .... Rector/a, Vicario/a, Misionero/a o Sacerdote Encargado/a
>
> **Ayuntamiento** .... Junta Parroquial

en el siglo IV, cuando Constantino hizo del cristianismo la religión oficial del Estado. Ya no era ilegal ser cristiano. Al contrario, ser cristiano beneficiaba la posición social y la carrera de una persona.

En su fundación, la Iglesia Episcopal era un conjunto de parroquias dentro de un territorio geográfico determinado. Muchas cumplían una doble función: una asamblea que se reunía para el culto y para el gobierno de la comunidad. También hoy, la gente se replantea lo que significa ser Iglesia, con cada vez más congregaciones locales que se definen a sí mismas no por la estructura y las prácticas tradicionales de la Iglesia, sino por un sentido compartido de lo que significa participar en la misión de Dios. Participar en la misión de Dios se entiende a menudo como cuidar del pueblo de Dios y de la creación, compartir historias de fe y trabajar para cambiar las estructuras sociales injustas. Algunas de estas nuevas comunidades se conocen como **iglesias emergentes**. Las congregaciones son tan diversas como la comunidad de individuos reunidos por el Espíritu Santo. Dado que la naturaleza de las comunidades religiosas emergentes es diversa y no puede describirse fácilmente como un todo, en esta sección presentaremos las comunidades eclesiásticas locales tradicionales.

Una congregación es un grupo de personas organizadas en una iglesia local. La mayoría de las casi 7000 iglesias de la Iglesia Episcopal son comunidades autosuficientes que celebran regularmente sus cultos. El sacerdote que dirige una iglesia se llama rector. La junta de gobierno de una iglesia se llama junta parroquial. Las iglesias que reciben apoyo financiero de su diócesis tienen estatus de misión y cuentan con un sacerdote asignado por el obispo.

Miembros de una iglesia

Un miembro de una iglesia podría definirse como alguien que se presenta y contribuye de alguna manera a la congregación. Eso es todo lo que importa para algunas comunidades. La Iglesia Episcopal, sin embargo, tiene una definición oficial. Aunque todos los bautizados son miembros de la Iglesia universal, la congregación concreta a la que se pertenece depende de las normas de la Iglesia Episcopal. Cuando una persona es bautizada, su nombre se registra como miembro de esa congregación y se convierte en *miembro registrado*. La membresía puede ser transferida de una congregación a otra solicitando una *carta de transferencia* de la congregación original. Por lo tanto, una persona es miembro de la iglesia en la que fue bautizada o miembro de la iglesia que ha recibido una carta de transferencia y luego la ha registrado como miembro. No todos los que asisten a la iglesia se convierten en miembros formales de una congregación, y no todos los miembros formales asisten regularmente.

Los **Cánones de la Convención General**, las normas escritas que rigen a la Iglesia Episcopal, reconocen a los miembros mayores de dieciséis años como miembros adultos. Que esto sea suficiente para votar en una iglesia concreta depende de los estatutos de esa iglesia y de las leyes del estado. Los **comulgantes** son miembros que han recibido la Comunión al menos tres veces en el año anterior. Un **comulgante en regla** es un comulgante que ha sido "fiel en el trabajo, la oración y las ofrendas para la difusión del reino de Dios".[22]

Gobernanza de una congregación

Las iglesias se gobiernan de diversas maneras, dependiendo de las leyes de cada diócesis y estado, así como de los estatutos de la congregación—las normas escritas que establecen cómo se gobierna una congregación. Su iglesia podría ser distinta a la que se presenta aquí y quizás desee investigar la manera

---

22. The Episcopal Church, Canon 1.17.2–4 en *Constitution and Canons: The General Convention of The Episcopal Church* (New York: Church Publishing, 2015).

como se hacen las cosas en su propia iglesia. Cada año, la congregación celebra una reunión anual en la que los miembros discuten los planes para el año siguiente y comparten sus preocupaciones. En esta reunión, los miembros suelen votar por el presupuesto de la congregación y elegir a los miembros de la junta parroquial. También eligen a los delegados para la convención diocesana.

El escudo de La Iglesia Episcopal.

Dado que es difícil que todos los miembros de la iglesia se reúnan para discutir todos los asuntos de la gestión de la congregación, la junta parroquial elegida supervisa y toma decisiones sobre la misión, las finanzas y los edificios y propiedades de la iglesia local entre las reuniones anuales. El tamaño de la junta parroquial, la duración del mandato y los requisitos para la elección dependen de los estatutos de la congregación y, en algunos casos, de las leyes del estado.

Los miembros de la iglesia o la junta parroquial eligen a dos funcionarios—un guardián mayor y un guardián menor—de entre los miembros de la iglesia o de la junta parroquial. En algunas congregaciones, el rector elige al guardián mayor. Tradicionalmente, el guardián mayor actúa como enlace entre el rector y la congregación, mientras que el guardián menor supervisa los edificios y los terrenos. Los rectores presiden las reuniones de la junta parroquial, a menos que pidan al guardián mayor que lo haga.

Toda congregación legalmente constituida tiene unos estatutos. Estos estatutos, adoptados por los miembros de la congregación, determinan cosas como quiénes pueden ser elegidos para la junta parroquial, cómo se eligen los funcionarios y cuándo se celebra la reunión anual. Los estatutos de una iglesia deben ser coherentes con los cánones (normas) de su diócesis y de la Iglesia Episcopal.

Misión y ministerio

El Catecismo del Libro de Oración Común (página 747) nos dice que la misión de la Iglesia es "restaurar a todos los pueblos a la unión con Dios y unos con otros en Cristo". No dice nada sobre edificios, clero, juntas parroquiales o presupuestos. Pero todas las comunidades se enfrentan a detalles prácticos y ordinarios que les ayudan a llevar a cabo su misión principal. En la mayoría de las congregaciones, las juntas parroquiales supervisan los presupuestos, el clero dirige el culto y los comités llevan a cabo la labor de formación cristiana y misión. En el siguiente capítulo se estudia detenidamente el ministerio de la Iglesia. Por ahora, sigamos analizando la forma en que la organización de la Iglesia Episcopal ayuda a realizar ese ministerio.

¿Cómo vive su iglesia los verbos fuertes de Dios: arrepentirse, ser, hacer, dar, perdonar, ir, sembrar, rezar, no juzgar, no temer, alimentar al hambriento, vestir al desnudo, curar al enfermo, acoger al extranjero?

Su diócesis

La Iglesia Episcopal no es una iglesia congregacional: no actúa por sí misma sino como parte de una diócesis dirigida por un obispo. Una diócesis es la misión básica y la unidad administrativa de la Iglesia Episcopal. Las iglesias individuales actúan dentro de las normas de la diócesis y comparten una misión común.

Su diócesis es una de las 109 diócesis de la Iglesia Episcopal (99 nacionales y 10 internacionales), cuyo tamaño oscila entre quince (la diócesis de Fort Worth, en Texas) o treinta hasta casi doscientas iglesias (la diócesis de Nueva York, una de las seis del estado de Nueva York). La diócesis de Haití es la más grande, con más de 84,000 miembros en 111 iglesias.[23] Muchas diócesis abarcan estados enteros. Otros, en estados densamente poblados, solo cubren partes de un estado. El estado de California, por ejemplo, está formado por seis diócesis, mientras que todo el estado de Wyoming es una diócesis.

Cada congregación aporta dinero a la diócesis para pagar el salario del obispo y del personal diocesano y para ayudar a llevar a cabo los programas diocesanos, y una parte de esas contribuciones se entrega a la Iglesia Episcopal para apoyar los programas y el personal de toda la Iglesia. Los miembros de las iglesias también forman parte de los comités diocesanos, llamados *comisiones*, que orientan al obispo y el trabajo de la diócesis. Algunos ejemplos de comisiones son las de ministerio, de evangelización, de justicia social y de jóvenes y adultos jóvenes. Las comisiones reflejarán las prioridades de una diócesis. Las diócesis también tienen *comités permanentes* que asesoran al obispo y desempeñan funciones importantes en el gobierno de la diócesis. En última instancia, todos los fondos son para promover la misión y el ministerio de la Iglesia.

---

23. The Episcopal Church, "Table of Statistics of the Episcopal Church from 2015 Parochial Reports," The Office of General Convention, January 2017, found on https://www.episcopalchurch.org/files/table_of_statistics_english_2015.pdf.

Su Obispo

Su obispo es un sacerdote ordenado y sirve como sacerdote principal y pastor de la Iglesia. En la Iglesia primitiva, un obispo (en griego, *episkopos* significa "supervisor") era un anciano nombrado por una comunidad de creyentes. A medida que las comunidades cristianas crecían, los obispos comenzaron a dirigir otras congregaciones en la proximidad geográfica, además de la suya propia. Las responsabilidades de un obispo siguen siendo las de supervisar las iglesias de la diócesis y servir de pastor al clero y sus familias.

Los obispos simbolizan la unidad de las iglesias dentro de una diócesis, la unidad de todas las diócesis en la Iglesia Episcopal y la unidad de la Iglesia actual con la Iglesia cristiana primitiva establecida por los apóstoles.

Los obispos tienen autoridad sobre las cuestiones de fe, disciplina y culto dentro de su diócesis. Los obispos ordenan sacerdotes y diáconos, ordenan a otros obispos, confirman a quienes desean recibir el sacramento de la confirmación (confirmandos) y presiden sus convenciones diocesanas. Los obispos representan la conexión de todas las iglesias y misiones dentro de una diócesis, la conexión de todas las diócesis entre sí, y la conexión de la Iglesia actual con la Iglesia cristiana primitiva establecida por los apóstoles.

En la mayoría de las diócesis, una iglesia sirve como **catedral** de la diócesis. La palabra "catedral" deriva de la palabra latina *cathedra*, es decir, la sede docente del obispo y el signo más antiguo de la autoridad de un obispo. Es similar a la sede del gobierno del condado. Una catedral no tiene por qué ser una iglesia grande y elegante. De hecho, la catedral de la Diócesis de Virginia no tiene paredes. Es una iglesia al aire libre cuyo techo es un dosel de árboles en el valle de Shenandoah. Lo que hace que una iglesia sea una catedral es que alberga la cátedra del obispo. La catedral es la iglesia central de la diócesis y suele acoger actos diocesanos y servicios episcopales como la ordenación de sacerdotes y diáconos y la ordenación de un obispo. El clérigo principal de una catedral se llama deán; los clérigos asistentes de una catedral pueden llamarse **canónigos**.

La Convención Diocesana

Cada año, la diócesis celebra una convención diocesana de laicos y clérigos. Todo el clero de una diócesis, más un número de laicos elegidos de cada congregación, tienen asiento, voz y voto en la convención. Algunas diócesis tienen representantes de los jóvenes. (El número de laicos que envía una congregación varía de una diócesis a otra). Todos los representantes en la convención, tanto clérigos como laicos, eligen a los funcionarios de las distintas comisiones y consejos de la diócesis y votan sobre la misión, el ministerio y el presupuesto de la diócesis. También pueden votar para cambiar la constitución diocesana y los cánones. Cada tres años, cada diócesis elige diputados a la Convención General.

La Constitución y Cánones diocesanos

La constitución y cánones diocesanos son similares a los estatutos de una iglesia. Son las normas que rigen una diócesis. Estas normas determinan cosas como la creación de nuevas iglesias, el apoyo a las iglesias cuyos miembros o finanzas están disminuyendo, la elección de un obispo, el envío de delegados a la convención, la elección de comités, la elaboración de normas sobre el gobierno de la Iglesia y la decisión sobre los deberes de los funcionarios diocesanos. La constitución y los cánones son aceptados y modificados por la convención diocesana, pero siempre deben ser coherentes con la Constitución y los Cánones de la Iglesia Episcopal.

El Consejo Diocesano

Entre las convenciones, los asuntos de la diócesis son coordinados por un consejo diocesano. Los consejos diocesanos son similares a las juntas de las iglesias. Actúan en nombre de la convención diocesana durante el año. El consejo diocesano suele estar formado por el obispo y otros clérigos y laicos elegidos.

La elección de un obispo

Cuando un obispo se retira, muere, renuncia o es llamado a otro ministerio, se convoca una convención diocesana especial para elegir un nuevo obispo. Normalmente se forma un comité de nominación que revisa los currículos y entrevista a los candidatos. Los delegados a la convención se reúnen con los candidatos y votan para elegir un obispo. Por lo general, se requiere una cierta mayoría de delegados, tanto laicos como clérigos, en la convención especial para elegir un nuevo obispo. Al igual que el obispo diocesano debe aprobar a un sacerdote para una iglesia, la elección de un obispo debe ser confirmada por la mayoría de los comités permanentes (un órgano que sirve de asesor al obispo) en la Iglesia Episcopal. Una vez elegido y confirmado un obispo, otros tres obispos consagran a un nuevo obispo mediante la imposición de manos. Esto expresa nuestra creencia de que el ministerio de un obispo es un don del Espíritu Santo y simboliza un ministerio apostólico continuo y la comunión de todas las comunidades cristianas entre sí.

Algunas diócesis son tan grandes que un solo obispo no puede atender a todas las iglesias de la diócesis, así que eligen a otro obispo para que les ayude. La diócesis puede elegir obispos adicionales: un *obispo sufragáneo* (que no puede suceder a un obispo diocesano), o un *obispo coadjutor* (que puede suceder a un obispo diocesano). Un obispo diocesano también puede nombrar a un *obispo asistente*.

Diócesis compañeras

Algunas diócesis de la Iglesia Episcopal han desarrollado relaciones de compañerismo con otras diócesis de la Comunión Anglicana. Hoy en día existen más de cien relaciones de compañerismo. Algunos ejemplos son la relación entre la Diócesis de Bethlehem en Pensilvania y Kajo Keji en Sudán del Sur, y entre la Diócesis de California y el Consejo Cristiano de Pekín en China. Las diócesis asociadas suelen rezar unas por otras cada semana durante el culto, se apoyan mutuamente con recursos materiales y espirituales, e inician una programación conjunta para compartir sus experiencias y aprender juntos.

Las relaciones de diócesis compañeras reconocen una misión compartida por todas las diócesis del mundo: restaurar a todos los pueblos a la unión con Dios y unos con otros en Cristo.

Provincias

Las diócesis están agrupadas geográficamente en nueve provincias. El mapa de las páginas 128 y 128 muestra las nueve provincias de la Iglesia Episcopal. Obsérvese que la Novena Provincia está formada por iglesias de América Central y del Sur. Cada provincia ofrece la posibilidad de establecer una red a través de las líneas diocesanas y a menudo ofrece conferencias de liderazgo para discutir temas comunes. Sin embargo, las provincias no tienen autoridad de gobierno sobre las diócesis que las componen.

Estructura de la Iglesia Episcopal

Cada diócesis forma parte de la Iglesia Episcopal, cuyo pastor principal es el obispo presidente. El gobierno de la Iglesia Episcopal recae en la **Convención General**, el órgano legislativo de la Iglesia Episcopal, que se reúne una vez cada tres años para aprobar los programas y el presupuesto.

Al igual que el Congreso de Estados Unidos, la Convención General está formada por dos órganos legislativos: la **Cámara de Obispos** y la **Cámara**

de Diputados. La Cámara de Obispos está formada por unos 300 obispos, tanto activos como jubilados. Se reúne una vez cada tres años durante la Convención General para considerar la legislación y dos veces al año entre las convenciones para el culto, la oración, el estudio y el diálogo. En estas reuniones entre convenciones, la Cámara de Obispos suele emitir declaraciones pastorales que ofrecen orientación y consejo a los miembros de la Iglesia.

La Cámara de Diputados tiene unos 900 miembros: cuatro clérigos y cuatro laicos de cada diócesis. Cada provincia puede enviar también dos jóvenes a la Convención General, cada uno de los cuales puede estar presente y hablar, pero no puede votar en las resoluciones de la Cámara de Diputados. El presidente de la Cámara de Diputados es elegido de entre los diputados. Con obispos, diputados, jóvenes y una multitud de observadores, más de quince mil personas asisten a la Convención General.

La o el Obispo Presidente

El obispo presidente es el principal pastor y primado de la Iglesia Episcopal, un representante ante el mundo. En una época, el obispo presidente era el obispo de mayor rango presente en las reuniones de obispos; en la actualidad, el obispo presidente es elegido por la Cámara de Obispos y confirmado por la Cámara de Diputados, y ejerce sus funciones por un período de nueve años, o hasta que cumple setenta años. El obispo presidente lidera la Iglesia Episcopal sirviendo como su portavoz ante las iglesias de todo el mundo y proporcionando orientación y visión para la Iglesia Episcopal. El obispo presidente preside la Cámara de Obispos y la Convención General, visita todas las diócesis de la Iglesia y suele ser el principal consagrador en la ordenación de un obispo. Como ocurre con todos los miembros de la Iglesia Episcopal, el obispo presidente debe actuar dentro de la constitución y los cánones de la Iglesia.

No todas las cabezas de las Iglesia de la Comunión Anglicana son elegidas. Por ejemplo, el arzobispo de Canterbury, cabeza de la Iglesia de Inglaterra, es nombrado por el primer ministro de Inglaterra.

El Consejo Ejecutivo

Entre las convenciones generales, los asuntos de la Iglesia Episcopal son llevados a cabo por el **Consejo Ejecutivo**. El Consejo Ejecutivo se ocupa de "la coordinación, el desarrollo y la ejecución del ministerio y la misión de la Iglesia". Sirve como órgano de decisión de la Iglesia Episcopal entre las convenciones generales y supervisa el presupuesto de la Convención General. El obispo presidente y el presidente de la Cámara de Diputados son respectivamente presidente y vicepresidente del Consejo Ejecutivo.

El presupuesto

La Iglesia Episcopal establece su presupuesto cada tres años en la Convención General. El presupuesto del trienio 2016-2018 para la Iglesia Episcopal fue de unos $125 millones de dólares, unos $25 dólares al año por cada miembro bautizado de la Iglesia Episcopal. Las iglesias individuales tienen un presupuesto combinado de $2,200 millones de dólares para su misión y ministerio, más de $1,250 dólares por cada miembro. Esto refleja que la mayor parte del ministerio de la Iglesia se lleva a cabo a nivel congregacional y diocesano. A través de sus diócesis, las congregaciones financian alrededor del 60% del presupuesto de la Iglesia Episcopal. El resto procede de los beneficios de las inversiones, los ingresos por alquileres y otras fuentes diversas.

El presupuesto de la Iglesia Episcopal se divide en gastos de misión, gobierno y administración. Casi el 60% del presupuesto se destina a la misión, incluyendo los esfuerzos que abordan las Cinco Marcas de la Misión, así como la misión local y anglicana, ecuménica e interreligiosa, el 12% a la gobernanza y el 30% a la administración.

El presupuesto es presentado por el Comité Permanente Conjunto de Programa, Presupuesto y Finanzas y refleja las prioridades adoptadas por la Convención General. Las prioridades del presupuesto 2016-2018 se guían por las **Cinco Marcas de la Misión** desarrolladas por la Comunión Anglicana y adoptadas por una serie de Iglesias y diócesis de todo el mundo:

1. Anunciar la Buena Nueva del Reino
2. Enseñar, bautizar y nutrir a los nuevos creyentes
3. Responder a las necesidades humanas mediante el servicio amoroso
4. Tratar de transformar las estructuras injustas de la sociedad, desafiar la violencia de todo tipo y buscar la paz y la reconciliación
5. Esforzarse por salvaguardar la integridad de la creación y sostener y renovar la vida de la tierra.

Una nueva e importante iniciativa reflejada en el presupuesto de ese trienio es el compromiso con la justicia racial y la reconciliación para que la Iglesia pueda responder a la injusticia racial sistémica en los Estados Unidos.

¿Qué historia está contando Dios a través de estas cinco prioridades de la Iglesia Episcopal?

Provincias de la Iglesia Episcopal

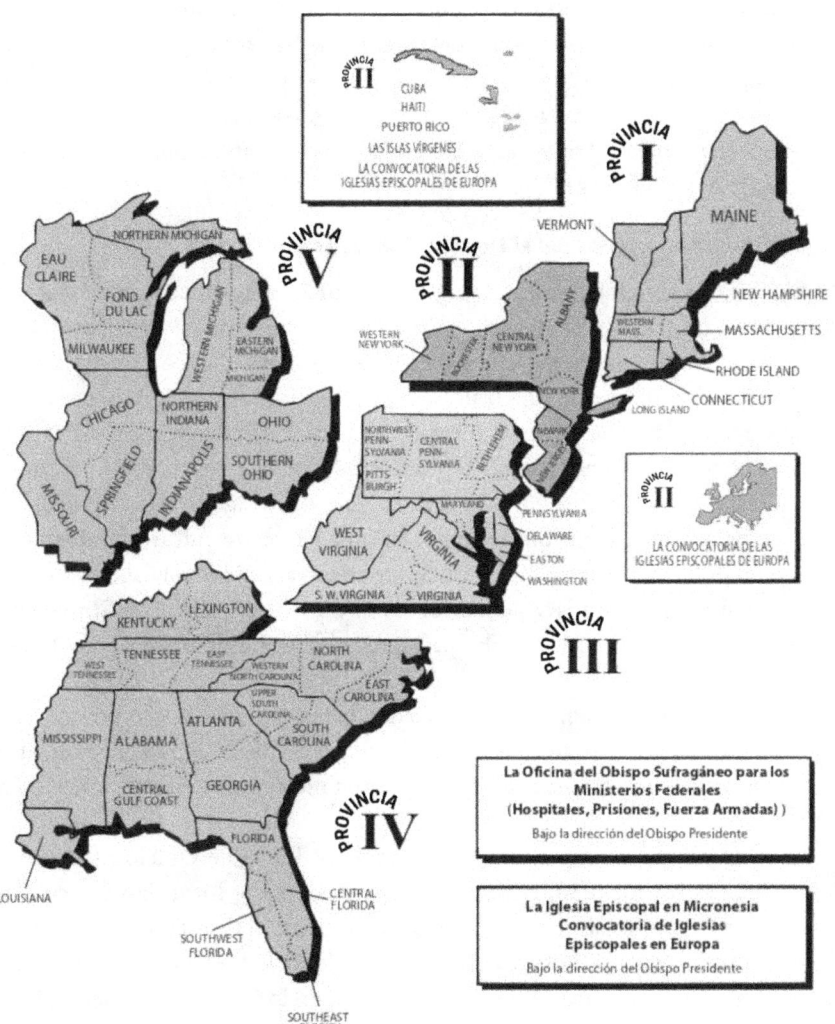

Constitución y Cánones de la Iglesia Episcopal

Aunque hay mucha diversidad dentro de la Iglesia Episcopal, las congregaciones locales no pueden hacer lo que les plazca. Deben acatar la Constitución y los Cánones de la Iglesia Episcopal. Existen, por ejemplo, normas específicas sobre el matrimonio y las segundas nupcias, así como las oraciones que podemos utilizar durante los servicios, aunque estas normas no están grabadas en piedra. Los delegados pueden votar para cambiar estas normas mediante resoluciones. Las aprobadas por la Convención General se convierten en las **Actas de la Convención General** y rigen nuestra vida como episcopales. Todas las actas de la Convención se publican en www.episcopalarchives.org.

Un ejemplo de legislación: el Libro de Oración Común

El Libro de Oración Común, y algunos recursos adicionales como una serie llamada *Enriching Our Worship* ["Enriquecer nuestro culto"], contiene la liturgia, las oraciones y las instrucciones para el culto común en la Iglesia Episcopal. Para que una liturgia sea *oficial*, la Convención General debe aprobar una resolución que autorice su uso. Todas las iglesias de la Iglesia Episcopal celebran sus cultos utilizando el Libro de Oración Común; el obispo puede amonestar a un sacerdote que no siga las instrucciones del libro de oración. Pero como nuestro idioma y nuestra cultura cambian continuamente, junto con la forma de entender a Dios y a la Iglesia, de vez en cuando cambiamos y actualizamos el libro de oración; la Convención General de 2015 tomó medidas para empezar a revisar el Libro de Oración Común de 1979.

Las revisiones y adiciones al libro de oración son elaboradas por la Comisión Permanente de Liturgia y Música, un grupo de clérigos y laicos elegidos por la Convención General que se reúne tanto en las convenciones como entre ellas.

Consideremos el proceso que condujo al Libro de Oración Común de 1979. A partir de 1950, la Comisión Permanente de Liturgia y Música publicó una serie de estudios sobre el Libro de Oración Común de 1928, el libro de oración oficial de la época. En 1967, la Comisión propuso un nuevo rito para la Sagrada Eucaristía, que fue aprobado en la Convención General para su uso experimental. En 1970, se aprobaron una serie de nuevos ritos para la Sagrada Eucaristía. Estos nuevos ritos fueron utilizados a modo de prueba por una serie de congregaciones de todo el país que dieron su opinión a la Comisión Permanente de Liturgia y Música. En 1973, se autorizaron otros ritos y revisiones, que incluían los Ritos de Iniciación, el Oficio Diario y el Salterio, y se volvieron a ensayar en toda la Iglesia Episcopal. En 1976, la comisión presentó un proyecto de Libro de Oración Común, que fue aprobado.

En cada una de estas Convenciones Generales, tanto la Cámara de Obispos como la Cámara de Diputados discutieron las revisiones y adiciones. El libro de oración se hizo oficial con la aprobación de la mayoría de ambas cámaras en 1979, en virtud del Título II, Canon 3 de los Cánones de la Iglesia Episcopal. El proceso de aprobación del libro de oración es un buen ejemplo de las conversaciones entre todos los miembros de la Iglesia, que es como se gobierna la Iglesia Episcopal. El proceso de revisión del libro de oración que dio lugar al Libro de Oración Común de 1979 llevó décadas de estudio, revisión y uso experimental.

La Comunión Anglicana

La Iglesia Episcopal es miembro de la Comunión Anglicana, un grupo de 44 Iglesias gobernadas de forma independiente con 85 millones de cristianos en más de 165 países que comparten una fe, una historia y una tradición comunes. Las Iglesias miembros de la Comunión Anglicana, como la Iglesia de Inglaterra y la Iglesia de la Provincia de África del Sur, se denominan provincias. Cada Iglesia tiene su propio obispo principal, conocido como **primado**, y sus propias reglas. (El primado de la Iglesia Episcopal es el obispo presidente). Ningún primado tiene jurisdicción sobre los miembros de otra provincia dentro de la Comunión Anglicana.

Las iglesias anglicanas comparten una historia común con la Iglesia de Inglaterra y expresan su fe, liturgia y sacramentos en un Libro de Oración Común (aunque no todas tienen el mismo Libro de Oración Común). Cuatro principios unen a las Iglesias de la Comunión Anglicana:

1. El Antiguo y el Nuevo Testamento son la palabra revelada de Dios.
2. El Credo de Nicea es nuestra declaración de fe cristiana.
3. Los dos sacramentos: el Bautismo y la Santa Eucaristía.
4. Los obispos siguen una sucesión de ordenación desde los apóstoles hasta el presente.

Puede leer el texto exacto en las páginas 771-72 del Libro de Oración Común.

Sin embargo, compartir estos principios no significa por sí mismo que una provincia sea miembro de la Comunión Anglicana. Una provincia es reconocida como miembro de la Comunión Anglicana cuando el **arzobispo de Canterbury** (el primado de la Iglesia de Inglaterra) invita al obispo de

La rosa de los vientos es el símbolo oficial de la Comunión Anglicana.

esa provincia a la Conferencia de Lambeth y el Consejo Consultivo Anglicano reconoce la pertenencia de ese obispo a esa provincia concreta. La Conferencia de Lambeth es una reunión de obispos que se celebra cada diez años en el Palacio de Lambeth, la residencia oficial del arzobispo de Canterbury.

El arzobispo de Canterbury es considerado el *primero entre iguales*, lo que subraya la igualdad y la autoridad conjunta de todos los primados. El arzobispo no tiene autoridad para decirle a ninguna Iglesia de la Comunión Anglicana lo que debe hacer.

El arzobispo de Canterbury, la Conferencia de Lambeth, las Reuniones de Primados y el Consejo Consultivo Anglicano son los cuatro "instrumentos de comunión" de la Comunión Anglicana.[24]

La forma más básica en que las Iglesias anglicanas expresan su unidad es reuniéndose en el diálogo, la oración, la Comunión, el estudio de la Biblia y la Eucaristía. La Conferencia de Lambeth es una forma de hacerlo. Otra son las **Reuniones de los Primados**, un encuentro anual de todos los primados de la Comunión Anglicana. Un tercero es el **Consejo Consultivo Anglicano**, una reunión de laicos, obispos, sacerdotes y diáconos de las Iglesias de toda la Comunión Anglicana.

Al reunirse como una sola, la Comunión Anglicana puede trabajar junta para servir a la misión de Dios en el mundo. La Conferencia de Lambeth, las Reuniones de Primados y el Consejo Consultivo Anglicano se encargan de actividades y proyectos como la ayuda para aliviar el sufrimiento en el mundo. También mantiene la Oficina del Observador Anglicano ante las Naciones Unidas para expresar sus preocupaciones y recoger y compartir información sobre las iniciativas de la ONU.

La Comunión Anglicana, como podrá notarlo, tiene una definición poco precisa y no todas las provincias comparten las mismas prácticas. Un ejemplo es el matrimonio entre dos personas del mismo sexo, una fuente de desa-

---

24. Consulte www.anglicancommunion.org para obtener más información sobre los instrumentos de la comunión.

cuerdo actual entre los primados de la Comunión Anglicana. Otra es la ordenación de mujeres como obispos. Las provincias, diversas en sus historias, culturas, teologías y prácticas, están unidas en la Comunión Anglicana por lo que algunos llaman lazos de afecto. Estos lazos pueden verse tensados por sus diferencias.

La promesa de Dios a la nueva Iglesia

Después de que el Espíritu Santo descendiera sobre los apóstoles, Pedro habló recordando las palabras del profeta Joel:

> Sucederá que, en los últimos días, dice Dios, derramaré mi Espíritu sobre toda la humanidad; los hijos e hijas de ustedes
> comunicarán mensajes proféticos, los jóvenes tendrán visiones,
> y los viejos tendrán sueños. (Hechos 2:17)

¿Qué podemos aprender de este sermón? Después de recibir el Espíritu Santo, somos llamados a "profetizar" y "ver visiones". Estamos invitados a formar parte del sueño de Dios. Somos las manos activas de Cristo en el mundo que pueden trabajar con Dios para acercar el reino de Dios. Estamos encargados de hacer el trabajo de la Iglesia. La estructura de la Iglesia Episcopal es un mecanismo para hacer ese buen trabajo. Algunas formas en las que puede involucrarse en la estructura de la Iglesia son:

- Asista a la reunión anual de su congregación.
- Considere la posibilidad de servir en la junta parroquial. La junta parroquial ayuda a definir cómo se aplica el ministerio de la Iglesia en su comunidad.
- Asista a las convenciones diocesanas y considere la posibilidad de presentarse como delegado a la convención.
- Suscríbase a su periódico diocesano impreso o en línea para estar informado de la misión y el ministerio de su diócesis.

Sueñe y profetice su visión a la Iglesia. Los órganos de gobierno de la Iglesia establecen la política y las normas de la Iglesia tan importantes para su ministerio.

Preguntas transformadoras

1. **Esté atento:** Vea las cinco prioridades de la Iglesia Episcopal durante el trienio 2016-2018. (Puede encontrar la lista en la página 127). Recuerde un caso en el que haya hecho algo que cumpla con una de esas prioridades. ¿Qué recuerda?

2. **Sea inteligente:** ¿Qué significado tiene para usted su experiencia? ¿Qué otros posibles significados pudiera tener?

3. **Sea racional:** ¿Qué historia de la Biblia, himno o liturgia se relaciona con su experiencia? Léala. ¿Cómo desafía o confirma su comprensión? ¿Aporta su comprensión nuevas ideas?

4. **Sea responsable:** ¿Qué hará como resultado de su comprensión?

5. **Esté en el Amor transformado:** Investigue las nuevas prioridades del próximo trienio. (Consúltelo en www.episcopalchurch.org.) ¿Qué le sugiere que haga de manera diferente su experiencia aquí explorada y las nuevas prioridades?

Sexta parte

Buscar el bien y ser responsables

INTERLUDIO
"Hacer"

Durante una de tus lecturas de los cuatro Evangelios, rodea o subraya los verbos fuertes de las buenas noticias de Dios. Arrepentirse. Ser. Hacer. Dar. Perdonar. Alimentar. Vestir. Ir. Sembrar. Reza. Curar. No juzgar. No temer. Expulsar. Confiar.

Verás que muchos de esos verbos fuertes introducen imperativos evangélicos. Órdenes de marcha. Declaraciones de misión.

Alimenta al hambriento. Viste al desnudo. Cura a los enfermos. Acoge al extranjero. Visita a los presos. Resucita a los muertos. Proclama las buenas noticias. Vende lo que tienes y da el dinero a los pobres. Ama a Dios con todo tu corazón. Ama a tu prójimo como a ti mismo. Ama a tus enemigos. Reza por los que te persiguen. Reconcíliate. Toma tu cruz. Sígueme. Pierde tu vida por mí y la encontrarás. Haz discípulos.

Una descripción de trabajo imposible comienza a escribirse en nuestros corazones con nuestras promesas bautismales de "creer en Dios Padre [...] en Jesucristo, el Hijo de Dios [...] en Dios Espíritu Santo [y] continuar en la enseñanza de los apóstoles y en la comunión, en la fracción del pan y en las oraciones [...] perseverar en resistir al mal, y siempre que se caiga en pecado, arrepentirse y volver al Señor... Proclamar mediante la palabra y el ejemplo las Buenas Nuevas de Dios en Cristo [...] buscar y servir a Cristo en todas las personas, amando al prójimo como a uno mismo [...] luchar por la justicia y la paz entre todos los pueblos, y respetar la dignidad de todo ser humano.

Decimos: "Así lo haré, con el auxilio de Dios".

"Jesús de Nazaret es una figura inquietante y problemática", escribió la difunta Verna Dozier en *The Dream of God* ["El sueño de Dios"], "y me parece que la Iglesia nunca ha sabido qué hacer con él".[25]

---

25. Verna Dozier, *The Dream of God: A Call to Return* (Boston: Cowley, 1991), 67. 120

Por eso, tu mejor camino hacia la Iglesia Episcopal o a través de ella es leyendo y asimilando interiormente las Sagradas Escrituras. No como versículos individuales, sino cada libro en el contexto de todos los demás, de la tradición de la Iglesia, de tu experiencia del amor de Dios y de tu amor por tus hermanas y hermanos, y de tu pensamiento crítico y tu razonamiento sobre todo esto.

Jesús nos desafía a soñar. El Espíritu Santo saca el sueño de Dios de lo más profundo de nosotros. Rezar es soñar, esperar, aguardar, imaginar. Ya sea adorando junto a una comunidad, leyendo a solas, reflexionando sobre la Biblia, considerando una experiencia personal, una historia o una película, podemos estar en oración.

"Solo el contemplativo", solía decir Thomas Merton, solo el que reza "sabe lo que pasa".[26] Sólo quien reza sabe que lo realmente real es que Dios irrumpe en la historia de la humanidad para que podamos salir con nuevos corazones dados por Dios para perseguir la realidad de Dios, los deseos del corazón de Dios.

No dejes que otros te digan lo que es real. Imagina la realidad de Dios. Ve las cosas de forma diferente. Magnifica al Señor; ve a Dios grande en tu vida. Permite que Dios en tu interior te transforme a ti y al mundo a través de ti.

---

26. El difunto obispo Mark Dyer solía mencionar esto con frecuencia.

SEXTO CAPÍTULO

Ministerio: participar en la Misión de Dios

Los "verbos fuertes de las buenas noticias de Dios" que Bill nos recuerda en el interludio que precede a este capítulo son imperativos evangélicos: alimentar, vestir, curar, acoger, visitar, resucitar, proclamar, verbos del ministerio de servicio. La llamada al servicio se encuentra en toda la Biblia. Empezamos por el ministerio con el "Canto del Siervo" de Isaías:

> »Aquí está mi siervo, a quien sostengo, mi elegido, en quien me deleito.
> He puesto en él mi espíritu para que traiga la justicia a todas las naciones.
> No gritará, no levantará la voz, no hará oír su voz en las calles, no acabará de romper la caña quebrada ni apagará la mecha que arde débilmente.
> Verdaderamente traerá la justicia.
> (Isaías 42:1–3)

Lea despacio el pasaje anterior para sí mismo. Haga una pausa. Vuelva a leerlo. Después de la segunda lectura, pregúntese: "¿Quién es el siervo?". "¿A qué está llamado el siervo?" Este Canto del Siervo fue escrito como un llamado al pueblo de Israel. Dios llama a su pueblo elegido, Israel, a una misión particular: una misión de justicia. Volvemos a ver este canto en las escrituras cristianas, pero esta vez para el siervo de Dios, Jesús:

> «El Espíritu del Señor está sobre mí, porque me ha consagrado
> para llevar la buena noticia a los pobres; me ha enviado a anunciar libertad a los presos y dar vista a los ciegos; a poner en libertad a los oprimidos; a anunciar el año favorable del Señor.»
> (Lucas 4:18–19)

En este pasaje, Jesús proclama su misión a los ancianos de la sinagoga: liberar a los cautivos, dar la vista a los ciegos, liberar a los oprimidos y hacer saber a todos que el reino de Dios ha llegado. Compartimos la misión de Jesús. Al igual que Jesús, se nos da el ministerio del servicio que se proclama en Isaías.

Como miembros bautizados del Cuerpo de Cristo, somos una comunidad misionera, elegida por Dios y ayudada por el Espíritu Santo para llevar la justicia a todas las personas y a la creación. Por nuestro bautismo nos convertimos en el Cuerpo de Cristo, prometiendo asumir la misión de Cristo. De hecho, como dijo el Obispo Presidente Michael Curry, somos un pueblo "que vive su Pacto Bautismal, que sigue las enseñanzas de Jesús, que vive el camino de Jesús".[27] La Iglesia Episcopal es la "rama episcopal del movimiento de Jesús en el mundo".[28] Jesús inició un movimiento y nos mostró el camino del servicio.

Regrese a la Canción del Siervo de la página 139 y léala una vez más. Tache el pronombre "él" e inserte su propio nombre. Léalo de nuevo e imagínese como el siervo de Dios a quien él sostiene y sobre quien su Espíritu descansa. ¿Cómo se siente? ¿Qué está llamado a hacer como siervo o sierva de Dios?

Esté atento a lo que ha leído de Isaías y Lucas, y a los asuntos del corazón. Sea inteligente. ¿Cómo se entiende lo que ha leído? Sea racional. ¿Cuál es la mejor manera, en su vida en particular, de entender esta realidad? Sea responsable con lo que espera hacer como resultado a su comprensión de lo que acaba de leer. Permanezca en el Amor mientras lo hace.

Promesas bautismales

En el bautismo, los candidatos, o sus padres y padrinos, hacen cinco promesas, llamadas promesas bautismales. Son promesas de hacer el trabajo que Dios nos ha encomendado en el mundo: nuestra misión. Cada vez que presenciamos un bautismo, una confirmación o una reafirmación, renovamos nuestras promesas respondiendo a las siguientes preguntas con un "así lo haré, con el auxilio de Dios":

> ¿Continuarás en la enseñanza y comunión de los apóstoles, en la fracción del pan y en las oraciones? *Así lo haré, con el auxilio de Dios.*

---

27. Michael Curry, *Crazy Christians: A Call To Follow Jesus* (Harrisburg, PA: Morehouse Publishing, 2013), 101.
28. Michael Curry, Primer discurso como Obispo Presidente. Disponible en https://www.episcopalchurch.org/posts/publicaffairs/presiding-bishop-michael-curry-jesus-movement-and-we-are-episcopal-church.

¿Perseverarás en resistir al mal, y cuando caigas en pecado, te arrepentirás y te volverás al Señor? *Así lo haré, con el auxilio de Dios.*

¿Proclamarás por medio de la palabra y el ejemplo las Buenas Nuevas de Dios en Cristo? *Así lo haré, con el auxilio de Dios.*

¿Buscarás y servirás a Cristo en todas las personas, amando a tu prójimo como a ti mismo? *Así lo haré, con el auxilio de Dios.*

¿Lucharás por la justicia y la paz entre todos los pueblos, y respetarás la dignidad de todo ser humano? *Así lo haré, con el auxilio de Dios.*

Examinémoslas con mayor detenimiento. Nuestras promesas comienzan con la comunidad—la comunidad del cuerpo de Cristo, la Iglesia—que nos nutre y nos anima a cumplir nuestras promesas bautismales. Esta primera promesa nos recuerda que nos conocemos primero como miembros de una comunidad de fe y que orar y recibir los sacramentos nos preparan para nuestro trabajo en el mundo. La segunda promesa nos recuerda que, antes de salir al mundo, debemos hacer las cosas bien con nosotros mismos: debemos vivir según la voluntad de Dios. Prometemos resistir el mal y, cuando pequemos, apartarnos y volver a Dios.

Obtenemos nuestra autoridad moral, como cristianos, como episcopales, de nuestros votos bautismales. Estas promesas que hacemos son un poco como el huevo de gallina que se tragó la serpiente. Está ahí, pero tarda en digerirse.
—Bonnie Anderson[29]

Las tres últimas promesas nos hablan de nuestra misión en el mundo: cómo debemos servir a los demás. Debemos compartir la buena noticia del amor de Dios a todas las personas, tanto con nuestras palabras como con nuestro comportamiento. Es decir, nuestras acciones deben reflejar el amor de Dios. Debemos buscar y servir a Cristo en todas las personas. Es decir, buscar la bondad en los demás y tratar a los demás como si fueran el propio Cristo. Como dice el evangelio de Mateo en la parábola de las cabras y las ovejas: El Rey les contestará: "Les aseguro que todo lo que hicieron por uno de estos hermanos míos más humildes, por mí mismo lo hicieron." (25:40). Lo hacemos alimentando a los hambrientos, vistiendo a los pobres, dando

---

29. Bonnie Anderson, sermón pronunciado en la catedral Grace de San Francisco, 19 de octubre de 2008. Disponible en https://www.episcopalchurch.org/files/attached-files/10-21_banderson_sermon_grace.pdf

cobijo a los sin techo y atendiendo a los enfermos. En todo lo que hacemos, prometemos luchar por la justicia y la paz entre todas las personas, es decir, tratar con justicia y honestidad a los demás y trabajar para que todas las personas se unan como una sola comunidad. Como somos cristianos bautizados, vivir estas promesas es nuestro ministerio y misión.

Una de las formas en que la Iglesia expresa su misión es con las Cinco Marcas de la Misión mencionadas en el capítulo anterior:

DECIR: Proclamar las Buenas Nuevas del Reino

ENSEÑAR: Enseñar, bautizar y nutrir a los nuevos creyentes

ATENDER: Responder a la necesidad humana mediante un servicio de amor

TRANSFORMAR: Tratar de transformar las estructuras injustas de la sociedad, enfrentar la violencia de toda índole, y buscar la paz y la reconciliación

ATESORAR: Luchar por salvaguardar la integridad de la creación y sostener y renovar la vida en la tierra

La palabra "misión" puede traer a la mente la práctica de aumentar el número de miembros de la iglesia, acercar a la gente al cristianismo o enviar individuos o grupos al extranjero para enseñar o prestar servicios. La misión, sin embargo, se entiende correctamente en términos de lo que Dios está haciendo: sanar y restaurar la creación. La misión es participar en el proyecto de Dios. Cuando participamos en la misión de Dios, estamos ejerciendo activamente el ministerio.

Ministerio: compartir la misión de Dios

En el último capítulo leyó un poco sobre el ministerio: nuestra forma de servir a los demás. La Iglesia Episcopal reconoce a todos los bautizados como ministros del reino de Dios. Los ministros son laicos, obispos, sacerdotes y diáconos. Todos los bautizados comparten un ministerio común: representar a Cristo y a su Iglesia.

Llevamos a cabo la mayor parte de la misión de Dios en nuestra vida diaria saludando a la gente con amabilidad, haciendo nuestro trabajo con amor y respeto por los demás, echando una mano cuando se necesita, cocinando para nuestra familia y riendo y consolando a los amigos y compañeros de trabajo. También llevamos a cabo la misión de Dios trabajando para cambiar las leyes y garantizar un trato justo a las personas. Ocupaciones como la investigación en la cura de enfermedades, la búsqueda de soluciones al cambio climático, la presión sobre el gobierno para conseguir leyes justas, y pasar un año sirviendo a los pobres, ya sea en el país o en el extranjero, son también formas de participar en la misión de Dios. A través de estas acciones "llevamos a cabo la obra de reconciliación de Cristo en el mundo".

Veamos la reconciliación en el mundo más de cerca. ¿Qué significa la reconciliación? ¿Ha conciliado alguna vez un estado de cuenta bancario? Compara usted su registro escrito de depósitos y retiros con los registros del banco y hace ajustes en su cuenta hasta que los dos saldos coincidan. Piense en la reconciliación del mundo de la misma manera. Hay dos cosas: el mundo tal y como lo vivimos y el mundo tal y como Dios nos llama a vivir (el reino de Dios). Así que el trabajo de reconciliación consiste en hacer ajustes en nuestra forma de vivir para que el mundo sea un lugar de paz y plenitud.

Ungidos en un sacerdocio real

Puede que aún se sienta un poco incómodo al pensar en sí mismo como alguien con un ministerio. Nuestro ministerio en el reino de Dios tiene sus raíces en el bautismo. Así como el Espíritu Santo ungió a Jesús cuando fue bautizado, lo mismo ocurre con los que han sido bautizados hoy. Después de ser bautizado con agua, una persona es ungida con aceite de crisma y bendecida para compartir el sacerdocio real de Jesucristo. En 1 Pedro 2:9, el escritor dice a los primeros cristianos lo mismo: "Pero ustedes son una familia escogida, un sacerdocio al servicio del rey, una nación santa, un pueblo adquirido por Dios. Y esto es así para que anuncien las obras maravillosas de Dios, el cual los llamó a salir de la oscuridad para entrar en su luz maravillosa."

El crisma tiene una larga historia que simboliza el sacerdocio y el ministerio. Samuel derramó un cuerno entero lleno de aceite sobre la cabeza de David para ungirlo como rey de Israel (1 Samuel 16:13). Dios ungió a los profetas (Isaías 61:1). Una mujer con un frasco de alabastro ungió a Jesús con un aceite muy caro antes de su muerte y resurrección (Mateo 26:7). Los bautizados son ungidos en el ministerio con el aceite de los reyes y los profetas.

Nuestro ministerio proclama el sueño de Dios para la creación

Entonces, ¿cómo vivimos nuestro ministerio hoy? Muchos de nosotros tenemos familias y amigos que nos quieren, momentos en los que nos reímos con los demás, mentes y cuerpos básicamente sanos, y no hay demasiados obstáculos que se interpongan en el camino de lo que queremos. Algunos de nosotros podemos enfrentarnos a dificultades: la soledad, el dolor por la pérdida de un ser querido, la enfermedad, la discriminación y el odio, y quizás los días en los que no tenemos suficiente para comer o ropa para abrigarnos. El mundo no está a la altura de lo que Dios quisiera. Aunque veamos señales del reino de Dios, no está aquí del todo. Para saber cuál es nuestro ministerio, tenemos que entender cómo es ese reino y averiguar qué podemos hacer para ayudar a que se haga realidad.[30]

"Dios te dice: 'Tengo un sueño. Por favor, ayúdame a realizarlo. Es el sueño de un mundo cuya fealdad y miseria, su guerra y hostilidad, su avaricia y dura competitividad, su alienación y desarmonía se transforman en sus gloriosas contrapartidas'"—Desmond Tutu.[31] ¿Qué sueño te ha comunicado Dios?

El sueño de Dios en las escrituras judías

Desde el principio, Dios siempre nos ha dicho en qué consiste su reino. Es un mundo lleno de alegría, un mundo de relaciones con los demás, un mundo en el que se satisfacen las necesidades y un mundo en el que la gente es honesta y justa. El relato de la creación en el primer capítulo de Génesis nos habla de las intenciones de Dios con la creación. Al principio, Dios creó plantas y criaturas de todo tipo, de la tierra, el aire y el mar, y luego las bendijo. Dios creó a los seres humanos y los bendijo también. El reino de Dios está lleno de vida y alegría. Dios hizo a la humanidad. Es decir, los humanos tienen compañeros. Esto nos recuerda que el reino de Dios está lleno de relaciones y comunidad. A cada una de las criaturas que creó—las plantas, los animales y los seres humanos—Dios les ordenó y les dio su bendición: «Tengan muchos, muchos hijos; llenen el mundo y gobiérnenlo; dominen a los peces y a las aves, y a todos los animales que se arrastran.» (Génesis 1:28). El reino de Dios es un mundo donde hay suficiente para todos. Es un mundo de abundancia. Y, por último, Dios dio a los seres humanos el mando sobre todos los seres vivos, no para el poder, sino para el servicio. El reino de Dios es un mundo de orden y servicio y un mundo de justicia.

La Biblia también tiene historias de cuando el mundo estaba lejos de ser alegre, abundante y justo. Durante estos tiempos Dios le recordaba al pueblo sobre el reino y lo que él quería para ellos. Uno de esos momentos fue cuando la nación de Israel vivió en el exilio en Babilonia. Los israelitas vivían en una

---

30. Estoy en deuda con John L. Kater Jr. y su obra inédita, "The Persistence of the Gospel", por guiar gran parte de la discusión sobre el reino de Dios.
31. Desmond Tutu and Douglas Abrams, *God Has a Dream: A Vision of Hope for Our Time* (New York: Doubleday, 2004), 19.

tierra extranjera como esclavos, sufrían enfermedades y no vivían mucho tiempo. Pero en medio de estas penurias, Dios envió al profeta Isaías para que les hablara del sueño que Dios tenía para ellos:

> Yo mismo me alegraré por Jerusalén y sentiré gozo por mi pueblo. En ella no se volverá a oír llanto ni gritos de angustia.
> Allí no habrá niños que mueran a los pocos días, ni ancianos que no completen su vida.
> Morir a los cien años será morir joven, y no llegar a los cien años será una maldición.
> La gente construirá casas y vivirá en ellas, sembrará viñedos y comerá sus uvas.
> No sucederá que uno construya y otro viva allí, o que uno siembre y otro se aproveche.
> Mi pueblo tendrá una vida larga, como la de un árbol; mis elegidos disfrutarán del trabajo de sus manos.
> No trabajarán en vano ni tendrán hijos que mueran antes de tiempo, porque ellos son descendientes de los que el Señor ha bendecido, y lo mismo serán sus descendientes.
> Antes que ellos me llamen, yo les responderé; antes que terminen de hablar, yo los escucharé.
> El lobo y el cordero comerán juntos, el león comerá pasto, como el buey, y la serpiente se alimentará de tierra.
> En todo mi monte santo no habrá quien haga ningún daño.»
> El Señor lo ha dicho.
> (Isaías 65:19–25)

Dios desea que las personas vivan mucho tiempo, tanto que los que vivan hasta los cien años serán llamados jóvenes. En el reino de Dios, la gente vive en las casas que construye y come el fruto de las plantas que cultiva. Todas las personas son tratadas con justicia. La gente no pasa hambre porque Dios provee. La visión de la creación de Dios está marcada por la abundancia. Viven en comunidad sin enemigos, donde el lobo y el cordero se alimentan juntos. Dios anhela una comunidad de paz.

El Ministerio de Jesús proclamando el Reino de Dios

Los cuatro Evangelios narran la historia de Jesús proclamando la llegada del reino de Dios. En Marcos, por ejemplo, Jesús proclama: Decía: «Ya se cumplió el plazo señalado, y el reino de Dios está cerca. Vuélvanse a Dios y acepten con fe sus buenas noticias.» (Marcos 1:15). Jesús habló de los sueños de Dios como el reino de Dios, un lugar donde gobierna la voluntad de Dios. Jesús utilizó la metáfora del reino porque en el primer siglo, los judíos anhelaban la restauración de Judea como nación. Buscaban ansiosamente a alguien que derrocara al emperador romano que gobernaba injustamente y estableciera un nuevo reino gobernado por un rey justo.

Las palabras y las acciones de Jesús nos muestran el sueño de Dios para nosotros al traer alegría, comunidad, abundancia y justicia al mundo. Una de las primeras cosas que hizo Jesús después de su bautismo fue convocar a una comunidad de personas: sus discípulos. Adoraban, estudiaban y oraban juntos, y veían a Jesús haciendo milagros, sanando, perdonando y reuniendo a más gente. Jesús también envió a este grupo de personas ordinarias para que siguieran haciendo la obra de Dios en el mundo.

Si estos aparentemente indignos seguidores de Jesús pudieron ayudar a instaurar el reino de Dios, nosotros también podemos.

Las personas a las que Jesús llamó eran gente corriente como nosotros. Algunos eran pescadores; otros realizaban trabajos despreciados en la comunidad judía, como la recaudación de impuestos. Los discípulos no eran los más inteligentes ni los más fieles. Muchas veces dudaban de Jesús y se peleaban por quién era el más importante. Tampoco eran especialmente fiables. Después de todo, se quedaron dormidos en el jardín la noche antes de que Jesús fuera crucificado, a pesar de que les pidió que se quedaran despiertos con él. Tenían puntos débiles al igual que nosotros. Todo esto nos dice que también nosotros, incluso con nuestros defectos, formamos parte de la comunidad amada de Dios, llamada a llevar a cabo la misión de Dios. Si estos aparentemente indignos seguidores de Jesús pudieron ayudar a instaurar el reino de Dios, nosotros también podemos. Dios hace cosas extraordinarias a través de personas ordinarias.

Un reino caracterizado por la justicia

Al ver la multitud, Jesús subió al monte y se sentó. Sus discípulos se le acercaron, y él tomó la palabra y comenzó a enseñarles, diciendo:

Lo que realmente cuenta ante Dios
«Dichosos los que tienen espíritu de pobres, porque de ellos es el reino de los cielos.
»Dichosos los que sufren, porque serán consolados.
»Dichosos los humildes, porque heredarán la tierra prometida.

»Dichosos los que tienen hambre y sed de la justicia, porque serán satisfechos.

»Dichosos los compasivos, porque Dios tendrá compasión de ellos.

»Dichosos los de corazón limpio, porque verán a Dios.

»Dichosos los que trabajan por la paz, porque Dios los llamará hijos suyos.

»Dichosos los perseguidos por hacer lo que es justo, porque de ellos es el reino de los cielos. (Mateo 5). Son bendecidos porque serán consolados, heredarán la tierra, serán colmados, recibirán misericordia, verán a Dios y serán llamados hijos de Dios. El reino de Dios estará lleno de justicia.

Un reino rebosante de alegría

A lo largo de su ministerio, Jesús sanó a los enfermos y perdonó a los que habían hecho mal. Jesús les trajo alegría. Lo sorprendente de estos relatos es la importancia del tacto en su ministerio de curación y perdón. Por ejemplo, en Marcos Jesús tocó a un leproso y le dijo: "Queda limpio", y el leproso quedó curado. Una mujer que llevaba doce años con hemorragias tocó el manto de Jesús y quedó curada. Jesús puso las manos sobre el ciego para devolverle la vista. Tocados por el poder curativo de Jesús, estas personas pudieron vivir su vida con alegría, libres de enfermedades. Lo que podemos aprender de esto es que, aunque no podamos curar como Jesús, podemos alegrar a los demás tendiéndoles la mano para hacerles saber que nos importan. Y podemos ofrecer un abrazo o un apretón de manos de perdón a quienes nos han herido. Con nuestro tacto podemos llevar alegría al mundo.

Un reino de abundancia

El ministerio de Jesús demostró cómo es la vida cuando a las personas se les da más de lo que pueden pedir o imaginar. Cuando los discípulos se enfrentaron a una multitud hambrienta de más de cinco mil personas con sólo unos pocos peces y un par de panes, Jesús los alimentó a todos, sobrándoles doce cestas de comida. Nada se agotó. Cuando la gente le pedía que describiera el reino de Dios, Jesús hablaba de un grano de mostaza que crece hasta convertirse en un árbol que da cobijo a los pájaros, de la levadura mezclada con harina que se expande hasta convertirse en un pan nutritivo que puede alimentar a un pueblo, y de un campo que da el ciento por uno. En la vida de abundancia de Jesús, de lo poco sale mucho. También nosotros podemos compartir lo poco que tenemos, y junto con otros que tienen poco, proveer lo suficiente para todos.

Un reino de comunidad

Jesús siempre convocaba a una comunidad. Llamaba a los discípulos, acogía al marginado y perdonaba al pecador. Consideremos la historia de Jesús y Zaqueo, un recaudador de impuestos judío, en Lucas 19. Como Zaqueo cobraba impuestos para el Imperio Romano, su propia comunidad lo consideraba impuro y pecador. Era un marginado. Cuando Jesús se acercó a él, le anunció que cenarían juntos en casa de Zaqueo. Así que incluso antes de que Zaqueo confesara sus pecados, Jesús lo perdonó y lo invitó a su grupo de amigos. Zaqueo respondió arrepintiéndose y devolviendo los impuestos que había robado. Jesús le dio a Zaqueo la fuerza para cambiar sus costumbres, perdonándole y devolviéndole a la comunidad.

Los actos de perdón de Jesús restauraron la comunidad y trajeron la paz. Para Jesús, siempre hay más espacio en la mesa, y la comunidad siempre puede ampliarse. En la parábola del buen samaritano, Jesús nos dice que nuestros prójimos son aquellos que la sociedad dice que son impuros, aquellos a los que nadie parece querer. Nosotros, como Jesús, podemos invitar a los demás a nuestra comunidad, especialmente a los que no parecen pertenecer a ella.

También nosotros estamos llamados a proclamar el sueño de Dios

Jesús compartió este ministerio con sus discípulos, otorgándoles el poder y la autoridad para sanar y proclamar el reino de Dios. Continuaron este ministerio después de la muerte y resurrección de Jesús, y con el poder del Espíritu Santo bautizaron a los creyentes para que hicieran lo mismo. A través de nuestro bautismo, nosotros también formamos parte de la comunidad que es enviada a hacer la obra de Dios. Nosotros también estamos llamados al ministerio de apoyo y fomento de las relaciones dentro de la comunidad. Estamos llamados al ministerio de la abundancia, atendiendo a las necesidades de los demás. Llamados al ministerio de la alegría, curando a los enfermos y consolando a los que están de luto. Nosotros también estamos llamados al ministerio de la justicia, tratando a los demás con equidad y honestidad y pidiendo a los demás que hagan lo mismo.

El Pacto Bautismal contiene tal vez la declaración más fuerte que la Iglesia Episcopal ha presentado sobre las obligaciones que los cristianos asumen en términos de fe y vida.—Paul Marshall[32]

---

32. Paul V. Marshall, "Answers to Questions to Bishop Candidates for the Diocese of Bethlehem" (manuscrito no publicado, 1995).

No cabe duda de que nuestras promesas bautismales y las Cinco Marcas de la Misión consisten en vivir como Dios manda. Prometemos buscar y servir a Cristo en todas las personas, amando a nuestro prójimo como a nosotros mismos. Y prometemos luchar por la justicia y la paz entre todos los pueblos y respetar la dignidad de todo ser humano. Estamos llamados a hacer esto, como lo hizo Jesús, desde nuestra comunidad de fe. A través del bautismo compartimos la misión y el ministerio de Jesus, un ministerio práctico marcado por la sanación, el perdón, la bendición y el apoyo a los demás que proclama que el reino de Dios está cerca. Somos miembros del movimiento de Jesús. A través de nuestro ministerio participamos en el reino de Dios de una vida de alegría, comunidad, abundancia y justicia.

¿Dónde está nuestro ministerio y misión?

Como hemos dicho antes, compartimos la misión de Dios dondequiera que estemos, no solo en la iglesia. De hecho, la mayor parte de la misión y el ministerio del pueblo de Dios está en el mundo. Al igual que Jesús envió a los discípulos al mundo para difundir la buena nueva, también nosotros somos enviados a servir a Dios a lo largo de la semana. Por lo tanto, su ministerio tiene lugar en el trabajo, en la casa con su familia, con sus amigos y con sus vecinos. Dondequiera que vea a personas invitando a otras a unirse en comunión, que viven con un corazón alegre, que dan generosamente y que actúan con justicia, está viendo que se proclama el reino de Dios.

Dones para la misión y el ministerio

En las cartas a las primeras comunidades cristianas de Corinto, Galacia y Roma, el apóstol Pablo escribió sobre los dones del Espíritu: talentos y habilidades que Dios nos da para cumplir nuestra misión en el mundo. Pablo se refería a las luchas que enfrentaban estas comunidades. ¿Cuáles eran sus ministerios? ¿Qué dones tenía el pueblo para cumplir su misión? ¿Cómo podrían los individuos de la comunidad trabajar juntos como uno solo? Nosotros seguimos haciéndonos estas mismas preguntas. Esto es lo que aprendemos de Pablo.

Existen diversos dones

Hay una variedad de dones. En 1 Corintios 12:4-10, Pablo enumera los siguientes dones: sabiduría, conocimiento, fe, sanación, realización de milagros, profecía, discernimiento de espíritus, lenguas e interpretación de lenguas. Y en la carta de Pablo a los romanos se enumeran más dones: Ministerio, enseñanza, exhortación, generosidad, diligencia y alegría (Romanos 12:6-8). Ambas listas abordaban las necesidades de las comunidades a las que Pablo había escrito; ninguna pretendía ser exhaustiva. El Espíritu da diferentes dones en diferentes momentos para satisfacer las necesidades cambiantes de la comunidad. Entonces, veamos la naturaleza de los dones espirituales.

Todos tenemos dones espirituales; nadie tiene todos los dones

A cada miembro del Cuerpo de Cristo se le han dado dones espirituales para ocupar su lugar en la misión de Dios y el don de cada persona es diferente al de los demás. Recuerde que la comunidad es importante para Dios. Así que no debería sorprenderle saber que, aunque todo el mundo tiene al menos un don, nadie los tiene todos. Nadie está destinado a perseguir la misión de Dios en solitario. El Cuerpo de Cristo tiene muchos miembros y los dones de cada uno deben utilizarse en colaboración con los demás. En 1 Corintios 12, Pablo habla de la Iglesia como un cuerpo humano. El cuerpo tiene muchas partes, cada una de ellas necesaria para la salud del cuerpo, pero ninguna suficiente por sí sola. Si el pie dijera: «Como no soy mano, no soy del cuerpo», no por eso dejaría de ser del cuerpo.

El ojo no puede decirle a la mano: «No te necesito»; ni la cabeza puede decirles a los pies: «No los necesito.» (1 Corintios 12:15, 21). Supongamos que la persona con visión no comparte su don. Imagine el daño que podría causar un cuerpo si no pudiera ver lo que está haciendo. Usted necesita usar sus dones junto con los de otros para servir al reino de Dios.

Dios da con generosidad

¿Ha leído alguna vez una historia bíblica en la que Dios da solo una pequeña pizca? Dios proporciona los dones espirituales generosamente. Detrás de lo que puede parecer poco, hay algo que va más allá de la imaginación. Usted, junto con otros en su comunidad, tiene todos los dones que necesita para traer el reino de Dios. De hecho, Dios da incluso más de lo que necesitamos. Piense en la parábola del sembrador en el Evangelio de Marcos (4:3-9). El agricultor echó las semillas en todas direcciones: en el camino, en el suelo rocoso, entre las espinas y en la tierra buena. Dios es así: da generosamente y espera que las semillas echen raíces. Nuestro trabajo es recibir los dones de Dios y nutrirlos para que den fruto.

Las siete palomas representan los siete dones del Espíritu Santo (véase Isaías 11:2; Apocalipsis 5:12).

Los superhéroes de las películas pueden mostrarnos lo que es posible con abundantes dones. Superman vuela a la velocidad del rayo para salvar a una persona que lo necesita. La Mujer Maravilla levanta meteoritos del tamaño de pequeñas ciudades. Batman cuenta con poderes superdotados para luchar contra el mal y el crimen en Gotham City. Así son los dones abundantes, suficientes para luchar contra la opresión, evitar los desastres, desafiar la violencia y renovar la vida. Tómese un minuto e imagine lo que podría hacer si sus dones fuesen superdimensionados. Si tuviera una generosidad o sabiduría ilimitadas, ¿qué haría de forma distinta?

Utilice sus dones para el bien de todos

Hemos de utilizar nuestros dones no para impulsarnos a nosotros mismos, sino para servir a los demás. El apóstol Pablo nos dice lo mismo. Cada miembro utiliza sus dones para el bien de la familia, llevando a la comunidad a su máxima capacidad para vivir su llamado.

Un paso importante en el uso de sus dones para el ministerio es reclamarlos y estar seguro de que, efectivamente, tiene los suficientes. ¿Cuáles podrían ser sus dones?

Puede que no sea un superhéroe digno de la gran pantalla, pero cuando utiliza sus dones en los actos cotidianos del ministerio usted se convierte en un héroe cotidiano. Lo que puede parecer un acto simple para usted puede ser un gran acto de servicio para otros. Una amiga me contó que una vez, al pasar por la aduana, saludó al funcionario con un simple: "¿Cómo le va hoy?". El oficial hizo una pausa y luego sonrió y respondió: "Gracias. Nadie me pregunta por mi día. Usted acaba de hacer que sea bueno". Un simple "hola, ¿cómo estás?" puede cambiar a veces toda la perspectiva del día de una persona.

Usted aporta alegría al mundo cuando utiliza sus dones

Dios le creó y bendijo y quiere que usted, y todo el pueblo de Dios, tenga alegría. Así que usar sus dones también le dará energía y le hará sentir bien. Pablo habla de la alegría en términos de los frutos del Espíritu. En su carta a los Gálatas (5:22-23) enumera los siguientes frutos: En cambio, lo que el Espíritu produce es amor, alegría, paz, paciencia, amabilidad, bondad, fidelidad, 23 humildad y dominio propio. Contra tales cosas no hay ley.

Somos expertos en hacer muchas cosas. La vida moderna parece exigirlo. En su vida diaria, cuando administra su hogar y cumple con sus obligaciones

SU MISIÓN Y MINISTERIO

¿Cómo son su misión y su ministerio? Las personas ejercen su ministerio de diversas maneras. Algunos ayudan a los demás como proveedores de atención sanitaria, otros alegran la vida a través de la música y el arte, otros preparan a las personas para una vida de servicio como profesores, y otros... la lista es interminable. Para considerar cómo ejerce usted su ministerio, empiece por recordar una forma en la que cumple con cada una de las Cinco Marcas de la Misión.

Proclamo la Buena Nueva del Reino para traer la plenitud al mundo mediante:

_____

_____

La última vez que enseñé y nutrí a nuevos creyentes para apoyarlos en su misión y ministerio fue cuando:

_____

_____

Una de las veces que respondí a la necesidad humana con un servicio amoroso fue cuando:

_____

_____

Una de las formas en que puedo tratar de transformar las estructuras injustas de la sociedad, desafiar la violencia o buscar la paz y la reconciliación es:

_____

_____

Esta semana me esforcé en proteger la integridad de la creación y sostener y renovar la vida de la Tierra:

_____

Si observa bien las acciones que ya ha emprendido y considera las posibilidades de cómo abordar las Cinco Marcas de la Misión, tendrá una idea sobre cómo podría usted participar en la misión de Dios en el mundo. La forma en que cada uno de nosotros responde a estas preguntas es diferente porque cada uno de nosotros está hecho de forma única y maravillosa. Cada uno de nosotros ha recibido sus propios dones para cumplir esta misión.

laborales y comunitarias, es posible que tenga que escribir informes, dirigir reuniones, planificar eventos, diagnosticar enfermedades, manejar maquinaria pesada, etc. Es probable que usted sea bueno en muchas cosas. Pero el hecho de que sea bueno o buena en algo no significa que sea su don. Lo que hace que una habilidad sea un don es que uno desea utilizar los dones; usar sus habilidades tiende a agotar su energía. Esto no significa que no pueda o deba utilizar sus habilidades; es sólo una forma de buscar esas cosas que salen de su corazón, sus dones.

Usted puede utilizar sus dones para muchos propósitos. Puede usarlos para unir a la gente o usarlos egoístamente para su propio beneficio; puede usarlos para construir relaciones o para derribarlas; para alimentar la vida o para destruirla. Lo que aprendemos de la Biblia y de la comunidad cristiana es que Dios le ha dado dones para construir una comunidad, fortalecer las relaciones, alimentar y apoyar la vida, y acercar a la gente a Dios. Como cristianos reconocemos que nuestros dones provienen de Dios y debemos utilizarlos para la misión de Dios, el reino de Dios, y no para nuestros propios fines.

Descubrir nuestros dones espirituales

Así que cada uno de nosotros tiene dones para el ministerio. Y cada uno de nosotros tiene la responsabilidad de descubrir cuáles son esos dones. Una vez que conozcamos esos dones podemos nutrirlos y honrarlos ofreciéndolos a Dios y practicándolos en nuestro ministerio para proclamar el reino de Dios.

El proceso que nos ayuda a conocer nuestros dones se llama discernimiento. El proceso de **discernimiento** separa las diversas posibilidades para permitirnos ver cada una con mayor claridad. Es un proceso de distinguir la variedad de dones, distinguir nuestros dones de los de los demás, y distinguir los del Espíritu de los dones que no son del Espíritu.

Dos preguntas que debe hacerse al discernir sus dones son: (1) ¿Qué anhelo hacer? y (2) ¿Cómo encajan las cosas que anhelo hacer en los sueños de Dios?

El trabajo de discernimiento nunca termina. Nuestros dones cambian, las necesidades de la comunidad cambian y, en consecuencia, nuestro llamado cambiará. Las dos preguntas generales mencionadas anteriormente son las que puede plantearse de vez en cuando. Quizás desee probar un ejercicio de discernimiento más estructurado. Aquí hay tres ejercicios que le ayudarán a identificar dones específicos basados en las escrituras y en la obra de Dios en su vida. Pruebe cada uno de ellos y compruebe cuál le ayuda más claramente a descubrir quién es usted y qué es lo que Dios le llama a hacer.

Ejercicio de discernimiento: enumerar los dones

Pablo enumeró una serie de dones del Espíritu, que constituyen un buen punto de partida. Pero como las comunidades y las culturas cambian, esos dones también cambiarán. Así que para añadir y actualizar su lista, escriba en un papel las cuatro características del reino de Dios en cuatro columnas: vida llena de alegría, abundancia, comunidad y justicia. ¿Qué habilidades cree que ayudarían a alguien a crear un mundo en el que hubiera menos penas y enfermedades (un mundo lleno de alegría); uno en el que la gente ya no pasara hambre, ni tuviera carencias (uno abundante); uno en el que la gente se relacionara con los demás con cariño (con comunidad); y uno que tratara a la gente de forma justa y honesta (con justicia)? Escriba esos dones debajo de cada cualidad que define el reino de Dios. Escriba todos los que pueda. Comparta su lista con otra persona. Los ejemplos son:

Vida llena de alegría
Sabe tocar un instrumento
Ríe y es alegre
Consuela y/o cura a los enfermos

Comunidad
Perdona
Muestra compasión y misericordia
Supervisa los proyectos
Tiene una fe fuerte
Le gusta invitar

Justicia
Distingue el bien del mal
Puede persuadir a otros de lo que es correcto
Anima a los demás
Enseña la verdad
Aconseja a los demás

Abundancia
Da generosamente
Perdona
Comparte la fe
Tiene una fe fuerte

Es probable que los dones aborden más de un aspecto del reino de Dios. Su lista le proporciona dones que se utilizan activamente hoy en día.

Ejercicio de discernimiento: personas que admiramos[33]

Continúe con el siguiente ejercicio para ver otros dones que pueda tener. A menudo compartimos los dones espirituales de las personas que admiramos. ¿A quién respeta usted cuya vida produce alegría, comunidad, abundancia y justicia? Pueden ser personas que conozca personalmente o alguien sobre quien haya leído. Pueden ser personajes contemporáneos, históricos o incluso ficticios de un libro o una película.

Enumere todas las personas que pueda. Cuando termine, subraye seis que le parezcan especialmente destacadas. Junto a cada nombre escriba tres o cuatro rasgos que destaquen. Por ejemplo, suponga que escribe el nombre de un compañero que apoya su trabajo y con el que puede discutir nuevas ideas. Así que junto a ese nombre podría escribir "animador", "sabio" y "elocuente". Si escribe el nombre de un gran líder como Mahatma Gandhi, podría escribir junto a su nombre "compasivo", "dedicado a la paz" y "perseverante". Hágalo con cada una de las personas que ha anotado. Cuando haya terminado, observe las cualidades que ha mencionado. ¿Cuáles son las características comunes que encuentra entre las personas que admira? Aunque las personas pueden vivir o haber vivido vidas muy distintas entre sí, es probable que encuentre similitudes en sus caracteres.

Lo que este ejercicio revela son los dones que usted mismo valora y tiene. Si hace este ejercicio en grupo, verá que no hay dos personas que tengan la misma lista. Las personas que nombran pueden ser similares, pero las características comunes a su lista son únicas para usted.

Ejercicio de discernimiento: considere su propia vida

Ya en este capítulo usted ha enumerado ejemplos de cómo contribuir a las Cinco Marcas de la Misión. ¿Se ha dado cuenta de que ya está utilizando sus dones? En este ejercicio de discernimiento reflexione sobre sus acciones para reconocer los dones que ya está utilizando. Así que vuelva a sus respuestas sobre cómo está cumpliendo las Cinco Marcas de la Misión en la página 152. Al lado de cada una de ellas, escriba el talento que ha utilizado para cumplir esa Marca. Si por ejemplo usted escribió una carta a un congresista para conseguir su apoyo para viviendas accesibles en su ciudad como ejemplo de transformación de estructuras injustas, podría escribir "sabiduría" y "compasión". Sea específico en sus respuestas. ¿Cómo, por ejemplo, le guiaron la sabiduría y la compasión? Podría decir "conocimiento de las ordenanzas locales de vivienda y mi conocimiento de la Biblia de lo que Jesús

---

33. Este ejercicio se basa en uno en Lloyd Edwards, *Discerning Your Spiritual Gifts* (Cambridge, MA: Cowley Publications, 1988), 55.

pidió a su comunidad". Y podría añadir "sentido de la responsabilidad por los pobres". Usted ve las oportunidades para el ministerio de manera diferente a los demás. Recuerde que nadie tiene todos los dones y que nuestros dones se complementan entre sí.

> Antes de decirle a su vida lo que pretende hacer con ella, escuche lo que ella pretende hacer con usted.—Parker J. Palmer[34]

Ahora tiene tres listas: una que muestra las posibilidades, una lista más corta de aquellos dones que ve en sí mismo, y otra lista de aquellos dones que ya se ha dado cuenta que posee. Tenga en cuenta todos estos dones mientras continúa en su ministerio, y observe cómo le guían para responder a las necesidades del mundo.

Discernir los dones en comunidad

Siempre es importante discernir nuestros dones espirituales con un grupo o con otra persona. Lo hacemos por muchas razones. El discernimiento es difícil. Nuestros amigos, mentores y miembros de la familia pueden darnos orientación y perspectiva. Como somos humanos, podemos dejarnos llevar por nuestro propio ego y perder de vista el llamado de Dios. Abba Moisés, un monje del siglo V que vivía en los desiertos de Egipto, contó esta desafortunada historia de otro monje, Hero. Hero creía que podía discernir el llamado de Dios sin la ayuda de su comunidad y por eso se fue a vivir solo. Después de un tiempo, Hero llegó a creer que Dios, queriendo poner a prueba su fidelidad, le llamó para que saltara a un pozo profundo. Hero se metió dentro. Unos días después, los hermanos encontraron a Hero y lo sacaron. Hero murió dos días después. Ahora bien, esta es una historia dramática de alguien que oye y actúa según voces que no son las de Dios. Pero nosotros también podemos dejarnos llevar por nuestro propio deseo de probarnos a nosotros mismos.

La orientación de nuestra comunidad no solo evita que nos desviemos, sino que también puede identificar dones que quizá no reconozcamos nosotros mismos. Dios quiere que usemos nuestros dones en una comunidad que ha discernido la voluntad de Dios, y Dios nos dará los dones que necesitamos para hacerlo. Pero no podemos hacerlo solos.

---

34. Parker J. Palmer, *Let Your Life Speak* (San Francisco: Jossey-Bass, 2000), 3.

El examen ignaciano

Dos preguntas muy básicas que usted puede hacerse cada día como una práctica continua de discernimiento son:

> *¿Cuándo me he sentido más vivo?*
> *¿Cuándo he sentido que la vida se me escapaba?*

Estas dos preguntas provienen de la práctica del **examen ignaciano**, una práctica de escucha de la voz de Dios en los acontecimientos cotidianos desarrollada por un santo español llamado Ignacio de Loyola a principios del siglo XVI. El examen ayuda a las personas a comprender los deseos y la voluntad de Dios para ellos en su vida cotidiana. El examen se basa en la creencia de que Dios nos guía activamente. Dios nos habla tanto en los momentos buenos como en los malos. Puede parecer que las preguntas no se relacionan directamente con Dios. Al pedirle a Dios que nos guíe mientras nos hacemos las preguntas y buscamos las respuestas, es más probable que nuestras reflexiones y respuestas reflejen lo que Dios quiere de nosotros. Otros conjuntos de preguntas para utilizar en la práctica del examen son:

> *¿Por cuál momento de hoy estoy más agradecido?*
> *¿Por cuál momento de hoy estoy menos agradecido?*

y

> *¿Cuándo he sido más feliz hoy?*
> *¿Cuándo he estado más triste?*[35]

El examen debe practicarse con regularidad. Si nos hacemos estas preguntas cada día, empezaremos a ver patrones en nuestras elecciones y experiencias. Estos patrones sugieren nuestros dones y el llamado de Dios a nosotros. Como puede adivinar, los momentos en los que nos sentimos más felices, llenos de energía y agradecidos son probablemente los momentos en los que utilizamos los dones que Dios nos ha dado. Haciendo preguntas sencillas podemos estar abiertos al llamado continuo de Dios para que seamos ministros, acercando nuestro mundo al sueño de Dios para él.

---

35. Estas preguntas son de Dennis Linn, Sheila Fabricant Linn, y Matthew Linn, *Sleeping with Bread: Holding What Gives You Life* (Mahwah, NJ: Paulist, 1995), 6-7.

La importancia de la Iglesia para el ministerio

Cada semana nos reunimos desde nuestros diversos ministerios en el mundo en la adoración para agradecer a Dios por la creación y las bendiciones. Ofrecemos nuestras oraciones por los demás y por nosotros mismos y confesamos nuestros defectos. Pedimos la misericordia y el perdón de Dios para que nos ayude a devolver nuestra vida al camino de Dios. Y nos alimentamos con la comunión del pan y el vino. Terminamos nuestro culto juntos cada domingo pidiendo la fuerza para volver al mundo y participar en la misión de Dios:

> Eterno Dios, Padre celestial,
> en tu bondad nos has aceptado como miembros vivos
> de tu Hijo, nuestro Salvador Jesucristo;
> nos has nutrido con alimento espiritual
> en el Sacramento de su Cuerpo y de su Sangre.
> Envíanos ahora en paz al mundo;
> revístenos de fuerza y de valor
> para amarte y servirte
> con alegría y sencillez de corazón;
> por Cristo nuestro Señor. Amén.
>
> (LOC, 365)

Preguntas transformadoras

1. **Esté atento:** Piense en una ocasión en la que haya atendido las necesidades de una persona o grupo de personas. Describa lo que sucedió. ¿Dónde estaba usted? ¿Qué vio, oyó, probó, olió y sintió?

2. **Sea inteligente:** ¿Qué sugiere esa experiencia sobre lo que Dios le está llamando a hacer? ¿Qué dice sobre aquellos a quienes estaba ministrando?

3. **Sea racional:** ¿Qué experiencias pasadas le llevaron a ese ministerio? ¿Cómo afectan estas experiencias su comprensión actual? ¿Qué otros significados son posibles? ¿Sugiere ese detalle casi olvidado una nueva visión sobre el significado de su experiencia?

4. **Sea responsable:** ¿Le lleva esa experiencia a nuevos ministerios o a profundizar su compromiso con este ministerio?

5. **Esté en el Amor transformado:** ¿Qué necesita para hacer este cambio o profundizar su compromiso? Pida a Dios nuevas posibilidades o nuevas oportunidades para ejercer su ministerio.

Séptima Parte

Buscar a Dios y estar en el Amor

INTERLUDIO
"Creados para estar en relación"

Sigo una gran variedad de podcasts. La siguiente es mi versión abreviada de una historia contada recientemente en uno de ellos. No tiene el impacto de los 15 a 20 minutos de la mujer contando su historia, pero conserva su sorprendente final.

Ella habló con detalle de su adicción a las drogas. En un momento difícil de su vida, encontró un papel en el que su madre había escrito el número de teléfono de un consejero cristiano. Hacía unos cinco años que no hablaba con su madre.

Marcó el número a las 2:00 a.m. Pudo oír el roce de las sábanas y el apagado de una radio mientras un hombre la saludaba.

Ella le habló de la nota con su número y le dijo que esperaba que pudiera ayudarla.

Él respondió con gentileza... y escuchó, escuchó y escuchó. Hasta que salió el sol.

"Has sido muy amable y me has ayudado mucho", dijo ella después de unas cuatro horas.

"Esperaba que dijeras algunas oraciones o que me dieras algunos versículos bíblicos", dijo, "y quiero que sepas que estoy muy dispuesta a escucharlos. Después de todo, eso forma parte de tu profesión, y ya me has ayudado bastante".

El hombre le dijo que quería decirle algo y le pidió que no colgara luego de hacerlo. Ella aceptó.

Le dijo: "Te has equivocado de número".[36]

---

36. Auburn Sandstrom, "A Phone Call," *The Moth: True Stories Told Live*, podcast audio, July 5, 2016. https://themoth.org/stories/a-phone-call

Recuperen el aliento, amigos. ¿Cuatro horas? ¿El número equivocado? ¿Quedarse con la persona que llama? Eso sí que es una disciplina espiritual.

El hermano Martin Smith dijo una vez que algunas palabras que usamos comúnmente "piden a gritos que se les asocie con otras palabras"[37]. Una está incompleta sin la otra. Me parece que la espiritualidad pide a gritos al menos tres palabras: relación, misión y transformación.

Nuestro viaje interior de espiritualidad se centra en las relaciones con Dios, con nuestros hermanos y hermanas, y con toda la creación de Dios. Se desarrolla en lo que podría llamarse nuestro viaje público de misión. En todo momento, anhela la transformación.

Es crucial para la espiritualidad cristiana en la tradición episcopal que busquemos nuestra adaptación personal entre las prácticas y disciplinas clásicas esbozadas en el capítulo siete. También es crucial, para que no cometamos el error de actuar como si la espiritualidad fuera una empresa aislada, que centremos nuestra espiritualidad (nuestras relaciones, nuestra misión y nuestra transformación personal) en nuestra celebración comunitaria de la Eucaristía.

Limitar la espiritualidad a prácticas piadosas o a reflexiones etéreas da mala fama a la espiritualidad. Es normal que la espiritualidad se cocine a fuego lento en la mente y el corazón, impulsada probablemente por experiencias personales, pero debe meterse continuamente, hasta la cintura, en la historia.

Quizás usted conozca la expresión bromista "¿Quieres saber cómo hacer reír a Dios? cuéntale tus planes". Hay otra sobre cómo aburrir a Dios: "limita tu espiritualidad a las prácticas piadosas".

Hemos sido creados para estar en relación. Este misterio puede ser nuestra mejor pista de la realidad. Necesitamos a los demás: para ser y para llegar a ser.

El hecho de que hayamos sido creados de este modo llega a lo más profundo del misterio que llamamos Trinidad, el nombre que nuestra tradición cristiana ha dado a la vida compartida, de completa entrega y amor de Dios, a quien invocamos como Padre/Madre, Hijo y Espíritu Santo.

El "ser" y "estar" de Dios (el estar-en-relación, el estar-en-comunidad) se filtra hacia abajo. Todo lo que no se basa en la relación (incluso la creencia) se apoya en la arena.

---

37. Durante un foro en la Convención General de la Iglesia Episcopal en Filadelfia, 1997.

SÉPTIMO CAPÍTULO

Espiritualidad: creados para la oración

Una relación con Dios

La conversación a tempranas horas que Bill describe en el interludio entre un oyente accidental y una mujer necesitada de oración puede considerarse una práctica espiritual. No fue un accidente; el hombre despertado por un número equivocado a mitad de la noche no colgó. Más bien, escuchó. Fue literalmente llamado, sin sospecharlo, a la práctica de la oración. También su vida le llama a la oración, a veces de forma insospechada.

La Biblia está llena de ejemplos de personas que se han visto arrastradas a una vida de oración. Abraham negoció con Dios para salvar la ciudad de Sodoma. Ana le pidió a Dios un hijo. Moisés habló con Dios muchas veces, revelando sus propias debilidades y diciéndole a Dios: "No puedo hacerlo". Jesús siempre hablaba con Dios. De hecho, podríamos decir que Jesús vivió una vida de oración incesante. Pero, ¿qué significa eso?

Pues bien, Jesús pasaba tiempo a solas y en silencio, una actividad que muchos de nosotros identificamos fácilmente como oración. En Mateo 14, por ejemplo, Jesús subió solo a la montaña después de dar de comer a los cinco mil que habían venido a oírle predicar. No obstante, la oración es mucho más que escaparse de vez en cuando. Vivir una vida de oración incesante es reconocer la presencia de Dios en todo lo que hacemos. Es vivir una vida de transformación en estrecha relación con Dios y con los demás.

El apóstol Pablo insta a los tesalonicenses a "Oren en todo momento." (1 Tesalonicenses 5:17). Esté atento al ritmo de su vida. ¿Hay un patrón discernible, o sus días son caóticos? Intente comprender cómo podría "orar sin cesar". ¿Cuál de las prácticas a continuación podría permitirle estar mejor en relación con Dios a lo largo de su día?

El Libro de Oración Común define la oración de esta manera: "La oración es la respuesta a Dios, por pensamiento y obra, con o sin palabras". (LOC, 748). Así que nuestras acciones en el mundo, nuestro ministerio, son oraciones. Ya que hemos explorado el ministerio en el último capítulo, exploraremos aquí otras formas de oración.

En su ensayo "A Troubling Call" ["Una llamada problemática"], Bill cuenta la historia de una conversación accidental que se transformó en oración. ¿Puedes recordar alguna experiencia que se haya convertido en una práctica de oración?

Jesús pasó la mayor parte de sus años de ministerio entre la gente, estudiando, ayunando, celebrando, adorando y estando en comunión con los demás. Todas estas son disciplinas espirituales que apoyan una vida de oración continua. Las disciplinas espirituales son prácticas intencionadas que nos mantienen en relación con Dios. Las disciplinas espirituales refuerzan una vida de oración constante, y son también el resultado de dicha oración.

Una serie de disciplinas espirituales pueden llevarle a una relación más estrecha con Dios. No estamos destinados a practicar todas las disciplinas todo el tiempo. Algunas son apropiadas para determinadas épocas del año. La Cuaresma, por ejemplo, es un tiempo de ayuno, mientras que la Pascua es un tiempo de celebración. Esté atento a su experiencia. No todas las disciplinas se adaptan a todas las personas. Es como cualquier otra actividad: a usted le puede encantar ir de excursión a la montaña mientras que su mejor amigo puede ser más feliz nadando en el mar. Sea inteligente: eche un vistazo a cada una de las prácticas espirituales que siguen, y sea racional: decida cuáles pueden ayudarle a encontrar una relación más estrecha con Dios.

Conversaciones con Dios

Cuando hablamos con los amigos, generalmente hablamos de las diferentes cosas que pasan en nuestras vidas. A veces compartimos una pena o una alegría. Otras veces podemos decir lo mucho que apreciamos su amistad o hacerle un cumplido. Si hemos herido a un amigo, podemos pedirle perdón para recuperar nuestra amistad. Piense en la oración como una conversación con Dios que es igual de real y con gran alcance.

Los principales tipos de oración son la adoración, la confesión, la acción de gracias y la súplica. Las oraciones de adoración son palabras y acciones que expresan nuestro amor por Dios y la creación. Un ejemplo es el Gloria durante la Santa Eucaristía, cuando cantamos o decimos "Gloria a Dios en el cielo". No pedimos nada; solo alabamos la presencia de Dios.

En una oración de confesión admitimos que hemos hecho algo malo, nos alejamos del pecado y buscamos restaurar nuestra relación con los demás a través de Dios. Un ejemplo de oración de confesión es la confesión general durante la misa en la que decimos: "No te hemos amado con todo el corazón... Sincera y humildemente nos arrepentimos".

Cuando expresamos nuestra gratitud a Dios por todas las bendiciones y misericordias que nos da, estamos ofreciendo una oración de **acción de gracias**. Antes de cenar, la gente suele dar gracias a Dios por la comida y la bebida y por el día que termina. La Eucaristía es una oración de acción de gracias.

La **súplica** es una forma de pedir las bendiciones y la gracia sanadora de Dios para uno mismo o para los demás. Las súplicas pueden ser solicitudes hechas para uno mismo, denominadas peticiones, o para otra persona, denominadas intercesiones. Podemos pedir a Dios que nos guíe a la hora de tomar una decisión, que nos proteja del mal o que nos cure un dolor. La Oración de los Fieles que rezamos durante la Santa Eucaristía son intercesiones que se dicen por la Iglesia, la nación, el mundo, la comunidad local, las personas que sufren y los difuntos.

Podemos rezar de maneras que no involucren las palabras. Arrodillarse en señal de confesión o levantar las manos en señal de alabanza también son oraciones. Cuando rece, no tiene que incluir una oración de cada tipo. Deje que su corazón guíe su oración.

El oficio diario

El Oficio Diario del Libro de Oración Común ofrece una forma disciplinada de reconocer la presencia de Dios en nuestras vidas a través de la oración y las lecturas regulares. (La Oración Matutina Diaria comienza en la página 37 del Libro de Oración Común). Con la oración de la mañana declaramos el día como sagrado e invitamos a Dios a iniciarlo con nosotros. En las horas matutinas de la nueva luz esperamos el día, alabando a Dios, creador del cielo y de la tierra. Cuando el sol se pone, nos dirigimos a la oración vespertina para reflexionar sobre el día y dar gracias a Dios por habernos dado a un Salvador, una luz para iluminar a las naciones.

Reservar un tiempo cada día para la oración y el estudio es una oportunidad para invitar a Dios a nuestra rutina diaria, para reconocer que Dios está continuamente trabajando en nuestras vidas, y para responder a la presencia de Dios con alabanza y acción de gracias. La práctica de reservar un tiempo diario para el estudio y la oración se remonta a los tiempos de las escrituras judías. El Shemá, una declaración de fe, que se encuentra en el Deuteronomio, es la oración fija más antigua del judaísmo que se reza dos veces al día, por la mañana y por la noche. El Salmo 119 dice, "Siete veces al día te alabo". Jesús y los discípulos rezaban a diario, y lo mismo hacían las primeras comunidades cristianas.

El horario monástico (Horas canónicas)

Maitines y Laudes	al amanecer
Prima	6:00 a.m.
Tercia	9:00 a.m.
Sexta	mediodía
Nona	3:00 p.m.
Vísperas	atardecer
Completas	al acostarse

Las primeras comunidades cristianas continuaron la práctica judía de marcar cada día con la oración, como hicieron Jesús y los discípulos. En los primeros siglos de la Iglesia, algunos cristianos se organizaron y vivieron en **comunidades monásticas**. Una comunidad monástica es un grupo de cristianos que viven juntos al margen de la sociedad y se dedican a una vida sencilla de estudio, oración y servicio ordenada por una regla. Las primeras comunidades desarrollaron siete oficios diarios, o tiempos de oración, que comenzaban con los Laudes (oración de la mañana) al levantarse y terminaban con las Completas antes de irse a dormir. Véase la lista en el recuadro anterior.

Los oficios diarios de nuestro libro de oración se basan en estos oficios monásticos, así como en los oficios catedralicios de la Oración Matutina y la Oración Vespertina. Al igual que en los oficios monásticos, la oración de la tarde y de la mañana incluye los salmos, las escrituras y las oraciones. Llamamos a estos elementos el Invitatorio y el Salterio, las Lecciones y las Oraciones. El Invitatorio es una frase y una respuesta que invita a nuestros corazones y mentes al propósito de la reunión. En la oración de la mañana, por ejemplo, decimos:

Oficiante   Señor, abre nuestros labios.
Pueblo   Y nuestra boca proclamará tu alabanza.

Y en la oración de la tarde comenzamos con:

Oficiante   Oh Dios, dígnate librarnos.
Pueblo   Señor, apresúrate a socorrernos.

Fíjese en la diferencia de tono entre la oración de la mañana y la de la tarde. En el amanecer comenzamos con una alabanza y damos gracias a Dios por el día que se avecina. Después de que el día ha pasado, pedimos el perdón de Dios, sabiendo que no hemos cumplido con lo que Dios nos llama a hacer. Pedimos perdón aunque Dios ya nos haya perdonado antes de que empezara el día.

Por la mañana, el Invitatorio y el Salterio continúan con una antífona, el Venite o Jubilate y un salmo. Las **antífonas** son frases, generalmente de la Biblia, que decimos antes y después del salmo. El Venite (Salmo 95:1-7) y el Jubilate (Salmo 100) rezados en la Oración de la Mañana nos invitan a regocijarnos en el Dios de la creación y a alabar la bondad de Dios. Al anochecer rezamos el Phos hilaron ("Luz Alegrante"), que reconoce que el día ha terminado, pero que sigue estando lleno de la luz que Dios trajo al mundo a través de Jesucristo.

Un salmo se conoce por su frase inicial en latín. El salmo 121 se llama *Levavi oculos* porque su primera frase es "Levanto mis ojos".

Ambos oficios continúan con un salmo seguido de una o varias lecciones. Puede encontrar un ciclo de salmos y lecturas designados en las últimas páginas del Libro de Oración Común, a partir de la página 822. Si usted sigue la combinación de salmos y lecturas del ciclo de dos años, habrá leído mucho de la Biblia. Después de las lecciones decimos un **cántico** (una "pequeña canción" basada en las escrituras), y el Credo de los Apóstoles. Los cánticos tradicionales de la oración de la tarde son el Magnificat, el canto de María en el relato de Lucas sobre el nacimiento de Jesús, y el Nunc Dimittis, el canto de Simeón cuando vio al Niño Jesús, también en el Evangelio de Lucas. Ambos cánticos reconocen la grandeza de Dios y el don de la salvación por medio de Jesucristo.

El último elemento de ambos oficios son las oraciones. Estas oraciones tienen cuatro partes: el Padre Nuestro, los sufragios, la colecta y las intercesiones y acciones de gracias. Con las oraciones damos gracias y pedimos a Dios que se acuerde de nuestras necesidades, así como de las necesidades de nuestra comunidad, tanto cercanas como del resto del mundo.

Tanto la oración de la tarde como la de la mañana tienen comienzos opcionales: una frase de apertura de la escritura, la confesión y la absolución. La oración de la tarde también puede comenzar con la "Liturgia de la Luz", que se centra en el desvanecimiento del día y reconoce que incluso la oscuridad es radiante a los ojos de Dios.

El Libro de Oración Común ofrece dos oraciones diarias adicionales: la oración del mediodía, cuyo mismo título ya nos indica la hora de su rezo, y las completas, que se rezan justo antes de acostarse. Para aquellos cuyos días no tienen espacio para estas liturgias, el libro de oración ofrece unas "Devociones diarias para individuos y familias" más breves (LOC, 102-7). Ya sea que rece los oficios diarios a solas o en grupo, cuando usted ora, lo hace junto a muchos otros cristianos de todo el mundo.

El silencio y la escucha

La oración es una conversación. Requiere su presencia y la de Dios. Dios está siempre con nosotros, pero no siempre somos conscientes de ello. La mayoría de nosotros no estamos en sintonía con la presencia de Dios. Pensamos que la oración es contarle a Dios todo sobre nosotros mismos y a menudo dejamos poco tiempo para que Dios nos hable. Imagine la posibilidad de que Dios nos hable, nos llame, nos pida algo o nos elogie. Al fin y al cabo, las conversaciones son bidireccionales. Al acaparar la conversación, apenas le damos a Dios tiempo para hablar. Los siguientes ejercicios espirituales le ayudarán a escuchar lo que Dios tiene que decir y a ofrecer también sus propias palabras de vez en cuando.

La oración contemplativa (Escuchar más allá de las palabras)

¿Ha estado alguna vez enamorado? Al principio, quiere estar con la otra persona todo el tiempo. No parece importar lo que se haga: basta con hablar o sentarse tranquilamente juntos. El mero hecho de estar en presencia del otro es satisfactorio. Así es con Dios. Pero la diferencia es que Dios está siempre con nosotros, aunque no siempre seamos conscientes de ello. Aunque parezca que el mundo está físicamente separado de Dios, al igual que el aire que respiramos está a nuestro alrededor y dentro de nosotros, pero no se le ve, lo mismo ocurre con Dios. Sentir la presencia de Dios, el que te ama plenamente, es como respirar profundamente. Dios llena todo nuestro ser.

> Al igual que la vida espiritual, la oración es iniciada por Dios. Independientemente de lo que pensemos sobre el origen de nuestras oraciones, todas ellas son una respuesta al trabajo oculto del espíritu interior. —Marjorie Thompson[38]

La **oración contemplativa** es una oración de sosiego y quietud que le permite conocer la presencia de Dios en su interior. Es una oración sin palabras y un viaje al centro de su ser.

La oración contemplativa tiene su origen en los Padres y Madres del Desierto, cristianos que vivían en los desiertos de Egipto durante los siglos IV y V y llevaban una vida de soledad y autodisciplina. Esta forma de oración fue la principal para los monjes durante siglos, y hoy en día más personas se han interesado por ella, gracias a los escritos del monje trapense moderno Thomas Keating.

La práctica es sencilla. Si alguna vez ha entrado en una iglesia y se ha sentado en silencio en preparación de un servicio, ha comenzado la práctica de la oración contemplativa. Sin embargo, su forma simple oculta lo difícil que puede ser en la práctica, y sus ricas recompensas.

Una buena imagen de cómo funciona la oración contemplativa es imaginar que entra en un círculo sagrado. El círculo está separado del ajetreo del día, y en el centro está Dios. Viaje en una espiral continuamente hacia adentro, alejándose de sus pensamientos y del ruido del día hacia el centro de sí mismo, y de Dios. Manténga esta imagen del círculo en mente mientras intenta la oración contemplativa.

---

38. Marjorie Thompson, *Soul Feast* (Louisville: Westminster John Knox Press, 2005), 3.

> ## La oración contemplativa: la práctica
>
> Primero, busque un lugar tranquilo y cómodo para sentarse. Elija una palabra sagrada, dando permiso a Dios para que se haga presente en usted. Las palabras sagradas más comunes son "Dios", "Jesús", "Madre", "Padre" y "Espíritu". Escoja una palabra que refleje el amor de Dios, pero que le produzca el menor número de imágenes, ya sean positivas o negativas. La idea es vaciarse de pensamientos. La palabra en sí no es importante. Es solo una palabra que dice que estás preparado para acoger a Dios.
>
> Cierre los ojos e introduzca la palabra sagrada con suavidad. Cuando surjan pensamientos, sentimientos o imágenes, reconózcalos suavemente y déjalos ir. Una imagen que puede ser útil es la de un arroyo. Cuando vea que los pensamientos del día bajan por la corriente, no se alarme. Deje que sigan fluyendo por la corriente. La oración contemplativa no es una oración de palabras, sino una oración silenciosa a Dios a quien "todos los corazones están manifiestos, todos los deseos son conocidos y ningún secreto se halla encubierto" (LOC, 278). Dios conoce nuestras necesidades y responde a nuestras oraciones incluso antes de que las pidamos.
>
> Es posible que su cuerpo se retuerza o pique durante la oración contemplativa. Esta es la forma que tiene el cuerpo de superar el estrés. Si esto le distrae, repita su palabra sagrada con suavidad. No tiene que decir la palabra constantemente. Cuando note que su mente divaga o que los pensamientos se interponen, vuelva a introducir la palabra. A medida que continúe, puede que encuentre paz en su interior. Descanse en esa paz. No se preocupe si los pensamientos interrumpen esa paz. Si lo hacen, diga suavemente su palabra sagrada y deje que el pensamiento pase.

Practicar la oración contemplativa durante diez minutos al día es un buen comienzo. Puede marcar el tiempo de diversas maneras. Algunos utilizan aplicaciones para teléfonos inteligentes que suenan después de un tiempo determinado. Cuando se acabe el tiempo de quietud, vuelva a recitar el Padre Nuestro.

El fruto de la oración contemplativa es saber que Dios le anhela profundamente, el amado de Dios. La oración contemplativa no es una meditación en el vacío. Es crear espacios vacíos en lo más profundo para permitir que el Espíritu Santo crezca en su interior. Le sorprenderá notar cómo el conocer el amor y la profunda presencia de Dios abre ventanas para ver a Dios en toda la creación y para responder a la creación de Dios con acciones de amor.

Mantras

Invitar a Dios a estar con usted es el principio de cualquier oración. Algunas personas consideran que decir **mantras**—palabras o frases sagradas pronunciadas repetidamente durante un período de tiempo—ayuda a calmar su cuerpo y su mente e invita a Dios a estar con ellas.

Un ejemplo de mantra sencillo es "ven, Espíritu Santo, ven". Este sencillo mantra nombra la presencia de lo divino e invita a Dios a estar con usted. Otro mantra es la **Oración de Jesús**: Señor, Jesucristo, Hijo de Dios, ten piedad de mí, que soy pecador.

inspirar diciendo	Señor, Jesucristo,
espirar diciendo	Hijo de Dios,
inspirar diciendo	ten piedad de mí,
espirar diciendo	pecador

Un último ejemplo es el **Trisagion**, palabra latina que significa "tres veces santo": Santo Dios, Santo Poderoso, Santo Inmortal, ten piedad de mí.

inspirar diciendo	Santo Dios,
espirar diciendo	Santo Poderoso,
inspirar diciendo	Santo Inmortal,
espirar diciendo	Ten piedad de mí

La Oración de Jesús y el Trisagion, al igual que las palabras "ven, Espíritu Santo, ven", invitan a Dios y a Jesucristo a estar presentes en nuestros corazones. Repitiendo las palabras de invitación se empieza a vaciar el corazón y la mente, dando espacio al Espíritu Santo para que crezca.

El resultado de esta oración es la intimidad con Dios, una cercanía que revela que Dios provee ante cada necesidad. Para algunos el regalo es saber que somos amados, para otros la protección contra el mal, y para otros una profundidad de amor que nos da permiso para ofrecer nuestros pecados y ser perdonados. Cada uno de nosotros tiene una relación única e importante con Dios que se profundiza con la oración.

> ## Mantras: la práctica
>
> Busque un lugar tranquilo para sentarse y ponerse cómodo. Asegúrese de permanecer sentado y atento. Debe estar relajado para ser consciente, pero no tan relajado como para quedarse dormido. Inspire profundamente y diga: "Ven, Espíritu Santo". Dígalo en voz alta. Exhale diciendo: "Ven".
>
> > *inspirar diciendo*   "Ven, Espíritu Santo"
> > *espirar diciendo*   "Ven"
>
> Repita este ciclo de inspiración y espiración con las palabras "Ven, Espíritu Santo, ven" durante cinco minutos. Al final de su oración, quédese en silencio durante unos minutos y note a dónde le lleva su corazón. Al final de la oración, agradezca a Dios el tiempo que han pasado juntos. "Ven, Espíritu Santo" es un mantra. El texto ofrece otros dos ejemplos.

Si es difícil permanecer físicamente quieto durante más de cinco minutos, no pasa nada. Al fin y al cabo, somos seres físicos. Si se intranquiliza rápidamente, puede resultarle útil utilizar cuentas de oración anglicanas junto con un mantra.

Cuentas anglicanas para la oración

Las cuentas anglicanas para la oración—a veces llamadas rosario—son un conjunto de treinta y tres cuentas unidas en forma circular. Se sostienen en sus manos para decir palabras sagradas mientras usted recorre con sus dedos el collar de cuentas. Al añadir un elemento físico a la oración, el rosario involucra nuestra mente, espíritu y cuerpo. El hecho de pulsar sucesivamente las cuentas crea un enfoque para las manos, a veces inquietas, y vincula ese enfoque a las palabras de nuestros labios. Además, la estructura del rosario y la acción repetitiva de las cuentas crean un ritmo de oración que tranquiliza nuestros corazones.

El origen de las cuentas. Las cuentas se utilizaron por primera vez para rezar en el siglo II a.e.c. por los seguidores de la fe hindú como forma de contar las oraciones. La práctica se extendió al budismo, al islam y finalmente al cristianismo. A mediados del siglo XVI, el Papa Pío V decretó a

Santo Domingo, fundador de la Orden de los Dominicos, como el inventor del rosario y la forma clásica del rosario católico romano. Los líderes de la Reforma Protestante desaconsejaron el uso de rosarios para las devociones, y hoy los rosarios se asocian más comúnmente con la Iglesia Católica Romana. El modelo que conocemos como cuentas de oración anglicana se desarrolló en la década de 1980. Tiene una cruz, una cuenta de invitación y veintiocho cuentas divididas en cuatro semanas por cuatro cuentas cruciformes.

Rezar con cuentas de oración anglicanas es una forma de incluir el cuerpo en la oración

La palabra en inglés para "cuenta" es "bead" y procede del inglés antiguo *bede*, que significa oración. Un *bedesman* era alguien cuyo deber era rezar por los demás.

El simbolismo de las cuentas de oración anglicanas. La estructura de las cuentas de oración anglicanas es muy simbólica y conecta nuestra oración con el tiempo y el espacio. Cada uno de los cuatro grupos de siete cuentas se denomina semana. El número siete nos recuerda los siete días de la semana, los siete días de la creación y los siete sacramentos. En las tradiciones judía y cristiana, el número siete representa la perfección y la culminación. Cuatro cuentas más grandes, llamadas cuentas cruciformes, dividen las semanas. Las cuatro cuentas cruciformes forman las puntas de una cruz, recordándonos que por la muerte y resurrección de Jesús somos liberados del poder del pecado y reconciliados con Dios. La división de las cuentas en grupos de cuatro también nos recuerda las cuatro estaciones del año y las cuatro direcciones de la brújula. El patrón circular simboliza un viaje y nos recuerda que los ciclos de la vida—la alegría, el dolor, el nacimiento y la muerte—suelen repetirse.

> ## Cuentas de oración anglicanas: la práctica
>
> A menudo utilizamos cuentas de oración junto con las palabras. Antes de empezar, elija cuatro oraciones sencillas. Dos de las oraciones se rezan al entrar en el círculo: una para la cruz y otra para la cuenta de invitación, o primera cuenta. Una oración sencilla para la cruz es: "En el nombre de Dios Padre, Hijo y Espíritu Santo, amén". Puede intentar usar el Trisagion para la cuenta invitatoria y las cuentas cruciformes y la Oración de Jesús para las semanas.
>
> Al entrar en el círculo, muévase hacia la derecha rezando la Oración de Jesús por cada una de las siete cuentas, seguida del Trisagio para la cuenta cruciforme, y volviendo a la Oración de Jesús. Dar tres vueltas al rosario completo antes de terminar con el invitatorio y la cruz representa la Trinidad del Padre, el Hijo y el Espíritu Santo. Al final de las tres rondas, habrá rezado cien oraciones. Más que eso, puede encontrar que su corazón está quieto y su mente descansa. Antes de terminar su oración, pase un tiempo en silencio y agradezca a Dios por acompañarle.

En las cuentas de oración anglicanas, los símbolos terrenales y divinos se entrelazan, recordándonos que nuestras almas y cuerpos están íntimamente conectados: creemos con nuestros cuerpos y nuestras almas. Dios vino a la tierra como un ser humano con un cuerpo. Jesús sufrió físicamente en la cruz y resucitó de entre los muertos. Vivimos nuestra fe como Cuerpo de Cristo en el mundo, un mundo físico con días, estaciones y geografía, todo ello hecho sagrado por Dios.

Las cuentas de oración están pensadas para ayudarle a rezar. Al principio, recordar las palabras puede ser difícil y las cuentas pueden resultar confusas. Relájese. Empiece con oraciones sencillas, tal vez solo dos: una para las semanas y otra para el resto de las cuentas. Con la práctica se sentirá más cómodo. Confíe en su intuición; otras prácticas de oración podrían ayudar mejor a crear el espacio donde usted y Dios pueden encontrarse.

Lectio Divina

Como cristianos creemos que la Biblia es la palabra revelada de Dios. Dios inspiró a los autores humanos que escribieron los textos a través de los cuales Dios nos habla. Así que un lugar natural para escuchar la voz de Dios es la

Biblia. La gente lee la Biblia de muchas maneras: por su valor literario, por la instrucción, por la inspiración. Los dos primeros tipos de lectura utilizan el intelecto humano y nos invitan a estudiar la historia, la traducción y el escenario de los relatos bíblicos. La tercera vía requiere que escuchemos con el corazón lo que la palabra de Dios nos dice a cada uno personalmente en ese momento concreto.

Una forma de escuchar profundamente las escrituras es la *lectio divina* (lectura divina en latín). En concreto, la **lectio divina** es un proceso de cuatro pasos para leer en oración la palabra de Dios. Consulte el recuadro de la página 176 para ver los pasos. San Benito, un monje cristiano que vivió en el siglo V de nuestra era y que creía que la lectura y el estudio son una parte central de la vida sagrada, fomentó la práctica generalizada de la *lectio divina*.

La *lectio divina* no pretende sustituir el estudio de las Escrituras. El estudio de las Escrituras con comentarios nos ayuda a comprender las comunidades y los tiempos en que se escribieron los distintos libros de la Biblia. Nos ayuda a interpretar la Biblia con los conocimientos de los eruditos.

El proceso de la *lectio divina* también puede utilizarse con poemas, imágenes, objetos de la naturaleza o acontecimientos de la vida. Dios nos habla hoy a través del mundo creado, así como a través de la Biblia. Siga los cuatro pasos de la *lectio divina*, pero en lugar de centrarse en una palabra, céntrese en el tema que ha elegido. Hacer esto le ayudará a empezar a ver toda la creación de Dios como algo sagrado. Si está interesado en probar la *lectio divina*, podría intentar con el podcast diario www.rezandovoy.org ofrecido por la Compañía de Jesús en España.

La oración mediante íconos

Hay personas que cuando rezan les gusta utilizar imágenes visuales, como los íconos. Los íconos son imágenes visuales que apuntan más allá de ellos mismos. El logotipo de Nike, con su mensaje "just do it" ["solo hazlo"], es solo uno de los muchos íconos de nuestra cultura. Le dice a la gente que se mueva y haga algo. La imagen de George Washington impresa en un billete de un dólar es otro ícono estadounidense. Ese ícono nos dice que ese papelito verde es valioso. Podemos dárselo al dependiente de una tienda y este nos dará el producto que hemos elegido. Los íconos pueden ser poderosos instrumentos que nos instruyen y cambian nuestro comportamiento y actitud. Su poder proviene de lo que representan o señalan. La imagen de George Washington en el dólar representa la confianza: la confianza en que este trozo de papel puede cambiarse por algo real. Los íconos están en todas partes. Las imágenes que aparecen en la pantalla de su ordenador también son íconos. Al hacer

> ## *Lectio Divina*: la práctica
>
> La *lectio divina* consta de cuatro pasos: leer, meditar, rezar y contemplar. Para empezar, encuentre un lugar donde pueda escuchar en silencio y seleccione un breve pasaje de la Biblia. Aquiete su cuerpo y su mente con una respiración lenta. Tal vez rezar un mantra (ver página 172).
>
> **Lea.** Lea el pasaje lentamente, saboreando cada palabra y dejando que estas lleguen a lo más profundo de su ser. Es un regalo de Dios. Deje que sus pensamientos e imaginación jueguen con la palabra. ¿Qué imágenes sugiere la palabra? ¿Qué pensamientos o deseos afloran en su interior? Al meditar en la palabra que Dios le ha dado, encontrará que la palabra forma parte de usted.
>
> **Medite.** Tome esa palabra y recítela una y otra vez. Este paso es la meditación. Abra su corazón a esa palabra. Es un regalo de Dios. Deje que sus pensamientos e imaginación jueguen con la palabra. ¿Qué imágenes sugiere esta palabra? ¿Qué pensamientos o deseos afloran en su interior? Al meditar en la palabra que Dios le ha dado, usted puede descubrir que la palabra forma parte de usted.
>
> **Ore.** Deje ahora que la palabra le toque con intensidad. Ore con la palabra. ¿Qué emociones le trae a la mente esta palabra? Sostenga estos sentimientos con suavidad, sin juzgarlos, y repita la palabra. Imagínese ante Dios para pedirle gracia y guía.
>
> **Contemple.** Finalmente, descanse en el amor de Dios. Reciba el abrazo amoroso de Dios. Desfrute de la presencia de Dios y agradezca a Dios el regalo que ha recibido. Este último paso se llama contemplación.

clic en estos íconos se inician potentes programas que realizan muchas funciones. Los íconos sagrados son similares. Apuntan más allá de ellos mismos hacia lo sagrado y nos conducen a la poderosa presencia de Dios. Los íconos tradicionales son hermosas pinturas de Jesús, María, la madre de Jesús, y los santos, hombres y mujeres santos que nos han precedido. Estos íconos han sido "escritos" por los artistas mientras oran. Encuentre un ícono. Observe la luz interior que le invita a contemplarlo con paciencia y oración. Los íconos también tienen movimiento: un movimiento desde el espectador hacia el interior de las personas que aparecen en el ícono, que le invitan, a través de ellas, a una relación con Dios.

Los íconos no tienen por qué ser creados por personas. La naturaleza está llena de íconos que señalan a Dios Creador: un diente de león, una brizna de hierba, un nido de pájaros. Aunque todos ellos cumplen una función en la naturaleza, también son bellas imágenes que señalan a su Creador. Tomarse el tiempo de contemplar estos íconos puede ayudarnos a ver la belleza de la creación. Considere el panal hexagonal. El hecho de que incube abejas y almacene alimentos con una belleza matemática revela un Creador inmensamente complejo y creativo.

El ícono ruso del siglo XIV de la Trinidad de Rublev invita al espectador a una relación.

El cielo proclama la gloria de Dios; de su creación nos habla la bóveda celeste. Aunque no se escuchan palabras ni se oye voz alguna, su mensaje llega a toda la tierra, hasta el último rincón del mundo. Allí Dios puso un lugar para el sol, y hasta el extremo del mundo su mensaje. (Salmo 19:1, 3-4)

¿Cómo se puede rezar a través de un ícono? Primero elija un ícono. Centre su mirada en la imagen. Tranquilice su cuerpo, su mente y su espíritu. Pida a Dios que esté presente y concéntrese en la belleza y la vida interior del ícono. ¿Qué dice el ícono sobre sí mismo? ¿Qué dice sobre Dios? ¿Qué sentimiento le evoca el ícono? Concéntrese y descanse en ese sentimiento. Responda a Dios según se sienta conmovido: con adoración, confesión, acción de gracias o súplica. Termine con una oración conocida, como el Padre Nuestro.

Orar con su cuerpo

Hasta ahora hemos hablado de rezar sin palabras, con palabras y con imágenes. En cada una de estas prácticas—excepto con las cuentas anglicanas para la oración—nuestros cuerpos no han sido participantes activos. Somos seres físicos y Dios ama todo lo que somos, por lo que nuestras prácticas de culto y oración reflejan este hecho. Durante nuestra adoración comunitaria, por ejemplo, nos arrodillamos o nos ponemos de pie para rezar. Muchas personas se persignan y se inclinan al pasar la cruz procesional.

> Nuestros cuerpos guardan recuerdos. Arrodíllese o adopte su postura de oración acostumbrada. ¿Cómo afecta esta postura a lo que siente o a lo que piensa?

Estos movimientos guardan la **memoria ritual**, es decir, el recuerdo de acciones que profundizan nuestras experiencias a medida que se repiten. Un ejemplo de memoria ritual es arrodillarse para orar. Pruébelo. Debido a que muchos de nosotros lo hemos hecho tan a menudo, nuestro acto de arrodillarse coloca nuestras mentes y cuerpos en el contexto de la oración. Cuando nos arrodillamos, nuestros cuerpos recuerdan otras ocasiones en las que nos hemos arrodillado: las emociones, los olores, las imágenes y los sonidos que nos rodearon mientras nos arrodillábamos. La memoria ritual es poderosa. Por eso hay que tener en cuenta nuestro cuerpo y la oración. Las siguientes prácticas involucran otras partes de nuestro cuerpo en la oración.

Mandalas

Crear imágenes visuales mientras invitamos a Dios a estar presente puede ser una forma poderosa de rezar. Ser creativos con las manos centra nuestra mente y nuestro corazón y nos permite explorar nuestro yo más íntimo. Muchas personas se expresan mejor haciendo bocetos, dibujando, pintando o coloreando.

Un método visual de oración es dibujar un **mandala**, un patrón circular de líneas y colores. Puede encontrar mandalas en toda la naturaleza. La célula con su núcleo, el nautilus, la tierra vista desde el espacio y el patrón de nuestra galaxia en espiral, incluso el átomo, son todos mandalas. Los vitrales de muchas iglesias y el laberinto también son mandalas. Como un círculo no tiene principio ni fin, los mandalas representan la totalidad de la creación a nivel cósmico y micro. El círculo crea un lugar seguro en el que podemos reconciliar nuestros sentimientos y pensamientos con Dios.

Los mandalas tienen una larga historia. Los monjes budistas del antiguo Tíbet iniciaron la práctica de crear mandalas haciendo hermosos e intrincados patrones circulares con arena. La palabra "mandala" procede del sánscrito, que significa círculo. La mística alemana del siglo XII Hildegard von Bingen, conocida por sus visiones y habilidades musicales y artísticas, creó muchos mandalas.

Dibujar un mandala es una forma de prestar atención a su interior. Cuando haya terminado su mandala, obsérvelo en su conjunto para ver qué temas surgen. ¿Dónde está Dios en el patrón? Tras un período de reflexión, de gracias a Dios por su compañía.

Llevar un diario de oración

Guardar un diario es una disciplina que consiste en poner nuestros pensamientos en papel como forma de reflexión, autoexamen y oración. Los diarios pueden liberar su voz interior para que hable con franqueza. Escribir un diario puede ayudarle a comprender dónde ha estado y hacia dónde se dirige, a elaborar pensamientos y sentimientos complicados y a entender lo que Dios le llama a hacer. Los diarios están pensados para liberar el alma. Pueden llenarse con palabras, dibujos y trazos. Vierta sus historias y sentimientos. A menudo reflejan nuestras esperanzas, miedos, ira y amor más íntimos.

Este mandala procede de un abanico litúrgico egipcio utilizado para alejar a los insectos del pan y el vino.

Todas las personas tienen una voz interior. Escribir un diario puede ayudarnos a escucharla con más claridad.

Mandalas: la práctica

Para empezar a rezar con un mandala, dibuje un círculo grande con un compás en una hoja grande de papel en blanco. Invite activamente a Dios al círculo y a su oración. Deje que sus pensamientos y emociones le sugieran un color y un patrón y comience a dibujar. Sea creativo con lápices, pinturas, ceras, rotuladores o marcadores (en partes de Hispanoamérica: piloto o plumón) y otras herramientas de dibujo. Dibuje lo que se le ocurra: no hay un mandala "correcto" o "incorrecto". Cada mandala es único. Vacíese en el círculo, ofreciendo sus preocupaciones, pensamientos, esperanzas y deseos a Dios.

Como cualquier tipo de oración, llevar un diario es algo personal. Usted puede llevar un diario en cuadernos de espiral, en el ordenador, en un álbum de recortes o incluso utilizando una aplicación en un smartphone. Comience invitando a Dios a su diario. Esté atento a sus experiencias. Sea honesto, aunque le resulte doloroso o crea que Dios no quiere oírle. Sin honestidad no puede enfrentarse de verdad a sí mismo ni a Dios. Escribir le ayudará a encontrar su propia voz. Ver sus pensamientos en papel le ayuda a reconocer su propia autoridad. Inténtelo. La lectura de las anotaciones pasadas del diario le ayudará a notar los temas que se repiten y los cambios en los patrones de su vida.

Las palabras escritas tienen una permanencia que no tienen las palabras habladas y quedan allí para que las lea y relea. Es posible que cuando vuelva a las anotaciones del pasado perciba que sus pensamientos son diferentes a los que recuerda, o que han cambiado. Leer los pensamientos del pasado le ayudará a identificar esos cambios en su vida. Si no encuentra palabras para escribir, pruebe a llevar un diario con imágenes. Quizás escribir un diario con mandalas le ayude a escuchar su voz interior.

El autor Parker Palmer dice: "Antes de decirle a tu vida lo que pretendes hacer con ella, escucha lo que ella pretende hacer contigo".[39] Dios nos habla a través de nuestras vidas. Pregúntese dónde está Dios en su diario. ¿Qué te está diciendo Dios? El diario puede unir nuestras vidas y recordar sus partes para que podamos ver su totalidad con temas, preguntas y direcciones comunes. Llevar un diario puede ayudarle a ser consciente de la obra transformadora de Dios en su vida. Al cerrar su diario, ofrezca a Dios lo que ha escrito.

Recorrer un laberinto

Un laberinto es un patrón sagrado en forma de círculo con un camino que serpentea hacia el centro y vuelve a salir. Con su forma circular de mandala, el laberinto refleja la unidad y la totalidad de la creación y de nuestras vidas.

Un laberinto especialmente famoso es el de once circuitos situado en el suelo de la catedral de Chartres (Francia). Este laberinto se construyó en el siglo XII para los peregrinos cristianos. Las Cruzadas habían vuelto peligrosas las peregrinaciones a Jerusalén, Roma y Santiago de Compostela en España, y la Iglesia designó siete catedrales en Francia, incluida Chartres, como destinos alternativos de peregrinación. Al llegar, los peregrinos recorrían el laberinto antes de recibir la Eucaristía.

---

39. Parker J. Palmer, *Let Your Life Speak: Listening for the Voice of Vocation* (San Francisco, CA: Jossey-Bass, 1999).

Lauren Artress, sacerdote de la Catedral de la Gracia de San Francisco, dirigió la instalación del laberinto de once circuitos en la Catedral de la Gracia y en los años 90 fundó el movimiento moderno de los laberintos. Hoy en día, se pueden encontrar laberintos en casi todas las grandes ciudades de Estados Unidos (usted puede encontrar un laberinto cercano mediante www.labyrinthlocator.org). Existen pequeños "laberintos para los dedos" para las personas que no pueden caminar, no viven cerca de un laberinto de suelo o simplemente les gusta tener un laberinto a mano. También se pueden encontrar laberintos en Internet.

El laberinto es un mandala que se recorre para rezar.

Al igual que cualquier viaje, caminar por un laberinto puede ser transformador. Una vez que se entra en el laberinto, se inicia un viaje que le lleva al centro y al exterior. Todo lo que debe hacer usted es concentrarse en dar el siguiente paso en el camino con Dios, sin preocuparse por el destino. A diferencia de un dédalo, que está diseñado para que nos perdamos o confundamos, un laberinto no tiene giros equivocados ni callejones sin salida. Como usted no tendría que pensar mucho para recorrer el laberinto con éxito, puede liberar su corazón para vagar y escuchar a Dios. Las personas que han caminado por los laberintos suelen decir que Dios les ha dado una respuesta a una pregunta importante mientras los recorrían.

Un laberinto es una metáfora de la vida con un Dios amoroso que no nos engaña ni nos desvía. Caminar por el laberinto es un itinerario con un Dios que nos llama a un viaje de plenitud.

Al igual que nuestra vida real, el viaje en el laberinto incluye la relación con los demás. Si usted camina por el laberinto en grupo, se cruzará con otras personas a lo largo del camino o rozará los hombros de las personas que caminan por otros circuitos. Unas veces se caminará hacia alguien y otras veces se alejará de alguien. Todos estarán en el mismo camino.

Ayunar

El ayuno es la elección activa de no hacer algo durante un corto período de tiempo para poder dirigir nuestra atención hacia Dios. A menudo, el ayuno se asocia con la abstinencia de alimentos. Durante siglos, la disciplina física de abstenerse de comer ha sido reconocida como una forma de desarrollar el autocontrol y de vaciarse. En la época de Jesús, los judíos ayunaban regularmente. En el Evangelio según Mateo, Jesús ayunó durante cuarenta días antes de comenzar su ministerio, y por los escritos históricos sabemos que los primeros cristianos reconocían los miércoles y los viernes como días de ayuno. Hoy en día, la Cuaresma—los cuarenta días que preceden a la Pascua—es un tiempo común para que los cristianos practiquen la disciplina del ayuno.

Al ayunar renunciamos a nuestro apego físico a las cosas materiales y, al igual que en la oración contemplativa, dejamos espacio para que el Espíritu Santo entre en nosotros. No se trata de un tiempo de privación ni de causar daños corporales. Al eliminar la comida de nuestro día, el ayuno puede liberarnos para centrarnos en Dios. Al abstenernos de comer, permitimos que nuestras necesidades espirituales tengan prioridad.

Dios siempre está tratando de darnos cosas buenas, pero nuestras manos están demasiado llenas para recibirlas. –San Agustín

---

Si opta por el ayuno de alimentos, comience con un ayuno de veinticuatro horas a partir del almuerzo. Con un ayuno normal, usted se abstiene de comer pero sigue bebiendo líquidos como agua y zumos. Comience pidiendo dirección a Dios sobre cuándo sería un buen día para ayunar. Elija un día en el que no vaya a estar especialmente activo físicamente. Dos días del año eclesiástico tradicionalmente designados para el ayuno son el Miércoles de Ceniza y el Viernes Santo.

Contar con el apoyo de su familia o comunidad es especialmente útil en un ayuno. Comience el día desayunando. Omita los tentempiés, el almuerzo y la cena. Recuerde que es importante seguir bebiendo líquidos. Siga su día en oración interna, agradeciendo a Dios por las obligaciones que tiene por delante. Cuando se encuentre echando mano a la puerta de la nevera, recuerde su ayuno y a Dios. A la mañana siguiente, rompa el ayuno con una pequeña comida y con acción de gracias.

Abstenerse de comer no es la única forma de ayunar. Puede intentar ayunar de la televisión o del ordenador. Solo recuerde que la intención del ayuno es tomar el tiempo y la energía que antes se dedicaba a esa actividad y entregárselo a Dios en la oración.

Celebración

Los cumpleaños suelen ser motivo de gran celebración: una comida especial con los alimentos favoritos, una tarta y regalos. La celebración, o la fiesta, es una forma de marcar los acontecimientos de la vida. La celebración es también una disciplina espiritual y parte de una vida de oración.

La celebración es una disciplina espiritual fundamental. A los cuarenta días de Cuaresma, en los que muchos practican el ayuno, le siguen los cincuenta días más largos de la Pascua, un tiempo de gran celebración. Después de que Jesús ayunara durante cuarenta días, los ángeles le ministraron. ¿Le sorprende esto? No debería. La propia palabra "evangelio" significa buenas noticias. En el Evangelio según Juan, la primera señal que Jesús realizó de la llegada del reino de Dios fue convertir el agua en vino en las bodas de Caná. Jesús utiliza la imagen de un banquete para describir el reino de Dios. Y ante la proximidad de su muerte, Jesús, con sus amigos más cercanos, celebra la Pascua, una comida en la que los reunidos recuerdan la liberación de los judíos de los egipcios. Que la muerte haya sido vencida y que el reino de Dios esté cerca es motivo de celebración.

La Eucaristía que celebramos cada domingo, de hecho, es una celebración y *el* acto central de la Iglesia. Lo que marca la celebración como un acto espiritual y de oración es que es un acto intencionado de alabanza y acción de gracias que refleja nuestra alegría en Dios. Reconocemos que Dios está con nosotros y celebramos el día con comidas especiales y amigos cercanos.

El recurso *A Great Cloud of Witnesses* ["Una gran nube de testigos"] es un libro que recoge el calendario eclesiástico con los días de fiesta que conmemoran acontecimientos de la vida de Jesús, así como la vida de hombres y mujeres que han dedicado su vida al testimonio activo de Dios, nos ofrece muchas oportunidades para celebrar. Este libro incluye colectas, salmos y lecciones que usted puede leer como parte de una celebración en el hogar. Puede incorporar oraciones y lecturas en las celebraciones sobre la abundancia de Dios en su vida.

Una regla de vida

Llevar una vida espiritual significa desarrollar una relación *continua* con Dios. Este capítulo ofrece una serie de disciplinas espirituales para ayudarle a desarrollar esa relación. Pero, ¿cuáles serán buenas para *usted*? ¿Cómo encajarán con todas las demás cosas que tiene que hacer? Llevar una vida espiritual no significa arrodillarse o dibujar mandalas todo el día en oración. Tenemos que vivir una vida equilibrada, con Dios en el centro.

Mantener el equilibrio o incluso saber cómo debería ser el equilibrio no es fácil. Las exigencias de los demás y las que nos imponemos a nosotros mismos se interponen en el camino. Una forma útil de encontrar y mantener el equilibrio es desarrollar una **regla de vida**. Una regla de vida es un conjunto de pautas para vivir que nos ayuda a mantener nuestra vida en equilibrio con Dios como centro.

Las comunidades monásticas viven hoy en día, como lo han hecho durante siglos, según reglas de vida. La regla de vida más conocida es la Regla de San Benito, escrita por Benito de Nursia en el siglo VI. La Regla de San Benito equilibra el trabajo y la oración y se guía por tres votos generales: estabilidad, obediencia y conversión. La regla es una guía para los monjes sobre cómo vivir en comunidad. El recuadro de la página siguiente ofrece los pasos para elaborar su regla.

Cuando una persona se une a una comunidad monástica, hace el voto de seguir una regla de vida diferente a otras reglas de vida. Por un lado, no todo el mundo está llamado a una vida de pobreza o castidad, ambos votos comunes en las comunidades monásticas. Cada uno de nosotros está llamado por Dios a vivir una regla particular.

Regla de vida: la práctica

La escritora Debra Farrington sugiere que una forma de empezar a desarrollar su regla de vida es escribir una lista de actividades que le proporcionen una alegría duradera. Puede incluir correr, escribir, dibujar, leer o pasar tiempo a solas. Esta lista es el comienzo de su regla de vida. Clasifique sus actividades en cinco categorías: trabajo, estudio, oración, deportes y servicio a los demás. El estudio puede ser la lectura de la Biblia o de libros sobre la tradición cristiana. Jugar algún deporte podría ser su afición favorita.

Lleve esta lista a Dios y rece para que le guíe. Puede que comience a reconocer por primera vez que algunas actividades son espirituales. Correr, por ejemplo, cuida su cuerpo y, por tanto, es una forma de devolver a Dios la bendición de la salud. El tiempo con los amigos y la familia crea una comunidad de amor y apoyo. Es posible que desee reequilibrar algunas partes de su vida. Si es así, adopte una disciplina que sea racional. Una regla de vida es un conjunto de pautas realistas.

Una vez que lo haya escrito, revíselo con un amigo de confianza que pueda ayudarle a perfeccionarlo. Téngalo a mano. Le ayudará a seguir siendo responsable y a ver cuándo hay que modificar la norma. Una regla de vida es una regla viva y se verá modificada. Sobre todo, una regla de vida que hace de Dios el centro de su vida es una bendición que puede conducirle a una relación más estrecha con Dios.

*Las categorías de una regla de vida y los pasos para crear reglas se basan libremente en Debra Farrington's "Balancing Life by the Rule," *Spirituality & Health* (Winter 2001), 44.

Dirección espiritual

Algunas personas encuentran la dirección espiritual útil para desarrollar una conciencia de Dios en sus vidas. La **dirección espiritual** es el arte de ayudar a otros a explorar una relación más profunda con Dios.[40] Los directores espirituales están entrenados para escuchar profundamente a los demás y para ayudar a escuchar a Dios y aprender hacia dónde les lleva Dios. Pueden ayudarle a desarrollar la conciencia de que Dios actúa en su vida y a discernir qué disciplinas espirituales le acercarán a Dios. No son terapeutas ni solucionan problemas. Son oyentes santos y personas sabias que pueden, junto a Dios, ayudar a guiarle en la creación de disciplinas espirituales que le acerquen a Dios.

El desarrollo de su espiritualidad

Hay muchas más prácticas espirituales que no hemos explorado: los retiros, la simplicidad, el estudio y el servicio son solo algunos de ellos. Con todas las posibilidades de prácticas espirituales, se preguntará: "Sean aceptables a tus ojos mis palabras y mis pensamientos, oh Señor, refugio y libertador mío." Comience con una oración de petición tomada del Salmo 19:14:

> Sean aceptables a tus ojos mis palabras y mis pensamientos, oh Señor, refugio y libertador mío.

¿Recuerda la parábola del sembrador en Mateo 13 y Marcos 4? Un sembrador sembró semillas. Algunas cayeron en un camino, y los pájaros se las comieron. Algunas cayeron en suelo rocoso. Brotaron, pero el suelo era demasiado superficial y las plantas se marchitaron. Otras semillas cayeron entre espinas, y las espinas ahogaron las plantas. Algunas cayeron en buena tierra y crecieron hasta convertirse en una cosecha abundante. Si labramos nuestras vidas y cultivamos el espíritu, el amor y las bendiciones de Dios crecerán en abundancia. El fruto del Espíritu—amor, alegría, paz, paciencia, bondad, amabilidad, autocontrol y fidelidad—será abundante.

---

40. Si está buscando un director espiritual, considere la posibilidad de buscar en http://sdiworld.org, un sitio web que mantiene una lista de directores espirituales.

Preguntas transformadoras

1. **Esté atento:** Describa un momento reciente en el que haya rezado (recuerde las formas de rezar). ¿Cuál fue su oración? ¿Qué dijo o hizo? ¿O estuvo en silencio? ¿Qué oyó y vio?

2. **Sea inteligente:** ¿Cuál era el propósito de su oración? ¿Podrían existir otros propósitos? Deje que estas otras posibilidades lleguen a usted sin juzgarlas.

3. **Sea racional:** ¿Cuál propósito le parece más auténtico? ¿Qué nueva visión le aporta esto a su comprensión de la oración en general?

4. **Sea responsable:** A la luz de esta experiencia, ¿cómo podría cambiar su práctica de oración?

5. **Esté en el Amor transformado:** ¿Qué nuevas formas de rezar podría considerar?

INTERLUDIO
"Un lugar delgado el domingo por la mañana"

¿Has tenido una experiencia religiosa? ¿Más de una? Apuesto a que sí. Ocurre desde dentro. Desde el interior. Puede que no la percibas como religiosa. Sin embargo, en algún momento, la eternidad te abrió una perspectiva significativamente diferente sobre la vida o las relaciones o la responsabilidad, incluso la religión.

Puede haber sido una repentina apropiación interior de algo que ya conocías de alguna manera, pero cuya energía e intensidad no había brotado hasta entonces desde el interior (¡Ahá!) y se entrelazó con todo lo que te identifica.

Luego de haber tenido una experiencia de percepción (religiosa o no) nunca podrás ser como antes. Puedes contradecirla con tu forma de vivir (eso es esencialmente el pecado, la inautenticidad) pero no puedes ignorarlo. Has tenido una revelación, es como dar un paso para salir de tu escondite a la luz creada por Dios. El siguiente paso sería la conversión.

Se puede pensar en ello simplemente como una experiencia de integridad. La transformación, sin embargo, no debe reducirse a algo "simple". Nuestras experiencias de integridad forman parte del proceso de autocomunicación de Dios. En el proceso, te has convertido en un tú más auténtico. Puede que lo hayas experimentado muchas veces. El camino hacia la integridad o la autenticidad dura toda la vida. Muchas conversiones, muchas transformaciones. Nacer de nuevo y de nuevo y de nuevo, como sugieren algunos episcopales.

No limitar la revelación, por ejemplo, a las verdades escritas, a los hechos más que a las acciones. Abrir la autocomunicación de Dios al concepto de las percepciones que nos sacan de nuestro escondite.

"La autocomunicación de Dios", escribió el sacerdote jesuita William Reiser en *Drawn to the Divine*,

> sigue teniendo lugar... en los deseos del corazón humano, en el cuestionamiento y el asombro de la mente humana, en nuestra sed de verdadera libertad, en la vida, la muerte y la resurrección de Jesús, en la experiencia de haber sido amados y perdonados, en la convicción de que hemos sido llamados personalmente a conocer y seguir a Jesús, en innumerables circunstancias de la vida cotidiana, y en el sentido profundo de que estamos destinados a llevar la presencia divina dentro de nosotros".[41]

A veces la autocomunicación de Dios se siente como una lucha con Dios. Cuando luchas con Dios sobre lo que has estado resistiendo, una de dos cosas eventualmente sucede. Ganar no es una de ellas. Te alejas de la relación o luchas hasta perder. Cuando Dios gana, tienes razones para celebrar.

Cuando permites que Dios te encuentre y te saque de tu escondite, estás al borde de una experiencia religiosa. Estás en un "lugar delgado".

Los lugares delgados en la espiritualidad celta son donde la realidad ordinaria y la santidad de Dios se encuentran, donde nos movemos fácilmente entre las realidades, donde el velo entre el cielo y la tierra parece transparentarse.

Según el teólogo Marcus Borg, un lugar delgado es cualquier lugar donde se abre nuestro corazón. Los celtas percibían el mundo entero como saturado de la gloria de Dios. Aunque todo lugar es potencialmente un lugar delgado, tenemos que detenernos, mirar y escuchar para percibirlo. Podemos, por supuesto, ser espesos incluso en los lugares delgados y no conseguirlo.

La adoración es un lugar delgado. Nos reunimos en la Eucaristía para recordar el mañana.

Es una experiencia gradual (domingo tras domingo) durante la cual pasamos de estar atentos a aprender a ver lo espectacular en su aparente ausencia hasta decidirnos a "amarnos los unos a los otros como yo os he amado", a servir a los más pequeños, a estar en el Amor transformados.

Espera escuchar la voz de Dios en los lugares más difíciles. Espera que Dios te toque. Esto sucede. Estate atento. Espera a Dios.

Enredarse con Dios tendrá implicaciones que aún no has considerado. No simplemente un ajuste aquí, un ajuste allá. Cambios en la forma de ver, pensar, juzgar y hacer. Transformación. Notarás que vives de forma diferente.

En la película *Chocolat* del año 2000, un joven sacerdote predicaba en Semana Santa: "Debemos medir nuestra bondad, no por lo que no hacemos,

---

41. William Reiser, SJ. *Drawn to the Divine* (Chicago: Ave Maria Press, 1987), 12.

por lo que nos negamos, por lo que resistimos o por lo que excluimos. En cambio, debemos medirnos por lo que abrazamos, lo que creamos y a quién incluimos".[42] Después de la celebración de la Pascua y de la fiesta del chocolate en la plaza del pueblo, el maniático controlador de la ciudad fue "extrañamente liberado".

Que seamos liberados y transformados a través de la muerte y resurrección de Jesús y a través de los encuentros personales con el Señor resucitado en lugares poco frecuentados.

---

42. Robert Nelson Jacobs (guionista), *Chocolat*, dirigida por Lasse Hallestrom (2000, Santa Monica, CA: Miramax Films).

OCTAVO CAPÍTULO

La adoración: nuestra respuesta a las bendiciones de Dios

Entonces dijo: «Ahora hagamos al hombre a nuestra imagen. (Génesis 1:26a)

En el principio, Dios puso orden en el caos separando los cielos de la tierra, la tierra seca del mar y la luz de las tinieblas. Dios dijo que los árboles y las plantas crecieran y dieran hermosas flores, frutos y semillas. Dios llenó la tierra de seres vivos de todo tipo: aves que vuelan, insectos que se arrastran y monstruos del mar. Y Dios vio que todo lo que había hecho estaba muy bien. Y en el sexto día, Dios hizo a la humanidad. Dios miró toda la creación y pensó: "Esto es *muy* bueno". Inmediatamente después de que Dios nos creara a nosotros los humanos, Dios nos bendijo y sigue bendiciéndonos todos los días. Respondemos a la bendición de la creación y a las continuas bendiciones de Dios a través de la historia y de nuestras vidas adorando a Dios. La **adoración** es una respuesta de alabanza y agradecimiento al Dios que nos creó, un Dios que nos conoce, nos bendice cada día y quiere hacer realidad los deseos de nuestro corazón. Respondemos dando nuestro amor y agradecimiento. Como seres creados, es nuestra naturaleza, tal y como dice Bill en el interludio que precede a este capítulo, entrar en los lugares delgados donde la realidad ordinaria y la santidad de Dios se tocan.

Adorar a Dios puede ser tan sencillo como encender una vela en casa, decir unas palabras que hablen de nuestro amor a Dios y dar las gracias. La adoración corporativa es cuando el pueblo de Dios, que está disperso a lo largo de la semana, se reúne para adorar juntos.

Esté atento cuando celebre el culto con su congregación. Intente comprender cómo el servicio de adoración y los imperativos del Evangelio están en relación dinámica. Si parece que esto no es así en su vida, ¿por qué no? ¿Qué podría hacer al respecto? El Libro de Oración Común ofrece varias formas de adorar a Dios.

El Libro de Oración Común

El Libro de Oración Común es el manual para el culto comunitario y personal en la Iglesia Episcopal. Contiene las palabras y acciones, llamadas **liturgias**, que definen y ordenan nuestro culto común como comunidad. La liturgia es algo que la gente hace, no algo que la gente lee o mira. En la Iglesia Episcopal, la liturgia es realmente el trabajo y las palabras del pueblo. Las palabras de la liturgia dominical son compartidas por todos los episcopales y reflejan la teología de nuestra comunidad. Cada domingo, las iglesias anglicanas de todo el mundo siguen formas de culto similares.

La liturgia es poderosa. Promulga y da forma a nuestras creencias. Pensemos en la Eucaristía. Cuando el sacerdote nos da el pan de la Comunión diciendo: "El Cuerpo de Cristo, pan del cielo", y nosotros respondemos con un "Amén", recibimos a Cristo como alimento espiritual para nuestra vida actual. Al comer el pan del cielo participamos en el reino prometido de Dios, y dejamos la mesa transformados y fortalecidos para ser el Cuerpo de Cristo en el mundo. Aunque repitamos las mismas bellas palabras y acciones de la liturgia semana tras semana, ninguna liturgia es igual. La Eucaristía nos cambia; cuando volvemos a la mesa de la Comunión la semana siguiente, llevamos con nosotros la experiencia de haber vivido como Cuerpo de Cristo en nuestras vidas. Somos personas diferentes; nos alimentamos de nuevo, y encarnamos a Cristo más profundamente. La liturgia transforma lo que somos como pueblo de Dios.

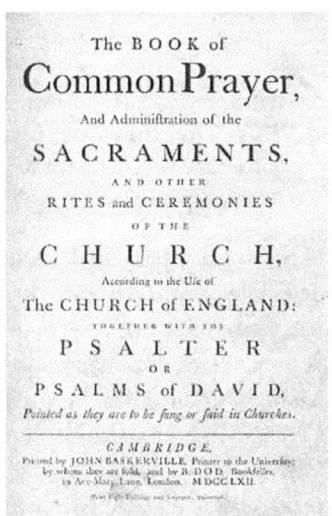

El Libro de Oración Común se publicó por primera vez en 1559. Esta portada es del Libro de Oración Común de 1662.

> La liturgia transforma lo que somos. ¿De qué manera podría usted acercarse al culto dominical esperando una transformación tan dramática que hasta sería prudente llevarse un casco de protección?

A veces nuestras liturgias episcopales pueden parecer bastante complicadas. El Libro de Oración Común incluye reglas e indicaciones para los diferentes tipos de servicios. "Lo concerniente al culto de la Iglesia" (LOC, 13) describe los servicios regulares designados para el culto público y quiénes participan en esos servicios. Encontrará una página similar antes de la mayoría de los servicios, en la que se explica de qué trata el servicio y se dan instrucciones, o **rúbricas**, para realizarlo. El "Calendario del año eclesiástico" (LOC, 15-33) enumera las fiestas principales, las fiestas menores y los días festivos, así como los tiempos litúrgicos.

El Libro de Oración Común es un tesoro de nuestra fe. Además de las liturgias, también contiene un libro completo de las escrituras judías—los Salmos—además de oraciones de alabanza y acción de gracias para muchas ocasiones, un esquema de la fe, documentos históricos de la Iglesia, tablas para encontrar la fecha de la Pascua y otros días festivos, y una lista de lecturas de la Biblia para los servicios durante todo el año eclesiástico.

Santa Eucaristía

> Así pues, los que hicieron caso de su mensaje fueron bautizados; y aquel día se agregaron a los creyentes unas tres mil personas. Y eran fieles en conservar la enseñanza de los apóstoles, en compartir lo que tenían, en reunirse para partir el pan y en la oración. (Hechos 2:41–42)

Nuestro principal acto de culto cristiano, la **Santa Eucaristía**, sigue el modelo de la Iglesia primitiva: nos reunimos, escuchamos las Escrituras, partimos el pan y rezamos. Los episcopales suelen celebrar la Eucaristía el primer día de la semana, los domingos y en otras fiestas importantes, como la Navidad y el Miércoles de Ceniza. La Eucaristía también se llama Cena del Señor, Santa Cena y Misa. La palabra "Eucaristía" viene del griego *eujaristía*, que significa "dar gracias". En la Eucaristía recordamos y celebramos la vida, la muerte y la resurrección de Jesucristo y proclamamos que esperamos su venida en gloria. A través de la Eucaristía somos fortalecidos y alimentados en nuestra vida actual y se nos da un anticipo del banquete celestial de Dios. La Eucaristía es una celebración de la familia de Dios con motivo del amor de Dios por nosotros.

El formato del culto tiene raíces antiguas. Nehemías 8 describe un servicio con lecturas de la Ley de Moisés y una exposición de la lectura por parte del sacerdote, seguida de una comida. Nuestro servicio tiene partes similares: la Liturgia de la Palabra, durante la cual escuchamos la palabra de Dios leída y proclamada, y la Liturgia de la Mesa, durante la cual tomamos, bendecimos, partimos y damos el pan y el vino de la Comunión. No es de extrañar que la Eucaristía se base en las prácticas judías. Los primeros en reunirse en nombre de Jesús fueron judíos reunidos en lugares de culto judíos llamados sinagogas.

Liturgia de la Palabra

Somos un pueblo disperso por el mundo en diferentes actividades y lugares, pero nos reunimos como uno solo para adorar. Por eso no debe sorprender que la Liturgia de la Palabra comience con un breve rito de entrada que centre nuestra mente y nuestro corazón en Dios y en los demás como comunidad de fe. Durante el himno de apertura, los acólitos, el coro, los diáconos, los sacerdotes y, a veces, el obispo, se dirigen a sus lugares para dirigir el culto. La procesión pasa a través del pueblo ya que es el pueblo el que como un todo está adorando a Dios.

Una vez que todo el mundo está en su sitio, **el que preside**, la persona que dirige el culto, continúa con la **aclamación inicial**, un saludo a la familia de Dios; luego cantamos el **Gloria**, un canto de alabanza a Dios. El rito de entrada termina con una **colecta**, una breve oración que "recoge" los temas de las lecturas del día.

Intente escribir una colecta por la gracia una noche durante la cena. Utilice lo que le ha ocurrido ese día para responder a estas ideas: "Dios que..." "Pido..." "Para que..."

Creemos que Dios está presente tanto en la palabra como en los sacramentos. Ambos alimentan nuestras vidas como pueblo de Dios. Nos alimentamos en la Liturgia de la Palabra escuchando relatos de la Biblia sobre los actos redentores de Dios a lo largo de la historia. Esta parte de la liturgia incluye generalmente cuatro lecturas, aunque las rúbricas permiten tres: una lectura de la escritura judía, una recitación de los Salmos, una lectura de las Epístolas y una lectura de los Evangelios. Las lecturas están prescritas por un ciclo de leccionario de tres años denotado por las letras A, B y C. En el año A del leccionario leemos del Evangelio según Mateo, en el año B del leccionario lo hacemos de Marcos y en el año C del leccionario de Lucas. Las lecturas del

Evangelio según Juan se intercalan a lo largo de cada uno de los tres años, especialmente durante el año en que se lee el Evangelio según Marcos. Las Epístolas se leen en secuencia y las lecturas de las escrituras judías se eligen para complementar las lecturas del Evangelio o de las Epístolas, o se leen en secuencia. Durante la Semana Santa se pueden leer los Hechos de los Apóstoles en lugar de las escrituras judías. Tener un leccionario significa que todas las iglesias episcopales pueden leer las mismas escrituras un domingo cualquiera.

Dado que las lecturas del leccionario proceden de todas las partes de la Biblia, seguir el leccionario nos desafía a comprender el modo en que Dios ha actuado a lo largo de la historia, a través de acontecimientos que a veces son confusos y de escritos que a veces se contradicen. Seguir el leccionario significa que no podemos limitarnos a nuestros versículos favoritos. Debemos lidiar con la dificultad de interpretar y aplicar una amplia variedad de creencias sobre Dios. Al incluir las escrituras judías se nos recuerda que las raíces del cristianismo están en el judaísmo y que el Dios de las escrituras judías es el mismo Dios de las escrituras cristianas. Sin las escrituras judías no tendríamos una comprensión completa de las muchas maneras en que Dios trabaja para reconciliar a las personas consigo mismo, entre sí y con toda la creación.

Los laicos leen las escrituras judías y las lecturas de la epístola, y un diácono, cuando está presente, o un sacerdote lee la lectura del Evangelio. Antes de la lectura del Evangelio, el pueblo suele decir "¡Gloria a ti, Cristo Señor!" para reconocer que Jesús está presente en la proclamación del Evangelio. Como buena noticia para el pueblo de Dios, el Evangelio se lee a menudo en medio del pueblo. A la lectura puede seguir un período de silencio para la reflexión, tras el cual un sacerdote pronuncia un sermón u homilía, cuyo objetivo es provocar nuestros pensamientos sobre cómo aplicar la Palabra de Dios a nuestras vidas y dar testimonio de esa Palabra.

El orden de la procesión de apertura es una cuestión de tradición. La cruz o el Evangelio suelen encabezar la procesión, seguida del coro, y terminando con el sacerdote y, si está presente, el obispo. La procesión nos recuerda que la vida cristiana es una peregrinación.

El pueblo responde a la proclamación y predicación de la Palabra de Dios afirmando sus creencias con las palabras del Credo Niceno. El mensaje evangélico llama al pueblo a la acción en favor del mundo. El pueblo lo hace litúrgicamente en esta parte del servicio de adoración, rezando por las necesidades de los demás mediante la Oración de los Fieles. El Libro de Oración Común presenta seis formularios opcionales para la Oración de los Fieles y proporciona modelos para que las congregaciones escriban sus propias oraciones. Las oraciones deben surgir de las preocupaciones de la congregación y ser escritas por la comunidad, ya sea por períodos o por semana. El único requisito es ofrecer oraciones en seis áreas:

- La Iglesia Universal, sus miembros y su misión
- La Nación y sus autoridades
- El bienestar del mundo
- Los intereses de la comunidad local
- Los que sufren y los atribulados
- Los difuntos

Durante las oraciones también ofrecemos nuestro agradecimiento.

El Libro de Oración Común exige que cuando nos acerquemos a la Eucaristía "examinemos nuestras vidas, nos arrepintamos de nuestros pecados y estemos en amor y caridad con todos". ("Bosquejo de la fe, comúnmente llamado catecismo" comienza en la página 735 del Libro de Oración Común). El signo de la reconciliación entre las personas y con Dios es **el intercambio de la paz**, un saludo entre las personas compartido como signo de reconciliación y de renovación de las relaciones. Por eso, antes de intercambiar la paz, confesamos nuestros pecados contra Dios y el prójimo. Como no amamos a Dios con todo nuestro corazón y elegimos continuamente no amar a nuestro prójimo como a nosotros mismos, necesitamos—y Dios nos concede—misericordia y perdón con regularidad.

El perdón es sanador y renovador, algo que necesitamos a lo largo de nuestra vida para seguir adelante.

Luego de restablecer una relación correcta con Dios, intercambiamos la paz. El intercambio de la paz tiene su origen en las prácticas judías de reconciliarse con el prójimo antes de ofrecer una ofrenda al altar (Mateo 5:23-24). En Juan 20:19-21, cuando Jesús resucitado se apareció a los temerosos discípulos tras las puertas cerradas, proclamó: Al llegar la noche de aquel mismo día, el primero de la semana, los discípulos se habían reunido con las puertas cerradas por miedo a las autoridades judías. Jesús entró y, poniéndose en medio de los discípulos, los saludó diciendo:

—¡Paz a ustedes!

Dicho esto, les mostró las manos y el costado. Y ellos se alegraron de ver al Señor. Luego Jesús les dijo otra vez:

—¡Paz a ustedes! Como el Padre me envió a mí, así yo los envío a ustedes.

La paz que compartimos es la paz que nos ha dado Cristo resucitado. La paz termina la Liturgia de la Palabra.

Liturgia de la mesa

Después tomó el pan en sus manos y, habiendo dado gracias a Dios, lo partió y se lo dio a ellos, diciendo:
—Esto es mi cuerpo, entregado a muerte en favor de ustedes. Hagan esto en memoria de mí. (Lucas 22:19)

La Liturgia de la Mesa, o la Santa Cena, es el punto culminante de nuestra liturgia. Es una respuesta al mandamiento de Jesús en la Última Cena: "hacemos esto en memoria de" Jesús. Es decir, el sacerdote toma, agradece, parte y da el pan en memorial de la vida de Jesús en la tierra, de su resurrección y de su retorno a la gloria. Sin embargo, la Santa Comunión es un tipo especial de memoria llamada *anamnesis*, un término que exploraremos en el próximo capítulo. Mediante las oraciones de la Eucaristía y por el poder del Espíritu Santo, el pan y el vino se convierten para nosotros en el cuerpo y la sangre de Cristo. En la Eucaristía participamos activamente en la celebración del sacrificio de Cristo, y nuestras vidas y acciones se convierten en parte de la ofrenda. Agustín explica el misterio de nuestra participación en la Eucaristía de esta manera: "Así que si sois vosotros el Cuerpo de Cristo y sus miembros, es el misterio (que significa vosotros) el que ha sido puesto en la mesa del Señor; lo que recibís es el misterio que significa vosotros".[43] En la Eucaristía volvemos a ser miembros del Cuerpo de Cristo, partidos y enviados por el bien del mundo.

Tenemos seis opciones de plegarias eucarísticas en el Libro de Oración Común: dos plegarias eucarísticas del Rito Uno (I, II) y cuatro plegarias eucarísticas del Rito Dos (A, B, C y D). El texto complementario, *Enriching Our Worship 1*, proporciona tres plegarias eucarísticas adicionales. La Plegaria Eucarística I fue adoptada por primera vez en 1789. Las otras oraciones

---

43. Augustine, Sermon 272 en *Sermons*, parte 3, volumen 7, traducido al inglés por Edmund Hill (New Rochelle, NY: New City Press, 1993), 300-301.

amplían esta oración relatando las historias de la creación, la encarnación de Cristo y la venida de Cristo.

Tomar, bendecir, partir y dar

Cuando Jesús compartió el pan con los discípulos en la Última Cena, tomó el pan, lo bendijo, lo partió y lo dio. Estas son las mismas cuatro acciones que Jesús llevó a cabo cuando alimentó a una multitud que había venido a escucharle predicar en los evangelios de Mateo y Lucas. Y después de resucitar, durante una comida en Emaús (Lucas 24), los discípulos reconocieron a Jesús por estas mismas cuatro acciones—tomar, bendecir, partir y dar. No solo decimos estas mismas palabras durante la Eucaristía, sino que dan forma a la Liturgia de la Mesa.

Tomar

La Liturgia de la Mesa comienza con el ofertorio, recogiendo los dones entre el pueblo y llevándolos al altar, presentándolos a Dios y a la Iglesia. Al presentar nuestros dones de pan y vino, música y recursos, devolvemos la bendición que Dios nos dio: la bendición de la creación y de nuestro trabajo. Nuestro trabajo transforma la uva en vino y el trigo en pan. Como Dios es el dador de todas las cosas, en última instancia le *devolvemos* estos dones. Durante el ofertorio, el diácono o el sacerdote prepara la mesa del altar para la Comunión. Extiende sobre el altar un paño blanco cuadrado llamado **corporal**, trae el pan en un plato llamado **patena** y vierte el vino y un poco de agua en un **cáliz**. Una patena y un cáliz se colocan en el altar, simbolizando que compartimos un pan y un cáliz de vino en la Comunión.

Dar gracias

La Liturgia de la Mesa continúa con el pueblo devolviendo las bendiciones, o agradeciendo a Dios, por todo lo que ha dado. La **Gran Plegaria Eucarística** comienza con un diálogo entre el que preside y el pueblo en el que se pide a Dios que esté presente y el pueblo levanta su corazón y da gracias a Dios con las palabras del **Sursum Corda** ("Elevemos los corazones. Los elevamos al Señor"). La asamblea ocupa su lugar entre las huestes del cielo y de la tierra para cantar alabanzas a Dios en el **Sanctus** ("Santo,

Cáliz y patena

santo, santo es el Señor...").

Las oraciones eucarísticas siguen el mismo marco, pero varían en cuanto a imágenes y teología. Cada una enfatiza diferentes aspectos de la historia de la salvación. La Plegaria Eucarística 3, por ejemplo, recurre a la imagen de la Sabiduría, mientras que la Plegaria Eucarística 1 recuerda la creación, la alianza establecida con Abraham y Sara y renovada con el pueblo de Israel, y la provisión de profetas. Ambas se encuentran en *Enriching Our Worship 1*. Todas las oraciones eucarísticas recuerdan la encarnación y la vida, muerte y resurrección de Jesús. Damos gracias a Dios por estas obras poderosas y misericordias eternas.

Este tiempo de hacer memoria continúa recordando las **palabras de institución** pronunciadas por Jesús en la Última Cena: "Tomen y coman. Este es mi Cuerpo, entregado por ustedes. Hagan esto como memorial mío". Es importante recordar que no se trata de una recreación de la Última Cena, sino de una oración a Dios. Las palabras de institución forman parte de la plegaria eucarística y, por tanto, no se dirigen a la congregación, sino a Dios. Después de las palabras de institución, recordamos el mayor misterio de nuestra fe con la **aclamación conmemorativa**:

> Cristo ha muerto.
> Cristo ha resucitado.
> Cristo volverá.

En todas las plegarias eucarísticas episcopales, el que preside pide a Dios que envíe el Espíritu Santo para santificar el pan y el vino como cuerpo y sangre de Jesucristo. Esto se llama la **epíclesis**. El que preside no tiene poderes especiales. De hecho, un sacerdote no puede consagrar el pan y el vino solo. El pan y el vino son el cuerpo y la sangre de Cristo gracias a las oraciones de todos los presentes, tanto de los laicos como de los ministros ordenados, y a las bendiciones de Dios. Creemos que Cristo está presente en el pan y el vino, y esta presencia nos

Se puede identificar visualmente la epíclesis durante las oraciones eucarísticas observando cuando el sacerdote levanta las manos sobre el pan y el vino.

alimenta y nos cura. Al participar del pan y del vino nos hacemos uno con Cristo y nos fortalecemos para servir a Dios en el mundo.

Después de la Gran Plegaria Eucarística y antes de la Fracción del Pan, la congregación reza junta el Padre Nuestro. El Padre Nuestro nos recuerda que el reino de Dios está irrumpiendo en el mundo hoy y que debemos participar en ese reino aquí y ahora. Pedimos a Dios que nos proporcione el alimento para hacerlo, y pedimos el perdón que ya se nos ha dado y que Dios ofrece gratuitamente.

El pan y el vino son consagrados por las oraciones de todos los presentes. Un sacerdote solo no puede consagrar el pan y el vino.

Partir

Tras la Gran Plegaria Eucarística, el que preside parte el pan para distribuirlo entre los reunidos, al igual que Jesús partió el pan para distribuirlo entre los discípulos. Durante la partición del pan, la congregación canta el himno de la fracción. La fracción tiene su nombre porque la palabra "fracción" significa partir.

Dar

Inmediatamente después de la fracción del pan, se invita al pueblo a la mesa del altar para recibir tanto el pan como el vino. En la Iglesia Episcopal todos los bautizados son bienvenidos a recibir la Comunión. Los que no están bautizados pueden recibir una bendición. Si bien esta es la práctica litúrgica normativa, varias iglesias acogen a todos los reunidos en el culto para que reciban la Comunión. La congregación se presenta junta porque somos un solo pueblo que participa en un solo cuerpo de Cristo. Comulgar es también algo muy personal. Mientras comemos el pan y bebemos el vino, nos nutrimos de manera real de la presencia de Cristo y de su gracia sanadora en nuestras vidas.

Salir

La parte final de la Santa Eucaristía—la oración de poscomunión—proclama nuestra salida. A diferencia de las demás oraciones del servicio, esta oración anuncia nuestra disposición a salir al mundo para amar y servir. Hemos sido alimentados y estamos listos para hacer la obra de Dios en el mundo.

Nuestra adoración conjunta da forma a nuestras vidas. Al reunirnos estamos diciendo quiénes somos: somos el pueblo de Dios. Durante la Liturgia de la Palabra oímos hablar de lo que Dios ha hecho por nosotros, por toda la creación, y escuchamos cómo aplicar esas historias a nuestras vidas hoy. Cuando rezamos por los demás, ganamos advertencia de los lugares del mundo que necesitan la atención de Dios, y la nuestra. Al pedir perdón, practicamos el reconocimiento de nuestros defectos y llegamos a saber que nuestra vida depende de Dios. Durante la Liturgia de la Mesa, recordamos la muerte y resurrección de Cristo y participamos en una comida sagrada. Cuando nos reunimos para el culto cada domingo en estas dos partes de la liturgia, continuamos el trabajo de los primeros miembros de la Iglesia: "Y eran fieles en conservar la enseñanza de los apóstoles, en compartir lo que tenían, en reunirse para partir el pan y en la oración" (Hechos 2:42).

Participantes en la adoración

Todos los miembros de la Iglesia participan en la adoración mediante el canto, la oración, la acción de gracias y la Comunión. Dios nos ha creado a cada uno de nosotros de manera diferente, y cada uno tiene diferentes dones para contribuir al culto divino. La tabla de la página 202 enumera varias de las formas en que los ministros de la Iglesia utilizan sus dones para ayudar en el culto.

La Iglesia

Las iglesias son los lugares en los que los cristianos se reúnen con más frecuencia. Dado que entendemos que "la Iglesia" es mucho más grande que la piedra, los ladrillos y la argamasa, parece algo extraño definirla simplemente como un lugar físico. Pero eso es lo que la mayoría de la gente piensa cuando oye la palabra "iglesia". El Catecismo nos dice: "La Iglesia es la comunidad del Nuevo Pacto" (LOC, 746). Por lo tanto, durante la Oración de los Fieles, cuando rezamos por la Iglesia, rezamos por la comunidad de bautizados. En la Forma IV, por ejemplo, rezamos "para que todos los que confiesan tu Nombre estén unidos en tu verdad, vivan unánimes en tu amor y manifiesten tu gloria en el mundo" (LOC, 310). Cuando rezamos por la Iglesia, estamos rezando por los miembros bautizados de un Cuerpo de Cristo vivo que está llamado a traer el reino de Dios a esta tierra a través de su presencia y acciones en el mundo.

Utilizamos la palabra "Iglesia" para referirnos a una comunidad, al igual que lo hicieron los escritores de los Hechos y las Epístolas. La palabra "iglesia" en griego—el idioma de los Evangelios, los Hechos y las Epístolas—es *ekklesia*. Por ejemplo, en la carta a los Colosenses, Jesús es llamado la cabeza del cuerpo, la *ekklesia*. *Ekklesia* viene de dos palabras griegas: *ek*, que significa "fuera" y *kaleo*, que significa "llamar". *Ekklesia* significa literalmente "llamado a salir". La Iglesia es, pues, una comunidad de personas que creen en el Cristo resucitado y que son llamadas para un fin determinado.

La iglesia es también un edificio físico, un lugar sagrado que los cristianos han reservado para el culto colectivo. Al igual que la práctica judía, los seguidores de Jesús encontraron lugares para reunirse y compartir comidas e historias. Dos evangelios (Lucas y Juan) nos dicen que hasta el día de Pentecostés los discípulos se reunieron en la sala donde se reveló Cristo resucitado. Y como miembros de la comunidad judía, siguieron rezando y enseñando en el Templo de Jerusalén hasta su destrucción en el año 70. A medida que el cristianismo se extendía y crecía al margen del judaísmo, los creyentes se reunían en casas que convertían en lugares de culto. A veces, los cristianos se reunían en secreto en catacumbas, túneles utilizados para enterramientos, porque el gobierno los perseguía. La iglesia completa más antigua que se conoce es una casa romana de mediados del siglo III que se convirtió en un lugar de reunión para los cristianos en Dura-Europos (actual Siria). Incluía una piscina cerca de la entrada, que probablemente se utilizaba para el bautismo, y una zona de recepción más al interior de la casa con una mesa alrededor de la cual la comunidad partía el pan. Este diseño es similar al de las iglesias actuales: una pila bautismal cerca de la entrada y un santuario elevado con un altar para la Liturgia de la Mesa.

A diferencia del Templo judío de Jerusalén o de los templos de los dioses griegos, las iglesias cristianas no se consideran la morada de un dios, sino un lugar central de reunión. Muchas iglesias actuales siguen el diseño básico de la basílica cívica del siglo IV: un edificio rectangular con un ábside curvado para un trono en el que un magistrado o gobernador militar podía escuchar casos civiles de disputa. La razón por la que las iglesias adoptaron este estilo es que la basílica cívica era el lugar de reunión habitual cuando el emperador Constantino legalizó el cristianismo en el siglo IV. Podemos rastrear gran parte de nuestro mobiliario eclesiástico hasta la Iglesia primitiva y los edificios seculares del siglo IV.

El diagrama o plano de la página 203 muestra la disposición de muchas iglesias

El acólito suele llevar una sobrepelliz sobre el alba.

Líderes en la liturgia

Acólito: Un ministro laico, a menudo un joven, que ayuda de diversas maneras, como por ejemplo a encender las velas, llevar la cruz y las velas en una procesión y ayudando a poner la mesa. Los acólitos a veces llevan un alba o una sobrepelliz sobre una sotana de color.

Quien preside (también llamado celebrante): El obispo o sacerdote que dirige la celebración de la liturgia y preside la Eucaristía y el bautismo. Los diáconos también pueden presidir una Eucaristía con elementos ya consagrados. Durante la Eucaristía, el que preside dice la colecta, dirige la Gran Plegaria Eucarística y administra el pan en la Comunión. Por lo general, el que preside también lee el Evangelio y pronuncia el sermón, a menos que esté presente un diácono, en cuyo caso el diácono lee el Evangelio. El que preside suele llevar un alba blanca. Los sacerdotes reunidos alrededor del altar llevan una estola sobre ambos hombros. El que preside la Eucaristía suele llevar una casulla decorada sobre el alba. Los diáconos llevan una estola sobre el hombro izquierdo que pasa sobre el pecho hacia el lado derecho del tronco, donde se sujeta.

Miembro del coro: Ministro laico que dirige la música cantada durante el culto. Los coros suelen cantar himnos como ofrendas musicales durante el ofertorio. Los miembros del coro suelen llevar batas corales.

Diácono: Si está presente un diácono, este debe leer el Evangelio y puede dirigir la Oración de los Fieles. Los diáconos también asisten a la mesa, ayudan a administrar el pan y el vino al pueblo y también le despiden. En ausencia de un sacerdote, un diácono puede distribuir la Sagrada Comunión del sacramento reservado, el pan y el vino que ya han sido consagrados en una Eucaristía anterior.

Ministro de la Eucaristía: Un ministro laico capacitado para administrar los elementos. Es preferible que un sacerdote o diácono administre el pan y el vino durante la Santa Eucaristía.

Lector: Un ministro laico puede leer las lecciones y dirigir la Oración de los Fieles. Los diáconos también pueden dirigir la Oración de los Fieles. En la Liturgia de la Palabra, el que dirige la Oración de los Fieles se llama intercesor.

Verger: Ministro laico que ayuda en las procesiones de la liturgia. El verger suele ir vestido con una sotana negra y lleva una vara.

episcopales en la actualidad. La forma general es una cruz latina, o cruciforme, que se desarrolló cuando los arquitectos góticos añadieron dos salas—una para los sacerdotes y otra para restos mortales—a cada lado de la larga nave y el ábside circular de la basílica romana. El cruciforme se compone de tres zonas principales: la nave, el crucero y el coro. El **coro** contiene el santuario, el púlpito, el atril y el altar. Puede terminar en el ábside y a menudo está elevado y separado de la nave por una barandilla o una barrera. El **altar**, que descansa dentro del santuario, es la mesa alrededor de la cual se celebra la Santa Cena. El altar representa la presencia de Dios y es un punto focal de nuestro culto, por lo

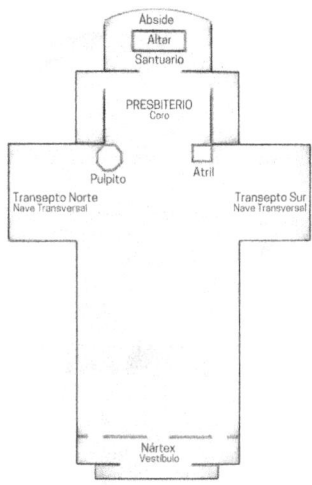

Iglesia cruciforme.

que está situado en la cabecera de la cruz. A menudo, las iglesias están diseñadas para que la congregación esté orientada hacia el este, la dirección del sol naciente, un símbolo del Cristo resucitado. En estas iglesias, el altar está en la parte más oriental de la iglesia. El **crucero** es la parte horizontal de la iglesia que se extiende desde la nave y el coro. En la **nave** se reúnen los fieles para escuchar la Palabra y participar en la consagración del pan y el vino de la Comunión.

La palabra "nave" viene del latín *navis*, que significa barco. La nave es un símbolo primitivo de la Iglesia.

Dado que el bautismo es el rito mediante el cual uno se convierte en miembro de la Iglesia, suele haber una pila bautismal o piscina cerca de la entrada de la iglesia. Este gran diseño enfatiza la trascendencia y el misterio de Dios. San Juan el Teólogo en la ciudad de Nueva York (*www.stjohndivine.org*) y nuestra Catedral Nacional en Washington, DC (*www.cathedral.org*) son catedrales de estilo cruciforme.

En la página 204 se ilustra otro diseño. En esta disposición circular, el altar es más claramente el elemento central alrededor del cual se reúne la gente. Este diseño sencillo retoma la disposición de las sinagogas que le eran familiares a Jesús y probablemente se acerque más a los espacios de culto de los primeros cristianos que a la disposición cruciforme. Este diseño enfatiza

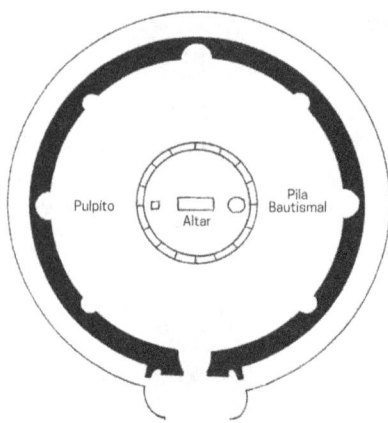
Diseño de iglesia circular.

la participación de todos los miembros en la liturgia. La iglesia de San Gregorio en San Francisco (*www.saintgregorys.org*) está construida en forma circular. Independientemente del diseño específico de su iglesia particular, esta proporciona un espacio sagrado para celebrar la Liturgia de la Palabra y la Liturgia de la Mesa.

La gente ha estado construyendo lugares sagrados para adorar a Dios desde la antigüedad. Recuerde que Abraham y Sara crearon altares de piedra para adorar a un lado del camino. Los israelitas construyeron un tabernáculo para que Dios habitara entre su pueblo. Los israelitas construyeron el Templo de Jerusalén. Los musulmanes tienen mezquitas, y los judíos tienen sinagogas. Los cristianos tienen iglesias. También adoramos en otros lugares: en la mesa de la cena cuando damos las gracias juntos, en la cima de una montaña cuando damos gracias a Dios por la hermosa creación de Dios, y cuando reservamos un tiempo en un lugar tranquilo de nuestras casas para rezar y meditar en la palabra de Dios.

Incluso podemos rendir culto en el ciberespacio. En *geraniumfarm.org*, por ejemplo, usted puede encender una vela y ofrecer una oración, y en *https://oficiodiario.org/* se puede rezar el oficio diario.

Símbolos en la adoración

Tal vez haya percibido el aroma del pan recién horneado o de una tarta en casa. Se le hace la boca agua. Dobla la esquina hacia la cocina casi esperando ver a su familia reunida alrededor de la mesa como lo han hecho muchas veces antes. En ese aroma se agolpan muchos recuerdos de la gracia y se traen al presente. Y eso llama a una respuesta de gratitud. La adoración es similar. Entramos en una iglesia y vemos símbolos cristianos familiares que nos recuerdan el amor infinito de Dios. Podemos ver a Jesús el Buen Pastor en un vitral o una talla de una vid con uvas que nos recuerda que Jesús es la verdadera vid o la cruz delante de la iglesia que nos recuerda la muerte y resurrección de Jesús. Dentro de una iglesia, incluso nuestro sentido del olfato, con el persistente aroma del incienso, puede recordarnos a Dios. A través de nuestros sentidos conocemos la presencia de Dios: los muchos momentos de oración y adoración que se nos ofrecen, pidiendo a todo nuestro ser una respuesta de amor y agradecimiento.

La liturgia estimula nuestros sentidos. Vemos cómo se lleva en procesión la cruz con velas hacia el altar, escuchamos la Palabra de Dios, proclamamos las alabanzas de Dios, intercambiamos la paz con nuestras manos, olemos el aroma del incienso y comemos y bebemos en la mesa. Al utilizar todos nuestros sentidos, se nos recuerda que Cristo está vivo con nosotros hoy, guiándonos y alimentándonos. La riqueza de nuestra adoración es nuestra respuesta al primer mandamiento: amar a Dios con todo nuestro corazón, con toda nuestra alma, con toda nuestra mente y con todas nuestras fuerzas.

Estas imágenes, sonidos y olores son símbolos de nuestra fe. Cada símbolo es rico en significado y experiencia, apuntando más allá de sí mismo a las acciones de Dios en el mundo a lo largo de la historia. Para entender el poder de un símbolo, piense en la cruz. La cruz simboliza el sufrimiento de Jesús al morir en la cruz, así como la alegría de la resurrección. Para algunos significa el consuelo en tiempos de angustia y para otros la conquista de la muerte y el dominio del mundo por parte de Jesús. La cruz es portadora de todos estos significados. Los símbolos comprometen nuestros pensamientos y emociones, todo nuestro ser, y crean espacios de encuentro con Dios.

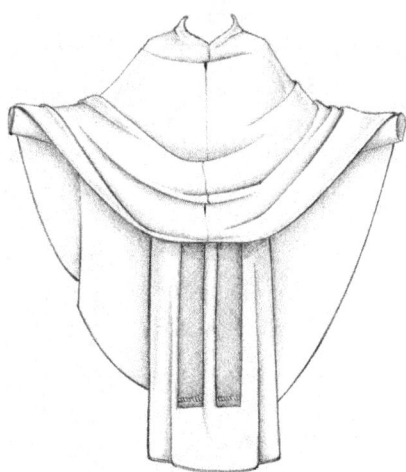

Vestimentas

En la Iglesia Episcopal los responsables de la liturgia suelen llevar vestimenta. Las vestimentas, prendas especiales apartadas para ser usadas solo para el culto, expresan tanto la solemnidad como la alegría del culto. Dado que se reservan vestimentas especiales para determinados participantes, las

El que preside lleva una prenda parecida a un poncho, llamada casulla, sobre un alba blanca, junto con un trozo de tela largo y estrecho, llamado estola, que se coloca sobre los hombros.

vestimentas se convierten en símbolos. La **estola**, una larga tira de tela que lleva el sacerdote o el obispo sobre ambos hombros o el diácono sobre el hombro izquierdo en diagonal, por ejemplo, es un símbolo de su ordenación. El Libro de Oración Común no exige vestimentas particulares, sino que permite la variedad de costumbres de la comunidad local. Si visita diferentes iglesias a lo largo del año, verá una variedad de vestimentas según el estilo litúrgico de la iglesia. Si usted asiste al Festival Nacional de Acólitos que se celebra cada otoño (el otoño en Estados Unidos ocurre desde el 23 de septiembre al 20 de diciembre) en la Catedral Nacional de Washington, en Washington, DC, verá un despliegue asombroso reunido en un mismo servicio. No obstante, algunas costumbres, como el uso de la estola por parte de los ordenados, son compartidas por todos los episcopales.

Vestimentas

La estola es llevada por los obispos y sacerdotes sobre ambos hombros, mientras que los diáconos la llevan solo en el hombro izquierdo.

El alba es una prenda blanca que llevan los obispos, sacerdotes, diáconos y acólitos durante toda la liturgia.

La casulla es una prenda larga sin mangas que el que preside lleva sobre el alba. Cuando se extiende sobre una superficie plana, suele ser ovalada y con un agujero en el centro para la cabeza del que preside. El color de las casullas varía según la estación del año.

La mitra es un sombrero alto y puntiagudo que lleva el obispo.

El báculo es un bastón pastoral que simboliza el ministerio del obispo. Un obispo suele sostener el báculo durante la lectura del Evangelio, al entrar y salir del servicio, y durante la absolución y la bendición. Es un signo de autoridad.

El año eclesiástico

Entonces Dios dijo: «¡Que haya luz!»
Y hubo luz. Al ver Dios que la luz era buena, la separó de la oscuridad y la llamó «día», y a la oscuridad la llamó «noche». De este modo se completó el primer día. (Génesis 1:3–5)

La Iglesia lleva la cuenta del tiempo y de las estaciones con un calendario diferente al conocido calendario de meses. En lugar de meses como enero y estaciones como la primavera, la Iglesia divide el año por estaciones litúrgicas. Una forma común de mostrar el año eclesiástico es con una rueda de calendario, como se muestra en la siguiente página. El año está anclado en dos fiestas: el día de Navidad y el día de Pascua, es decir, el nacimiento de Jesús y la resurrección de Jesús. Estas dos fiestas determinan las fechas de las siete estaciones del año litúrgico. La Navidad es siempre el 25 de diciembre, mientras que el día de Pascua es el primer domingo después de la primera luna llena tras el equinoccio de primavera, el 21 de marzo. Al seguir la rueda en el sentido de las agujas del reloj, empezando por el Adviento, se puede ver que el año se divide en Adviento, Navidad, Epifanía, Cuaresma, Pascua, Pentecostés y el Tiempo después de Pentecostés. Cada estación está asociada a un color que utilizamos en los ornamentos de la iglesia, los manteles del altar y los estandartes. Los colores son recordatorios visuales y símbolos de cada estación.

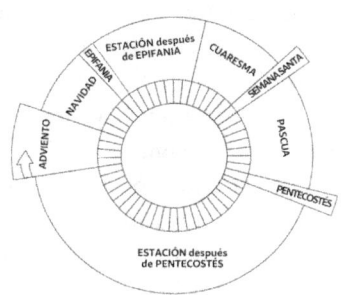

Rueda del calendario

El calendario litúrgico

Comenzamos el año eclesiástico con el **Adviento**, mientras esperamos la venida de Jesús al mundo y su regreso al final de los tiempos. Paradójicamente, en el Adviento esperamos tanto un principio como un final. El Adviento, que significa "venida", comienza cuatro domingos antes del día de Navidad. El color típico del Adviento es el azul, debido a la esperanza de la paz que trae Cristo, o el púrpura o el lino, en señal de penitencia como preparación para acoger la venida de Dios a este mundo como el niño Jesús. La estación de **Navidad** comienza el día de Navidad y termina doce días después, el 6 de enero, **la fiesta de la Epifanía**, el día que celebramos cuando los Reyes Magos visitaron al niño Jesús en Belén. Durante la Navidad recordamos las historias del nacimiento de Cristo. Como la Navidad es una época de celebración, su color es el blanco o el dorado. La palabra **epifanía** significa "mostrar". El color de la fiesta de la Epifanía es el blanco. Algunas iglesias utilizan ornamentos verdes en los demás días de la Epifanía para simbolizar la vida y el crecimiento. La Epifanía termina el Miércoles de Ceniza, primer día de la Cuaresma.

La **Cuaresma** es un tiempo de oración, ayuno y penitencia como preparación para la Pascua. Durante la Cuaresma renovamos nuestro compromiso con Cristo y nos proponemos asumir la difícil tarea de vivir como cristianos en este mundo. La Cuaresma dura cuarenta días, que comienzan el Miércoles de Ceniza y terminan el Sábado Santo. Si se cuentan los días entre el Miércoles de Ceniza y el Sábado Santo, se encontrará que hay cuarenta y seis días. A los cuarenta y seis hay que restarles los cinco domingos de Cuaresma y uno más para el Domingo de Ramos. No contamos estos domingos como parte de la Cuaresma porque los domingos celebran la resurrección de Cristo. La Iglesia primitiva formaba a los nuevos creyentes en la fe durante la Cuaresma, preparándolos para el bautismo en la Gran Vigilia Pascual. La Gran Vigilia Pascual sigue siendo hoy un momento para los bautismos. El color de la Cuaresma es el púrpura como símbolo de la realeza y la penitencia, o el lino áspero, el color del cilicio que se lleva en señal de luto en los relatos de las escrituras judías. El color de la semana entre el Domingo de Ramos y la Pascua es el rojo por la muerte de Jesús.

Los tres días de la Semana Santa, llamados **Triduo Pascual** (en latín, "tres días de Pascua"), son los más sagrados del año eclesiástico. El Triduo Pascual es un servicio en tres días: Viernes Santo, Sábado Santo y la Gran Vigilia Pascual. La liturgia del Triduo comienza la noche del jueves anterior al Viernes Santo. Este día se conoce como Jueves Santo. El Jueves Santo recordamos tres acciones de Jesús: lavar los pies a los discípulos, instituir el sacramento de la Eucaristía y dar el mandamiento nuevo: "amaros los unos a los otros como yo os he amado". Este servicio precede al día más oscuro del año: el Viernes Santo, día en que se conmemora la muerte de Cristo en la cruz.

Los colores tradicionales para las estaciones del año eclesiástico son:
    Adviento-azul o púrpura
    Navidad-blanco o dorado
    Estación después de Epifanía-verde
    Cuaresma-violeta o lino
    Pascua-blanco
    Pentecostés-rojo
    Estación después de Pentecostés-verde

El Viernes Santo es esencial para nuestra celebración de la Pascua. Es a través de la muerte que Cristo vence toda muerte. El día entre el Viernes Santo y la Pascua es el Sábado Santo, el día en que recordamos que Jesús yacía muerto en el sepulcro. En este día, recordamos la ausencia de Jesús en el mundo, por lo que no celebramos la Eucaristía. La Gran Vigilia Pascual comienza después de la puesta de sol del Sábado Santo y antes del amanecer del Domingo de Resurrección. Es el primer servicio del día de Pascua. Durante este servicio encendemos un nuevo Cirio Pascual para representar la luz de Cristo vivo en nuestro mundo, escuchamos el relato de los hechos salvíficos de Dios en la historia, bautizamos a nuevos miembros y celebramos la Eucaristía. La Vigilia Pascual comienza en la oscuridad de la muerte y termina en la luz de la vida resucitada.

La **Pascua** es tan importante que no la celebramos durante un solo día, sino durante cincuenta días, empezando por el Domingo de Pascua y terminando con el día de Pentecostés. El color litúrgico de la Pascua es el blanco para la pureza y la alegría. El cuadragésimo día de Pascua es el día de la Ascensión, el día en que conmemoramos la ascensión de Cristo al cielo. El último día de la Pascua es la **fiesta de Pentecostés**. En este día celebramos el día en que el Espíritu Santo bajó del cielo en forma de lenguas de fuego y se posó sobre los doce apóstoles y celebramos el comienzo de la Iglesia. El color de la fiesta de Pentecostés es el rojo, que representa el fuego y simboliza el amor y el celo.

Las semanas posteriores a Pentecostés y anteriores al Adviento se denominan **Estación después de Pentecostés**. Es la estación más larga del año eclesiástico, con una duración de veintidós a veintisiete domingos. Este es un tiempo para crecer en la fe y hacer el trabajo del ministerio, enfatizado por su color litúrgico, el verde.

Adorar es dar gracias a Dios

La adoración refleja una larga y rica tradición que se remonta a cuando Dios creó el mundo. Es nuestra respuesta a las muchas bendiciones que Dios nos dio en la creación y en Jesús, y que nos sigue dando hoy. Al participar intencionadamente en el culto con nuestras familias de la iglesia a lo largo del año, devolvemos las gracias y nos convertimos en las personas que Dios quiere que seamos.

Preguntas transformadoras

1. **Esté atento:** Recuerde una experiencia reciente en el culto corporativo. ¿Qué ha notado? Incluya todos sus sentidos. Escriba las palabras que recuerde de los himnos, las oraciones y las lecturas. ¿Qué experiencias de su semana trajo al culto? ¿Qué pensaba y sentía en ese momento?

2. **Sea inteligente:** ¿Qué significa su experiencia de adoración?

3. **Sea racional:** El interludio de Bill, "Un lugar delgado el domingo por la mañana", hablaba de enredarse con Dios. ¿Dónde se ha enredado usted con Dios? Puede que no sea un enredo espectacular, pero no deja de ser un movimiento.

4. **Sea responsable:** ¿Le sugiere su experiencia de adoración una respuesta para su vida diaria? ¿Cuál podría ser esta?

5. **Esté en el Amor transformado:** La próxima vez que se prepare para el culto, prepárese para encontrarse con Dios. ¿Hay algo en la experiencia que ha descrito que le impulsa a actuar de manera diferente para estar en ese "lugar delgado" de la adoración?

INTERLUDIO
"Llamados a estar... en el Amor"

Era el viernes 12 de enero de 2007, la hora pico de la mañana en Washington, DC. Un hombre blanco con jeans, camiseta de manga larga y una gorra de los Washington Nationals estaba de pie contra una pared en la estación de metro de L'Enfant Plaza. Sacó un violín de un estuche, giró el estuche abierto hacia el tráfico peatonal... y empezó a tocar seis piezas clásicas durante 43 minutos.

El experimento social fue patrocinado por el *Washington Post*: Si un músico de fama mundial tocara alguna de las músicas más bellas de la historia en una estación de metro del DC, ¿se detendría la gente a escucharla?

Casi nadie se dio cuenta. Veintisiete personas se pararon a escuchar. Mil setenta pasaron de largo. Casi nadie se dio cuenta cuando el mundialmente conocido violinista Josué Bell tocó una de las músicas más elegantes jamás escritas en uno de los violines más valiosos jamás fabricados. Unos treinta y dos dólares cayeron en el maletín que ordinariamente contenía un violín de tres millones de dólares. El periodista Gene Weingarten recibió un Pulitzer por su artículo sobre este no-evento. (He extraído parte de mi descripción de su historia).

Aquellos que han recibido mis correos electrónicos habrán notado mi frase distintiva al pie; sea inteligente; sea racional; sea responsable; esté en el Amor; y si es necesario, cambie.

La primera frase, esté atento, se refiere a notar. Se trata de estar atentos a todos nuestros sentidos, a lo que vemos, oímos, tocamos, saboreamos y olemos. Se trata de estar atentos a nuestra experiencia, a nuestra imaginación, a las voces y los corazones de quienes nos rodean. No estar entre los que apenas se dan cuenta.

Ocho años después, Josué Bell volvió a intentarlo. Esta vez fue anunciado, y se vistió con su atuendo de concierto. La zona estaba llena de gente. La gente no solo se detuvo a escuchar; sino que vino a escuchar.

"Sin duda, no merecemos la gracia", reflexionó Jim Naughton, de *Canticle Communications*, "pero lo que debemos tener en cuenta es el hecho de no reconocerla". Continúa:

> Lleva la ropa equivocada... se presenta en los lugares equivocados... en los momentos equivocados. Se presenta bajo la apariencia de personas que generalmente evitamos. Apenas nos damos cuenta. No vemos lo que es.
>
> Tomamos la palabra de otros—expertos, equipos de avanzada—para saber qué es la gracia y qué no, cuándo debemos prestar atención y cuándo podemos pasar de largo.
>
> Quizás no confiamos en nosotros mismos para reconocer y responder a la gracia cuando la vemos o la oímos. O tal vez la vida está construida de tal manera que la gracia necesita referencias y un lugar en nuestro calendario antes de que podamos darle la debida importancia.
>
> Henry James instó una vez a los lectores: "Intenta ser uno de esos en los que nada se pierde". Esta es una de las pocas disciplinas espirituales que todavía tienen sentido para mí.[44]

Oremos: Guíanos, Dios de toda bondad. Que estemos atentos a nuestra experiencia, a las voces y a los corazones de quienes nos rodean; acertados en nuestra interpretación de lo que hemos atendido; racionales en nuestros juicios; responsables en nuestras decisiones; y siempre abiertos a la conversión interior, a la transformación en tu verdad y tu amor.

Sé una persona en la que nada se pierde. Especialmente la gracia. No seas de los que apenas se dan cuenta. Sé atento. Permanece en el Amor.

---

44. Jim Naughton, "An Analogy for Grace," *Episcopal Café*, September 25, 2014. https://www.episcopalcafe.com/an_analogy_for_grace/

NOVENO CAPÍTULO

Los sacramentos: símbolos de gracia

Los sacramentos

Jim Naughton sugiere que "Tal vez no sabemos reconocer y responder a la gracia cuando la vemos o la oímos. O tal vez la vida está construida de tal manera que la gracia necesita referencias y un lugar en nuestro calendario para que podamos darle su importancia".[45] Los sacramentos de la Iglesia son precisamente esas referencias que nos invitan a detenernos, a fijarnos y a abrirnos a la conversión. Los sacramentos median la gracia. El mayor signo externo que Dios nos dio de su amor fue Jesús. Dios vino al mundo en la persona de Jesús, que nació en un momento y lugar determinado. Jesús sufrió por nosotros en la cruz y resucitó, venciendo a la muerte.

Dios sigue estando presente en nuestras vidas a través de los sacramentos. El Libro de Oración Común define los **sacramentos** como: "signos externos y visibles de una gracia interna y espiritual, dados por Cristo como medios seguros y eficaces por medio de los cuales recibimos esa gracia". (LOC, 750). La Iglesia Episcopal reconoce dos grandes sacramentos de la Biblia (el bautismo y la Eucaristía) y cinco ritos sacramentales (la confirmación, la ordenación, el santo matrimonio, la reconciliación de los penitentes y la unción de los enfermos). En Cristo, Dios vino a habitar entre nosotros. A través del Espíritu Santo, Dios y Cristo siguen habitando entre nosotros. En los sacramentos reconocemos la presencia activa de Dios en nuestras vidas.

---

45. Ibid.

Cada sacramento tiene algo visible o sensiblemente perceptible. Podemos ver y oír el agua que se vierte en la pila bautismal. Los bautizados se mojan. Vemos y sentimos la imposición de manos en la confirmación y la ordenación, y el intercambio de anillos en el matrimonio. Vemos, sentimos, olemos, probamos y tocamos el pan y el vino de la Eucaristía.

> Porque en Dios vivimos, nos movemos y existimos; como también algunos de los poetas de ustedes dijeron: "Somos descendientes de Dios." (Hechos 17:28). Como somos seres físicos, Dios se nos revela a través de nuestros sentidos. Los sacramentos reflejan esa realidad.

Esté atento a cómo Dios le llama a estar en el Amor. ¿Qué significa eso para su vida? ¿Cómo se relacionan las invitaciones de Dios a estar en el Amor con los sacramentos de la Iglesia? ¿Cómo podría responder una y otra vez?

Signos visibles al exterior

Los signos y gestos de los sacramentos son símbolos vivos de que Dios, Jesucristo y el Espíritu Santo están vivos en nuestras experiencias humanas, transformándonos a imagen y semejanza de Dios. En cada sacramento, hay un signo externo que media una transformación interna del espíritu humano mediante la gracia. El agua del bautismo significa morir y renacer, comer y beber significa refrescarse y restaurarse, la imposición de manos significa el poder del Espíritu Santo, un anillo significa la unión, y el aceite significa fortalecer o curar. A través de los sacramentos, Cristo entra en nuestras vidas y continúa la obra redentora de Dios. Dios está con nosotros aquí y ahora, en nuestras vidas hoy y todos los días de manera muy real y tangible.

Gracia espiritual interna

El poder de los sacramentos viene de Dios. La gracia, después de todo, no es algo que podamos ganar o conseguir: Dios la da gratuita y abundantemente. Y el efecto de la gracia no depende de la fe personal o del carácter moral de quien administra un sacramento ni de la fe de quien lo recibe, sino del poder del Espíritu Santo.

Recordemos la historia que Bill contó sobre Josué Bell. La primera vez que tocó en Union Station, en Washington, DC, sin anunciarse, cientos de personas pasaron por delante de él sin darse cuenta. Aunque la gracia es un don gratuito de Dios, podemos prepararnos para notar, recibir y responder a la gracia transformadora de Dios. En respuesta al don del bautismo, nos alejamos del mal y aceptamos a Jesucristo como nuestro mayor valor. En la Sa-

LOS DOS GRANDES SACRAMENTOS

	Signo visible al exterior	Gracia espiritual interna
Bautismo	agua	■ muerte al pecado ■ nacimiento en la familia de Dios
Eucaristía	pan y vino	■ cuerpo y sangre de Cristo ■ perdón de los pecados ■ fortalecimiento de nuestra unión con Cristo y entre nosotros ■ anticipo del banquete celestial

CINCO RITOS SACRAMENTALES

	Signo visible al exterior	Gracia espiritual interna
Confirmación	imposición de manos por un obispo	■ fortalecimiento del Espíritu Santo
Matrimonio	intercambio de anillos y de votos	■ amor de Cristo por la Iglesia
Reconciliación de un Penitente	absolución dada por un sacerdote	■ perdón de los pecados ■ fuerza para una vida correcta
Unción	aceite y/o imposición de manos	■ sanación de mente, cuerpo y espíritu
Ordenación	imposición de manos por un obispo para un sacerdote y un diácono y por tres obispos para la consagración de un obispo	■ autoridad y gracia del Espíritu Santo

grada Eucaristía, antes de recibir el pan y el vino, examinamos nuestra vida, nos arrepentimos de nuestros pecados y restablecemos las relaciones correctas con los demás. En cada sacramento respondemos al amor de Dios.

Dios derrama su gracia sobre todos, pero como la semilla que cae en terreno pedregoso o en tierra fértil, nuestra respuesta puede impedir que esa semilla eche raíces o puede alimentar esa semilla de gracia para que dé fruto. Por lo tanto, consideremos a cada uno de los sacramentos y exploremos los signos externos, las gracias internas y lo que podemos hacer para que la semilla plantada por la gracia crezca fuerte en nosotros.

Bautismo

¿No saben ustedes que, al quedar unidos a Cristo Jesús en el bautismo, quedamos unidos a su muerte? Pues por el bautismo fuimos sepultados con Cristo, y morimos para ser resucitados y vivir una vida nueva, así como Cristo fue resucitado por el glorioso poder del Padre. (Romanos 6:3–4)

En la Iglesia Episcopal bautizamos en el nombre del Padre, del Hijo y del Espíritu Santo. El **bautismo** es la iniciación plena por el agua y el Espíritu Santo en el Cuerpo de Cristo, la Iglesia. Por el bautismo entramos en una relación de alianza con Dios, que nos adopta en su familia y nos hace miembros del cuerpo de Cristo, la Iglesia. Como tal, es un sacramento necesario para todos los cristianos y es el fundamento de toda participación y ministerio en la Iglesia.

Signo externo y visible

El agua del bautismo es rica en historia y simbolismo cristiano. Dios sopló sobre las aguas en la creación. Dios condujo a Israel a través del Mar Rojo hasta la Tierra Prometida. En el agua Jesús fue bautizado por Juan y ungido por el Espíritu Santo. El agua con la que bautizamos es esta misma agua de creación, liberación y renacimiento.

Gracia interna y espiritual

Por nuestro bautismo compartimos las experiencias de la creación, la libertad de los israelitas y el bautismo de Jesús. Por nuestro bautismo también compartimos la muerte y la resurrección de Jesucristo. Como dijo Pablo a los romanos en el pasaje bíblico que inicia esta sección, en el bautismo nuestro viejo yo muere. Nuestros pecados son lavados. Somos sepultados con Cristo en su muerte, y también compartimos su resurrección. Al igual que irrumpimos en este mundo a través de las aguas del vientre materno, salimos de las aguas del bautismo como una nueva creación, renacidos en la familia de Dios

LOS SACRAMENTOS: SÍMBOLOS DE GRACIA   **217**

y marcados como propiedad de Cristo para siempre. Por el bautismo compartimos, como el antiguo Israel, la promesa del reino de Dios. Por el bautismo entramos en la comunidad de los creyentes. Somos cambiados para siempre, al igual que la comunidad. La gracia interior y espiritual del bautismo es cuádruple: unión con Cristo, nacimiento en la familia de Dios, perdón de los pecados y nueva vida en el Espíritu Santo.

Si los sacramentos son encuentros del tipo "para qué" con la divinidad, ¿cuál es el "para qué" del bautismo?

El bautismo es la plena iniciación en el Cuerpo de Cristo. Nada puede quitarnos la condición de miembros. En el bautismo somos sellados por el Espíritu Santo y marcados como propiedad de Cristo *para siempre*.

En la Iglesia primitiva, los adultos que se preparaban para el bautismo, llamados **catecúmenos**, estudiaban durante dos o tres años antes de ser bautizados. Los catecúmenos podían asistir a los servicios cristianos, pero solo a la Liturgia de la Palabra. Los no bautizados debían salir antes de la Eucaristía. Una vez que sus vidas se ajustaban a las enseñanzas de Cristo y su fe era fuerte, eran bautizados. Solo después del bautismo se les permitía participar plenamente en los santos misterios, es decir, en la Eucaristía. Ser cristiano en los primeros siglos del primer milenio era muy diferente a lo que es hoy. El mundo era hostil a los cristianos. Y ser cristiano podía significar renunciar a los medios de vida para vivir correctamente. Los años de preparación dieron a los cristianos noveles los conocimientos y la fuerza necesarios para perseverar en su nueva fe.

Hoy en día, la Iglesia Episcopal sigue exigiendo a los candidatos al bautismo que hagan ciertas cosas y promesas. Deben prometer alejarse del mal (renunciar a Satanás) y volverse hacia Jesucristo (aceptar a Jesús como su Salvador). En las liturgias antiguas, los candidatos miraban hacia el oeste (el sol poniente) para renunciar a Satanás y se volvían físicamente hacia el este (el sol naciente) para profesar su fe en Dios. Hoy, en el servicio del Santo Bautismo, los candidatos recuerdan esta práctica primitiva renunciando tres veces a Satanás y aceptando tres veces a Jesús en

Una paloma que simboliza el Espíritu Santo se cierne sobre una pila de pedestal.

sus vidas. Cuando los bebés son bautizados, los padres y padrinos hacen estas declaraciones en su nombre.

Durante el rito bautismal, la congregación promete apoyar al recién bautizado en su vida en Cristo. El bautismo transforma no solo al bautizado, sino a todo el Cuerpo de Cristo, a cada miembro de la Iglesia. Junto con el candidato, la comunidad renueva el Pacto Bautismal: profesando una fe en Dios Padre, Jesucristo, el Hijo de Dios, y Dios Espíritu Santo y haciendo la promesa de seguir viviendo una vida en Cristo.

Eucaristía

Cuando llegó la hora, Jesús y los apóstoles se sentaron a la mesa. Jesús les dijo:
—¡Cuánto he querido celebrar con ustedes esta cena de Pascua antes de mi muerte! Porque les digo que no la celebraré de nuevo hasta que se cumpla en el reino de Dios.

Entonces tomó en sus manos una copa y, habiendo dado gracias a Dios, dijo:
—Tomen esto y repártanlo entre ustedes; porque les digo que no volveré a beber del producto de la vid, hasta que venga el reino de Dios.
Después tomó el pan en sus manos y, habiendo dado gracias a Dios, lo partió y se lo dio a ellos, diciendo:
—Esto es mi cuerpo, entregado a muerte en favor de ustedes. Hagan esto en memoria de mí.
Lo mismo hizo con la copa después de la cena, diciendo:
—Esta copa es la nueva alianza confirmada con mi sangre, la cual es derramada en favor de ustedes. (Lucas 22:14–20)

En el último capítulo hemos analizado con detalle la Sagrada Eucaristía. Aquí nos centramos en el pan y el vino de la Eucaristía como signos de la presencia de Jesús. La Sagrada Eucaristía nos sostiene en la relación de alianza con Dios que se inició en el bautismo, y nos capacita para dar testimonio del amor de Dios. En la Última Cena, Jesús instituyó la Eucaristía con estas palabras: "Hagan esto como memorial mío". Jesús tomó pan; dio gracias, lo partió y lo dio a sus discípulos, y dijo: "Tomen y coman. Este es mi Cuerpo, entregado por ustedes".[46] El pan y el vino son los signos exteriores y visibles de la gracia interior y espiritual del cuerpo y la sangre de Cristo.

---

46. 1 Corintios 11:23–26.

Según la creencia anglicana, el cuerpo y la sangre de Cristo están realmente presentes en el pan y el vino consagrados. Esta doctrina se llama **Presencia Real**. Según esta creencia, no es fundamental saber cómo está presente Cristo en los sacramentos. Lo central es la creencia de que al comer el pan y el vino los receptores se unen en comunión con Cristo. Esta doctrina contrasta con la **transubstanciación**, una creencia católica romana y ortodoxa según la cual, cuando se consagra, la sustancia del pan y el vino se transforman en la sustancia del cuerpo y la sangre de Cristo, mientras que la apariencia como pan y vino sigue siendo la misma. La Iglesia Episcopal adopta la teología de la Presencia Real.

Puedes escuchar la doctrina de la Presencia Real en las palabras de la Plegaria Eucarística A:

> Santifícalos con tu Espíritu Santo, y así serán para tu pueblo el Cuerpo y la Sangre de tu Hijo, la santa comida y la santa bebida de la vida nueva en él (LOC, 286)

El que preside pide que Cristo esté presente para el pueblo.

A través de la celebración de la Sagrada Eucaristía recordamos la vida, la muerte y la resurrección de Jesús y esperamos la venida de Cristo en gloria. Entendemos la celebración de la Eucaristía como un **memorial**, no como una recreación de un evento pasado de la Última Cena. Más bien, la Eucaristía es la aclamación de una realidad presente de Cristo entre nosotros, un sacrificio vivo, para nosotros hoy. La Eucaristía nos hace presentes hoy los actos salvadores de Dios a lo largo de la historia y la realidad futura de nuestra unión con toda la creación.

Habiendo sido invitado, a través de la Eucaristía, a estar en el Amor transformado, ¿cómo vives el amor de Dios?

Una forma de comprender lo que entendemos por memorial es fijándonos en la palabra *anamnesis*. La **anamnesis** es una forma activa de hacer memoria que conecta el pasado con el presente de forma que nos permite convertirnos en un participante presente de los acontecimientos pasados. ¿Alguna vez ha olido un perfume que le recordó tanto a una persona que casi podía oír su voz hablándole o escuchar el patrón de sus pasos cerca? Usted mira a su alrededor, sintiendo su presencia como si estuviera con usted. Eso es parecido a la anamnesis: el recuerdo de un acontecimiento pasado de tal manera que se hace presente para usted hoy. La anamnesis es también recordar algo que aún

Los elementos de la Eucaristía: el pan y el vino.

no ha sucedido, como el futuro reino de Dios que aún no se ha realizado. Cuando comemos el pan y bebemos el vino, recibimos un anticipo del reino de Dios y nos convertimos en las personas que viven en ese reino.

En la Eucaristía, los acontecimientos pasados que se hacen presentes son las acciones salvadoras de Dios a lo largo de la historia: en la creación, en la alianza hecha con Israel y, sobre todo, enviando a su único hijo a habitar entre nosotros, permitiéndole morir en la cruz y resucitándolo. No solo se nos hacen presentes los acontecimientos pasados, sino también del futuro, cuando nos hacemos plenamente uno con Dios.

Otra palabra—*kairós*—podría ayudar. Usted y yo estamos más familiarizados con una progresión lineal del tiempo con un pasado, un presente y un futuro bien definidos; piense por ejemplo en las líneas de tiempo de los libros de texto de historia. Este tipo de tiempo de reloj se llama *cronos*. Pero hay otra forma de pensar en el tiempo. El **kairós** trasciende el tiempo y, en cambio, define la *calidad* de un momento concreto. En el *kairós* de la Eucaristía, podemos participar en todos los actos salvadores de Dios—pasados, presentes y futuros—cuando Dios nos acerca a él. A través de la Eucaristía se nos perdonan nuestros pecados pasados, se nos fortalece en nuestra unión actual con Cristo y se nos da una probada del cielo. Jesús hablaba a menudo del cielo como de una mesa servida con esmero. Por eso, una imagen que utilizamos habitualmente para referirnos al cielo es la de un banquete. En el *kairós*, el tiempo se colapsa en un momento, en la Eucaristía: una dosis concentrada de comunión con Dios y con toda la creación.

Confirmación

Jesús volvió a Galilea lleno del poder del Espíritu Santo, y se hablaba de él por toda la tierra de alrededor. Enseñaba en la sinagoga de cada lugar, y todos le alababan.

Jesús fue a Nazaret, el pueblo donde se había criado. El sábado entró en la sinagoga, como era su costumbre, y se puso de pie para leer las Escrituras. Le dieron a leer el libro del profeta Isaías, y al abrirlo encontró el lugar donde estaba escrito:

«El Espíritu del Señor está sobre mí,
porque me ha consagrado
para llevar la buena noticia a los pobres;
me ha enviado a anunciar libertad a los presos
y dar vista a los ciegos;
a poner en libertad a los oprimidos;
a anunciar el año favorable del Señor.»

Luego Jesús cerró el libro, lo dio al ayudante de la sinagoga y se sentó. Todos los que estaban allí tenían la vista fija en él. Él comenzó a hablar, diciendo:
—Hoy mismo se ha cumplido la Escritura que ustedes acaban de oír.
Todos hablaban bien de Jesús y estaban admirados de las cosas tan bellas que decía. Se preguntaban:
—¿No es éste el hijo de José? (Lucas 4:14–22)

En este pasaje, Jesús anuncia a su pueblo natal que ha sido llamado a servir. A los ojos de sus conciudadanos, Jesús había pasado de ser un bebé presentado a Dios en el Templo a un joven que leía en la sinagoga, manifestando su propósito. Los ancianos, al ver al hijo de José, estaban asombrados, y probablemente un poco sorprendidos al oírle anunciar el ministerio que Dios le había encomendado.

En el bautismo renacemos, como los niños, en una nueva familia de Dios. A medida que avanzamos en la vida, como Jesús, crecemos en la comunidad. A través de la experiencia y el aprendizaje adquirimos conocimiento de Cristo, de nuestro llamamiento, de nosotros mismos, de nuestra comunidad y de nuestro llamado a servir a los demás. A través de la práctica, ejercitamos y fortalecemos nuestros dones para el ministerio.

La fe no es algo que ocurra de una vez por todas. El cristianismo es una práctica en la que profundizamos en nuestra comprensión y compromiso con Dios. Como comunidad, renovamos nuestras promesas bautismales en cada bautismo. También podemos afirmar nuestra fe proclamada en el bautismo y renovar nuestras promesas bautismales como el llamado que nos hace Dios mediante un sacramento denominado confirmación. La **confirmación** es el rito en el que hacemos un compromiso maduro con Cristo y recibimos la fuerza continua

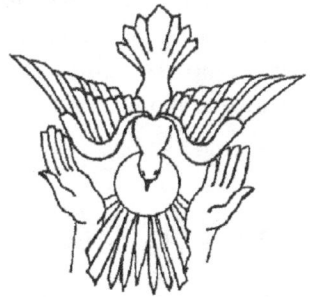

En la confirmación recibimos la fuerza continua del Espíritu Santo.

del Espíritu Santo. Durante el rito de la confirmación reafirmamos nuestro rechazo al mal y renovamos nuestro compromiso con Jesucristo. Al igual que en el bautismo, la congregación promete hacer todo lo posible para apoyar a los candidatos en su vida en Cristo. Acto seguido, los candidatos y la congregación renuevan juntos el Pacto Bautismal.

Signo externo y visible y gracia interna y espiritual

Después de que los candidatos a la confirmación renuevan el Pacto Bautismal, el obispo impone sus manos sobre ellos, pidiendo a Dios que fortalezca y defienda al candidato y lo capacite para el ministerio. Esto sigue el ejemplo de Jesús, quien impuso las manos a los que sanaba y bendijo numerosas veces a lo largo de su ministerio. Este contacto físico ilustra poderosamente el poder y la protección concedidos a quien es bendecido. El obispo también ora, pidiendo a Dios que le dé al candidato la fuerza del Espíritu Santo, el poder para el ministerio y el sustento para seguir viviendo en Cristo.

Los candidatos a la confirmación deben ser miembros bautizados del Cuerpo de Cristo. Dado que la confirmación es un compromiso maduro con una vida en Cristo, los candidatos deben conocer la fe cristiana: lo que los cristianos creen y lo que significa seguir a Cristo. Los candidatos también deben confesar sus pecados y estar dispuestos a proclamar a Jesucristo como su Señor y Salvador.

El signo externo de la confirmación es la imposición de manos; la gracia interna es el fortalecimiento por el Espíritu Santo.

Recuerde que los bautizados son miembros de pleno derecho del Cuerpo de Cristo. La confirmación no completa su iniciación, ni es necesario estar confirmado para recibir la Comunión. La confirmación es una oportunidad para que los bautizados hagan una afirmación de fe madura e independiente, y para que el obispo confirme la bendición de la Iglesia.

Matrimonio

Ustedes, hermanos, han sido llamados a la libertad. Pero no usen esta libertad para dar rienda suelta a sus instintos. Más bien sírvanse los unos a los otros por amor. Porque toda la ley se resume en este solo mandato: «Ama a tu prójimo como a ti mismo.» (Gálatas 5:13–14)

Todas las personas están llamadas a mantener relaciones de fidelidad con los demás. Algunos están llamados a entrar en una unión de alianza de por vida con otra persona y buscan hacer sus votos ante Dios en la Iglesia y recibir la bendición de Dios. El sacramento que promulga esa unión es el rito del **matrimonio**. En la Iglesia Episcopal, el matrimonio es el rito sacramental que une a dos personas ante Dios y el pueblo de Dios para la alegría mutua, y con la intención de un compromiso de por vida. En este rito, las dos personas prometen su amor y sus vidas la una a la otra ante Dios, y la congregación promete hacer todo lo posible para apoyar a la pareja en su matrimonio. A menudo, la pareja se intercambia los anillos como signo de los votos por los que se unen la una a la otra. Los anillos son el signo externo de la gracia interior de la unión. La liturgia con la que las dos personas hacen sus votos y reciben la bendición de Dios se llama Celebración y Bendición del Matrimonio.

El signo externo del matrimonio es el intercambio de anillos y votos; la gracia interior es el amor de Cristo por la Iglesia.

Una relación pactada

El matrimonio es un pacto que refleja la relación de Dios con su pueblo elegido y la relación de Cristo con la Iglesia. Como ya hemos comentado, nuestra relación con Dios es una relación de alianza. Dios inició una alianza con los israelitas a través de la Torá en la que prometió ser su Dios y hacerlos pueblo suyo, exigiéndoles "ser fieles; amar la justicia, practicar misericordia y caminar humildemente con su Dios" (LOC, 739). Dios renovó el pacto por medio de Cristo, concediendo a todas las personas la salvación y exigiendo que creamos en Cristo y guardemos sus mandamientos. Tanto en el Nuevo Pacto a través de Jesús como en el Antiguo Pacto a través de la Torá, Dios hace promesas y el pueblo está obligado, mas no forzado, a responder. Vivir en la alianza significa actuar como pueblo de Dios.

Los que se casan llegan a conocer profundamente el pasaje bíblico que inicia esta sección. Cada persona sirve libremente a la otra y honra el mandamiento central de amar al prójimo como a uno mismo. Han prometido amarse, consolarse, honrarse y guardarse y, renunciando a todos los demás, ser fieles el uno al otro. Han pro-

IHS, el tradicional monograma de Jesús, mantiene unidas dos alianzas entrelazadas.

metido amarse y servirse mutuamente en todas las circunstancias de la vida. Todas las parejas se enfrentan a situaciones difíciles en algún momento de su vida en común, pero aunque discutan, han prometido amarse mutuamente. Si uno se enferma, el otro ha prometido cuidarle. Honrar una relación de alianza puede ser un arduo trabajo.

Dios ha unido a la pareja y les ha dado abundante gracia y poder para cumplir sus promesas. Durante la ceremonia matrimonial, el sacerdote pide la bendición y la ayuda de Dios para mantener las promesas de fidelidad y de amor constante de la pareja. En una ceremonia pública, la comunidad cristiana también promete apoyar a la pareja en su matrimonio.

El fruto de una relación pactada

El matrimonio es un regalo de Dios que da mucho fruto: alegría mutua, compañerismo, generosidad, hospitalidad. Una pareja casada da testimonio del fruto del Evangelio. Cuando es la voluntad de Dios, el matrimonio es también para la procreación de los hijos y su crianza. Añadimos "cuando es la voluntad de Dios" porque no todas las parejas tienen hijos. El sacramento del matrimonio concede la gracia a una pareja y a una comunidad, independientemente de una finalidad que va más allá de que dos personas se comprometan para toda la vida en el amor y con el Espíritu Santo. El propio compromiso es una nueva vida creada por el amor.

La intimidad sexual forma parte de la creación de Dios y refuerza la unión de dos personas. Une a dos personas comprometidas en el matrimonio en comunión de cuerpo y alma, vinculando a los dos en compañía mutua y fortaleciendo su vida en común. La intimidad sexual es una de las formas en que una pareja casada expresa su profundo y permanente amor mutuo.

Reconciliación de un penitente

> Luego Jesús les dijo otra vez:
> —¡Paz a ustedes! Como el Padre me envió a mí, así yo los envío a ustedes.
> Y sopló sobre ellos, y les dijo:
> —Reciban el Espíritu Santo. A quienes ustedes perdonen los pecados, les quedarán perdonados; y a quienes no se los perdonen, les quedarán sin perdonar. (Juan 20:21-23)

"Paz a ustedes". Estas son las primeras palabras que el Cristo resucitado dijo a los discípulos en el Evangelio según Juan. Jesús habría utilizado la palabra hebrea *shalom*, que tiene un significado amplio que incluye la plenitud, la salud, la prosperidad y las relaciones correctas. Justo después de darles su paz, Jesús dice a sus discípulos que perdonen los pecados en su nombre. El perdón es fundamental para nuestra vida como cristianos y para el *shalom*. Así es como los discípulos debían devolver la integridad al Cuerpo de Cristo: perdonando.

Dios anhela nuestro regreso. Y nuestra propia inclinación a pedir perdón proviene de este deseo. Practicamos la confesión y recibimos el perdón regularmente en nuestro servicio de adoración. Los domingos confesamos que no hemos amado a Dios con todo nuestro corazón y que no hemos amado a nuestro prójimo como a nosotros mismos. Mencionamos las formas en que nos hemos alejado de los deseos de Dios para nosotros y pedimos perdón. El sacerdote pronuncia el perdón de Dios. Como pueblo reconciliado entre sí, compartimos entonces la paz, la misma paz que Cristo ofreció a los discípulos.

Símbolo de la reconciliación creado por el artista episcopal Jan Neal.

También podemos confesar nuestros pecados en el sacramento de la reconciliación. **La reconciliación de un penitente** es "el rito por el cual los que se arrepienten de sus pecados pueden confesarlos a Dios en presencia de un sacerdote, y recibir la seguridad del perdón y la gracia de la absolución". (LOC, 753). El signo externo y visible de la reconciliación es la imposición de manos. La gracia interior y espiritual es la restauración de una relación correcta con Dios y el Cuerpo de Cristo.

Errar el blanco

Para entender la necesidad de arrepentimiento y reconciliación, veamos qué es el pecado. No siempre vivimos según la voluntad de Dios para nosotros. Muchas veces ni siquiera escuchamos lo que Dios desea de nosotros y mucho menos lo atendemos. Nuestros propios deseos y egos se interponen, y nuestras elecciones no se ajustan a la voluntad de Dios. La palabra hebrea para pecado, *het*, traducida literalmente significa "errar el blanco". Cuando pecamos no estamos a la altura de la imagen de Dios en la que fuimos creados; no alcanzamos el blanco de lo que Dios quiere para nosotros.

El Catecismo define el pecado como "seguir nuestra voluntad en lugar de la voluntad de Dios, deformando así nuestra relación con él, con las otras personas y con toda la creación". (LOC, 741). Los Diez Mandamientos establecen explícitamente nuestro deber para con Dios y con el prójimo. Las acciones contrarias a estos mandamientos distorsionan nuestra relación con Dios y con los demás.

Jesús nos dio los dos mandamientos de los que penden toda la ley y los profetas: "Ama al Señor tu Dios con todo tu corazón, con toda tu alma y con toda tu mente" y "Ama a tu prójimo como a ti mismo". Estos dos mandamientos proporcionan la base para examinar nuestras vidas y discernir cuándo hemos errado el blanco. ¿Cuándo no ha amado a Dios? ¿Cuándo no se ha amado a sí mismo? ¿Cuándo no ha amado a su prójimo?

Arrepentirse: cambiar de dirección

Dios anhela nuestro perdón y nuestra paz. Dios envió a Jesús para reconciliarnos con él. Y Cristo resucitado proclamó el deseo de Dios a los discípulos con su saludo de "paz". Dios ofrece continuamente la gracia sanadora y el perdón. Nuestra parte consiste en examinar nuestras vidas, arrepentirnos de nuestros pecados, y hacer firme nuestra decisión de enmendarlos. Estamos llamados a arrepentirnos como parte habitual de nuestro culto común. La Oración Matutina, la Oración Vespertina y la Santa Eucaristía incluyen la oportunidad de que la comunidad se confiese junta y ofrezca una absolución general. Para algunos, una absolución general no satisface sus necesidades de arrepentimiento y reconciliación. Es posible que necesiten ayuda y consejo para enmendarse o que hayan cometido una ofensa grave por la que dudan que puedan ser perdonados. Pueden necesitar la fuerza de la Iglesia para aceptar sus pecados y pedir perdón. El rito de la reconciliación proporciona el beneficio de la absolución, la seguridad del perdón, el consejo espiritual y el fortalecimiento de la fe. El rito sacramental de la reconciliación nos ayuda a cambiar nuestro corazón y nos orienta a vivir según la voluntad de Dios.

Preparación para la reconciliación

La gracia perdonadora de Dios se nos ofrece siempre, abundantemente, incluso antes de que nos hayamos alejado de Dios. El perdón no es algo que nos ganemos; Dios nos perdona gratuitamente. Respondemos a esta gracia reconociendo nuestra necesidad de cambiar. La gracia de Dios es la fuente de nuestro arrepentimiento. Nos preparamos para el rito de la reconciliación:

1. Examinar nuestras acciones e inacciones para detectar la infidelidad.
2. Expresar nuestro arrepentimiento y dolor.
3. Definir nuestra decisión de ajustarnos a la voluntad de Dios.

En cada una de ellas, reconocemos nuestra total dependencia de la gracia de Dios. Necesitamos a Dios para saber en qué hemos fallado. Es porque Dios lo quiere, que sentimos arrepentimiento y pena. Y es con la fuerza de Dios que trabajamos para ajustarnos a su voluntad.

El rito de la reconciliación

El rito de la reconciliación puede tener lugar en cualquier sitio. Dondequiera que dos se encuentren en nombre de Cristo, Cristo estará presente. Pero generalmente, el penitente y el sacerdote se encuentran cara a cara en el despacho o estudio del sacerdote, o en la iglesia.

El penitente comienza pidiendo una bendición. Esto demuestra que necesitamos la ayuda de Dios para examinarnos y confesar nuestros pecados. La bendición de Dios es la fuente de nuestro deseo de arrepentimiento. El penitente continúa confesando a Dios y a la Iglesia sus ofensas, resolviendo enmendar sus pecados y pidiendo el perdón de Dios. El sacerdote sirve como testigo de la confesión. Después de la confesión, el sacerdote responde ofreciendo consejo y asesoramiento y luego impone las manos al penitente y pronuncia el perdón de Dios. El penitente da gracias a Dios. El sacerdote concluye con una despedida y una solicitud de oración. Esta petición final nos recuerda que el penitente y el sacerdote están juntos en la necesidad de la misericordia de Dios.

El Evangelio nos dice que el impulso de arrepentimiento y el deseo de perdón surgen del anhelo previo de Dios por nuestra reconciliación. -Martin L. Smith, S.S.J.E.[47]

El papel del sacerdote. Nos confesamos y recibimos la absolución de un sacerdote por diversas razones. A los que sirven como sacerdotes se les reconocen los dones de sabiduría y consejo necesarios para aconsejar sabiamente. Pero lo más importante es que somos perdonados por aquellos a quienes hemos ofendido. Como los pecados son una ofensa a Dios, solo Dios puede perdonar. Dios dio a Jesús la autoridad para perdonar los pecados, y Jesús dio esa autoridad a los apóstoles. A través de la imposición de manos durante la ordenación, esta autoridad también se otorga a los sacerdotes. Por lo tanto, los sacerdotes tienen la autoridad de proclamar el perdón de Dios en nombre de Dios. Una segunda razón por la que nos confesamos con un sacerdote es que los pecados debilitan las relaciones de toda la comunidad. Dado que un sacerdote es un símbolo para la comunidad del Cuerpo de Cristo, un sacerdote también está concediendo el perdón en nombre de la comunidad. A través de la reconciliación, nuestra relación con Dios, con los demás y con la creación se endereza.

Confidencialidad. Usted puede esperar que una confesión sea confidencial. En la mayoría de los casos, un sacerdote no puede revelar el contenido de una confesión a nadie. El derecho civil de los Estados Unidos respeta esta confidencialidad, de modo que ni siquiera un tribunal de justicia puede obligar a

---

47. Martin L. Smith, S.S.J.E., *Reconciliation* (Cambridge, MA: Cowley Publications, 1985), 2.

un sacerdote a contar lo que se dice en la confesión. Esto proporciona al penitente la seguridad de un silencio total. Los pecados revelados se mantienen en el abrazo amoroso de Dios y en el silencio de la Iglesia.

Sanación de los enfermos

> Si alguno está enfermo, que llame a los ancianos de la iglesia, para que oren por él y en el nombre del Señor lo unjan con aceite. Y cuando oren con fe, el enfermo sanará, y el Señor lo levantará; y si ha cometido pecados, le serán perdonados. (Santiago 5:14–15)

Este pasaje de Santiago nos dice que la sanación sirve para dos cosas: para levantar al enfermo y para perdonar sus pecados. La **sanación de los enfermos** es "el rito de ungir a los enfermos con óleo, o de imponerles las manos, por medio del cual la gracia de Dios les es dada para sanidad de espíritu, mente y cuerpo". (LOC, 754).

Signo externo y visible

El signo externo y visible de la sanación es la unción con aceite y/o la imposición de manos. El aceite se ha utilizado con fines terapéuticos desde la antigüedad. El buen samaritano atendió al hombre que había sido asaltado vendando sus heridas con aceite y vino. Los discípulos ungían a los enfermos tocándolos con aceite. El aceite se filtra en los poros de la piel, penetrando profundamente en el cuerpo. Las curaciones de Jesús ponen de manifiesto la importancia del tacto para la sanación. Jesús frotó con saliva los ojos de un ciego y le devolvió la vista. Una mujer enferma tocó el manto de Jesús y quedó curada. Jesús puso sus dedos en los oídos de un sordo y le devolvió la audición. En efecto, el contacto afectuoso de otra persona puede ser reconfortante y sanador.

Gracia interna y espiritual

La sanación es un sacramento de fe que continúa el ministerio de sanación de Jesús. A través de la sanación, Jesús sanó a personas y comunidades y proclamó que el reino de Dios sería restaurado. El rito de la sanación eleva a los enfermos al poder sanador de Dios, que aporta la fuerza, el valor y la paz necesarios para afrontar las realidades de nuestro mundo quebrantado, incluidas la enfermedad y el dolor mental y físico. La enfermedad debilita el espíritu. La sanación busca fortalecerlo. La enfermedad puede aislar a los individuos. La sanación busca devolver al enfermo a la comunidad, trayendo plenitud a todos sus miembros. La enfermedad trae consigo la desesperación. La sanación busca renovar la esperanza.

El signo externo de la sanación es la imposición de manos y la unción con aceite. La gracia interior es la sanación del cuerpo, la mente y el espíritu.

La sanación puede hacerse en privado o en público. Muchas iglesias ofrecen la sanación como parte del servicio dominical. Durante el rito de sanación, el sacerdote impone sus manos sobre la persona y reza a Dios para que la cure. Si se ofrece la unción, el sacerdote moja un pulgar en el aceite y hace la señal de la cruz en la frente de la persona, ungiéndola en el nombre del Padre y del Hijo y del Espíritu Santo.

Sanar no significa necesariamente curar. Cuando buscamos una cura, estamos buscando el fin de una enfermedad o dolencia. Ser curado puede significar que la enfermedad ha desaparecido. Oímos muchas historias de Jesús sanando a la gente milagrosamente: los mendigos fueron curados, los ciegos pudieron ver y los cojos pudieron caminar. Pero la sanación también puede consistir en recibir la fuerza para vivir con una enfermedad o para crecer espiritualmente como resultado de vivir con la enfermedad. La sanación también puede consistir en reparar relaciones rotas. La imposición de manos y la unción con aceite hace que Cristo y el poder de sanación de Cristo estén presentes en nosotros.

Ordenación

Jesús recorría todos los pueblos y aldeas, enseñando en las sinagogas de cada lugar. Anunciaba la buena noticia del reino, y curaba toda clase de enfermedades y dolencias. Al ver a la gente, sintió compasión de ellos, porque estaban cansados y abatidos, como ovejas que no tienen pastor. Dijo entonces a sus discípulos:
—Ciertamente la cosecha es mucha, pero los trabajadores son pocos. Por eso, pidan ustedes al Dueño de la cosecha que mande trabajadores a recogerla. (Mateo 9:35–38)

Este pasaje del Evangelio según Mateo, a través del ministerio de Jesús, ofrece una visión del liderazgo de la Iglesia dedicado a la enseñanza, a la proclamación de la buena nueva y al cuidado de la gente. Frente a las multitudes, "como ovejas sin pastor", Jesús reconoce la necesidad de contar con siervos que sirvan a la gente. La ordenación es un don de Dios para el cuidado y la formación de su pueblo y para el anuncio del Evangelio.

Tres órdenes sagradas

Todos los cristianos bautizados están llamados a representar a Cristo y a trabajar por la reconciliación en el mundo. Algunos también están llamados a las órdenes sagradas de obispo, sacerdote o diácono. Entendemos esta llamada como originada por Dios y reconocida y validada por el individuo y su comunidad de creyentes.

Los ministros ordenados son un recuerdo vivo de la vida y la misión de la Iglesia. Los obispos son un símbolo de la unidad, la catolicidad y la apostolicidad de la Iglesia. Un sacerdote es un signo del sacerdocio de toda la Iglesia. Un diácono es un signo de la Iglesia como servidora del mundo. Los obispos, sacerdotes y diáconos sirven a la Iglesia para que nosotros, los laicos, podamos servir como Cuerpo de Cristo al mundo.

El ministerio principal del **obispo** (y de todos los ministros) es "representar a Cristo y a su Iglesia". El ministerio exclusivo del obispo es supervisar una diócesis como apóstol, sacerdote principal y pastor. Como sucesor de los apóstoles, un obispo simboliza la unidad del sacerdocio a través del tiempo y, con otros obispos, simboliza la unidad de la Iglesia. Los obispos guardan y enseñan la fe y están encargados de proclamar la palabra de Dios. Los obispos son los únicos que tienen autoridad para ordenar a los sacerdotes y diáconos, para confirmar a los bautizados y para bendecir una iglesia.

Un **sacerdote** sirve a la Iglesia principalmente como pastor del pueblo y comparte la responsabilidad de supervisar la Iglesia con el obispo. En esa función, los sacerdotes presiden la Santa Eucaristía y bautizan. Un sacerdote también bendice y concede la absolución de los pecados en nombre de Dios. Los sacerdotes tienen la función de enseñar y proclamar el Evangelio, un ministerio que comparten con todos los bautizados.

El **diácono** tiene un ministerio único de servicio. Los diáconos están llamados a ser signos externos del ministerio de servicio de la Iglesia a los pobres, los enfermos y los hambrientos. Representan el ministerio de sanación de Cristo en el mundo. Los diáconos también están llamados a apoyar el ministerio de todos los miembros bautizados de la Iglesia en el mundo.

Los obispos y los sacerdotes representan a Cristo como un pastor que cuida de sus ovejas.

El sacramento de la ordenación

Una persona llamada por Dios y reconocida por la Iglesia para el ministerio ordenado es ordenada por la oración y la imposición de manos de un obispo. Un obispo es consagrado por la imposición de manos de otros tres obispos. La imposición de manos es el signo externo y visible de la ordenación. La gracia interior y espiritual es la autoridad del Espíritu Santo, que ayuda a los ordenados a ejercer su ministerio en la Iglesia.

La imposición de manos es el signo externo y visible de la ordenación. La gracia interior y espiritual es la autoridad concedida por el poder del Espíritu Santo para ministrar a la Iglesia.

Exploremos el rito de ordenación de un sacerdote. Primero, un sacerdote y un laico presentan al candidato o candidata al obispo u obispa. Tanto un sacerdote como un laico, junto con otras personas si se desea, presentan candidatos porque el llamado de Dios a la ordenación es una llamada identificada por la comunidad y el individuo. La preparación para la ordenación es diferente en cada diócesis. Sin embargo, cada diócesis requiere un período de discernimiento. Una vez que una persona es aceptada en el proceso de ordenación, un postulante a las órdenes sagradas debe emprender un programa de formación teológica, experiencia práctica, desarrollo personal y formación espiritual. Tras un período de formación, el postulante se convierte en candidato y se determina la fecha de ordenación. En la ordenación, los presentadores declaran su convencimiento de que el candidato está cualificado y es apto para el ministerio ordenado.

Después de la presentación, el candidato declara su creencia de que la Santa Biblia es la palabra de Dios y contiene todo lo necesario para la salvación y promete ajustarse a la doctrina, la disciplina y el culto de la Iglesia. Finalmente, la congregación expresa su deseo de que el candidato sea ordenado y promete sostener al sacerdote en su ministerio. Como todos los demás sacramentos, la ordenación se celebra en comunidad, mostrando que la Iglesia es un solo cuerpo en Cristo.

Antes de la consagración, cuando los candidatos son hechos sacerdotes, el obispo examina al candidato para determinar si la vocación es verdadera. El obispo pide al candidato que se comprometa a seguir las disciplinas necesarias para cumplir con el ministerio. El obispo termina el examen pidiendo a Dios que conceda al candidato la gracia y el poder de cumplir esas promesas.

En la consagración, el obispo alaba y da gracias a Dios por el amor y el llamado de Dios hacia nosotros, y por el don de Jesús, el Cristo resucitado. Junto con otros sacerdotes presentes, el obispo impone las manos al candidato y pide a Dios que le conceda el poder y la gracia del Espíritu Santo para que sea sacerdote en la Iglesia. El poder y la gracia del Espíritu Santo es la gracia interior y espiritual del sacramento de la ordenación.

Una vez y siempre diácono, sacerdote u obispo

La ordenación confiere un ministerio de por vida. Salvo la renuncia a los votos sacerdotales o la deposición de un ordenado del ministerio ordenado, independientemente de que el ordenado tenga un cargo remunerado en la Iglesia, una persona ordenada lo es hasta su muerte.

La vida como sacramento

Dios está presente a lo largo de nuestra vida de forma visible e invisible. Podríamos decir que toda la vida es un sacramento. Como pueblo de Dios, vivimos vidas sacramentales, recibiendo la gracia de Dios cada día a través de los muchos signos del Espíritu Santo que habita con nosotros. Dios utiliza las cosas materiales para llegar a nosotros de forma ilimitada. El abrazo de un amigo, una sonrisa amable, compartir una comida y la bendición de una madre a su hijo son solo algunos ejemplos. Abra los ojos al mundo y a la acción de Dios en él. Busque sus signos en lugares inesperados. Los signos visibles le mantendrán esperanzado y le darán la gracia de vivir una vida santa. Los sacramentos—signos externos de la gracia de Dios—no están solo dentro de los edificios de la Iglesia. Están por todas partes. Todos podemos acercarnos a Dios abriendo los ojos hacia ellos.

Preguntas transformadoras

1. **Esté atento:** Piense en una ocasión en la que haya participado en un sacramento. ¿Qué ocurrió? ¿Quién estaba presente? ¿Qué estaba pensando y sintiendo? Sea lo más detallado posible en su descripción.

2. **Sea inteligente:** ¿Qué significó para usted ese sacramento? ¿Notó algún cambio interior?

3. **Sea racional:** Comparta su experiencia con un amigo, e invítele a hacer lo mismo con usted. ¿Qué significó esa experiencia para su amigo? ¿La experiencia de su amigo le sugiere una nueva forma de entender el sacramento?

4. **Sea responsable:** Como resultado de esta reflexión, ¿qué podría hacer de manera diferente? ¿Qué podría seguir haciendo? ¿Qué apoyo necesita para ello?

5. **Esté en el Amor transformado:** Lleve su reflexión al próximo sacramento que experimente.

Glosario

Aclamación conmemorativa. Palabras de alabanza del pueblo ("Cristo ha muerto. Cristo ha resucitado. Cristo volverá".) pronunciadas después de las Palabras de la Institución durante la Gran Plegaria Eucarística.

Aclamación inicial. El saludo a la familia de Dios que inicia el servicio de la Santa Eucaristía y proclama en nombre de quién nos reunimos.

Adoración. Una respuesta de alabanza y agradecimiento al Dios que nos crea, nos bendice y nos ama.

Antiguo Pacto. La relación que Dios estableció con los hebreos en la que él sería su Dios y ellos serían su pueblo. Prometieron amar la justicia, hacer misericordia y caminar humildemente con su Dios.

Antiguo Testamento. Ver Escrituras judías.

Apócrifos. Libros y escritos añadidos a la Biblia en el siglo XVI por la Iglesia Católica Romana. No todos los cristianos reconocen los apócrifos como Escritura Sagrada.

Apostólico. Adjetivo que describe algo como continuador de la enseñanza y la comunión de los apóstoles. Decimos que la Iglesia es apostólica.

Arzobispo de Canterbury. El primado de la Iglesia de Inglaterra. El arzobispo de Canterbury es el primero entre iguales y tiene el derecho de invitar y reconocer a otras provincias anglicanas dentro de la Comunión Anglicana.

Ayres, Anne. 1816-96. Primera religiosa estadounidense de tradición anglicana. Con algunas otras hermanas organizó la Hermandad de la Santa Comunión en 1852.

Ayuno. Decidir activamente no hacer algo durante un corto período de tiempo para poder dirigir nuestra atención a Dios.

Báculo. Vara (cayado) que simboliza el ministerio pastoral del obispo.

Bautismo. Iniciación plena por el agua y el Espíritu Santo en el Cuerpo de Cristo y la Iglesia.

Biblia. Conjunto de sesenta y seis libros de las escrituras judías (escrituras hebreas o Antiguo Testamento) y veintisiete libros de las escrituras cristianas (Nuevo Testamento) que revelan la acción creadora y redentora de Dios a lo largo de la historia. También se denomina Sagradas Escrituras.

Brent, Charles Henry. 1862-1929. Sacerdote que dirigió a la Iglesia Episcopal en el movimiento ecuménico que estableció la primera reunión del Consejo Mundial de Iglesias en 1948.

Burgess, John. 1909-2003. El primer afroamericano en servir como obispo de una diócesis en la Iglesia Episcopal.

Cáliz. Una copa para el vino en la Eucaristía.

Calvino, Juan. 1509-64. Líder francés de la Reforma. Calvino escribió una teología sistemática que rechazaba la autoridad del Papa, aceptaba la justificación por la gracia a través de la fe y expresaba una doctrina fundamental sobre la predestinación. La doctrina de la predestinación es la creencia de que Dios dirige el curso de la historia hasta el más mínimo detalle. Según esta doctrina, el papel de la humanidad en la creación es mantener el orden creado por Dios.

Cámara de Diputados. Uno de los dos órganos legislativos de la Iglesia Episcopal. (La Cámara de Obispos es el otro órgano legislativo). La Cámara de Diputados está formada por un grupo de cuatro clérigos y cuatro laicos elegidos por la Convención Diocesana de cada diócesis.

Cámara de Obispos. Uno de los dos órganos legislativos de la Iglesia Episcopal (la Cámara de Diputados es el otro órgano legislativo). Cuando todos los obispos se reúnen en la Convención General para considerar la legislación y entre convenciones para el culto, la oración, el estudio y el diálogo entre ellos. La Cámara de Obispos también se reúne dos veces al año entre las convenciones generales y a menudo emite declaraciones pastorales que proporcionan orientación y asesoramiento a la Iglesia.

Canon. 1. El conjunto de libros reconocidos como Sagrada Escritura. 2. Las normas escritas de la Iglesia Episcopal para su gobierno.

Cántico. Una "pequeña canción" basada en las escrituras que se utiliza en el culto. Véase en las páginas 111-12 del Libro de Oración Común una lista de cánticos sugeridos para la Oración Matutina y Vespertina.

Casulla. Prenda larga tipo poncho que lleva el que preside sobre el alba durante la Santa Eucaristía.

Catecúmeno. Alguien que se está preparando para el bautismo. El proceso incluye el aprendizaje de las creencias y prácticas cristianas y el discernimiento del deseo de convertirse en miembro de la Iglesia.

Catedral. Designación de la iglesia que alberga la cátedra, la sede del obispo. La catedral es la iglesia principal de la diócesis.

Católico. Un término que significa universal. Decimos que la Iglesia es católica porque es una fe para todas las personas y para todos los tiempos.

Celebrante. *Ver* Preside, el que.

Cinco Marcas de la Misión. Lista de cinco objetivos de misión elaborada por el Consejo Consultivo Anglicano de la Comunión Anglicana y adoptada por la Iglesia Episcopal.

Clay, Louie Crew. 1936-. Laico que fundó IntegrityUSA, un grupo que ha trabajado por la plena inclusión de gays, lesbianas, bisexuales, transexuales y personas queer en la vida de la Iglesia Episcopal y fuera de ella.

Códices. Hojas de papel dobladas, cosidas y convertidas en cuadernos.

Coetáneo. Dos o más cosas que solo pueden entenderse en relación con la otra como parte de un todo. Existen juntas en todo momento hasta la eternidad.

Colecta. Oración breve que "recoge" los temas del día. Las colectas varían según el día, la estación del año eclesiástico y la ocasión, y pueden encontrarse en los servicios del Libro de Oración Común.

Completas. El último de los cuatro servicios del Oficio Diario (LOC, 93). Proviene de las oraciones nocturnas que se rezan antes de acostarse al final de la ronda monástica de oración diaria.

Comunidad monástica. Grupo de personas que creen en Dios y viven en comunidad separados de la sociedad y que se dedican a una vida sencilla de servicio y oración ordenada por una regla de vida común.

Conferencia de Lambeth. Reunión de los obispos anglicanos que se celebra cada diez años en el Palacio de Lambeth, la residencia oficial del arzobispo de Canterbury en Inglaterra.

Confesión. Oración en la que admitimos que hemos hecho algo malo, nos apartamos del pecado y buscamos restaurar nuestra relación con los demás a través de Dios.

Confirmación. El rito en el que un bautizado "expresa juiciosamente su entrega a Cristo y recibe fortaleza del Espíritu Santo, mediante la oración y la imposición de manos de un obispo". (LOC, 753).

Congregación. Grupo de personas de una zona geográfica determinada organizadas en una iglesia local.

Consejo Consultivo Anglicano. Órgano legislativo de la Comunión Anglicana compuesto por representantes de las provincias en comunión.

Consejo diocesano. Grupo de sacerdotes, diáconos y laicos elegidos dentro de una diócesis junto con el obispo para actuar en nombre de la Convención Diocesana durante el año.

Consejo Ejecutivo. Órgano electo de personas encargadas de "la coordinación, el desarrollo y la ejecución del ministerio y la misión de la Iglesia". Actúa en nombre de la Convención General.

Consejo Mundial de Iglesias. Una comunidad mundial de más de 345 iglesias que buscan la unidad, un testimonio común y el servicio cristiano.

Constitución y Cánones de la Iglesia Episcopal. Las normas escritas que rigen a la Iglesia Episcopal.

Convención diocesana. Reunión anual de los representantes de todas las congregaciones de una diócesis. Es similar a la reunión anual de una congregación, pero a nivel diocesano.

Convención General. El máximo órgano legislativo de la Iglesia Episcopal, que se reúne una vez cada tres años para aprobar los programas y el presupuesto de la Iglesia Episcopal. Se compone de una Cámara de Obispos (todos los obispos activos y jubilados) y una Cámara de Diputados (cuatro laicos y cuatro clérigos elegidos en cada diócesis, área de misión y la Convocatoria de las Iglesias Americanas en Europa).

Coro. La zona de la iglesia que contiene el púlpito, el atril y el altar, y los asientos para los ministros que ofician y asisten. Suele estar elevado y separado de la nave, donde se reúnen los feligreses, por una barandilla o barrera.

Corporal. Cuadrado de tela blanca sobre el que se coloca el pan y el vino durante la Plegaria Eucarística.

Credo de los Apóstoles. La primera declaración formal de las creencias cristianas. El Credo de los Apóstoles se reza durante el bautismo, la Oración Matutina y la Oración Vespertina.

Crucero. Las partes horizontales de una iglesia en forma de cruz que se extienden desde la nave y el coro.

Cuaresma. Es la época del año eclesiástico en la que nos preparamos para la resurrección de Jesús. Es un tiempo de oración, ayuno y penitencia. Comienza el Miércoles de Ceniza y termina el Sábado Santo, la víspera de la Pascua.

Curry, Michael Bruce. El 27º obispo presidente de la Iglesia Episcopal y la primera persona negra en dirigir la Iglesia Episcopal. Desafió a la Iglesia Episcopal a verse a sí misma como un movimiento, una rama del Movimiento de Jesús, más que como una institución.

Daniels, Jonathan. 1939-65. Un joven seminarista episcopal europeo-americano martirizado durante el movimiento por los derechos civiles.

Deán. El clérigo principal de una catedral.

Diácono. Una de las tres órdenes ministeriales ordenadas en la Iglesia. El diácono está llamado a ser un servidor de los necesitados y a ayudar al obispo y a los sacerdotes en la proclamación del Evangelio y la administración de los sacramentos.

Diócesis. Unidad administrativa básica de la Iglesia Episcopal. Las iglesias individuales actúan de acuerdo con las normas de su diócesis y comparten una misión común con ella. La jurisdicción de un obispo diocesano.

Dirección espiritual. El arte de ayudar a otros a explorar una relación más profunda con Dios.

Discernimiento. Un proceso de comprensión. Como práctica cristiana, el discernimiento es un proceso de reflexión en oración en el que llegamos a comprender nuestros dones espirituales y el llamado de Dios al ministerio.

Disciplinas espirituales. Prácticas intencionadas que nos mantienen en diálogo con Dios.

Doctrina del descubrimiento. Concepto según el cual los colonialistas cristianos tenían derecho a reclamar tierras pertenecientes a pueblos indígenas soberanos durante la denominada Era del Descubrimiento. Más tarde fue utilizada por el gobierno estadounidense para justificar la toma de territorios indígenas.

Dones del Espíritu. Talentos y habilidades que Dios nos da para cumplir con nuestro ministerio.

Edad Media. Periodo de tiempo que va desde la caída del Imperio Romano en el siglo V hasta el auge del Renacimiento en el siglo XV. Durante la Edad Media existía una estricta división de clases sociales y la tierra estaba controlada en gran medida por los nobles y la Iglesia. Sin una fuerza política fuerte y estable, el cristianismo se convirtió en la principal fuerza de la civilización occidental.

Encarnación. La creencia de que Jesús era Dios en la carne.

Enmegahbowh. 1807-1902. Primer sacerdote nativo americano ordenado en la Iglesia Episcopal. Trabajó entre los pueblos ojibway de Minnesota.

Enrique VIII. 1491-1547. Rey de Inglaterra que promulgó el Acta de Supremacía, que convirtió al rey en el jefe de la Iglesia de Inglaterra y rompió los lazos entre la Iglesia de Inglaterra y la Iglesia Católica Romana.

Epíclesis. Palabras que piden a Dios que envíe el Espíritu Santo para santificar el pan y el vino a fin de que sean el cuerpo y la sangre de Cristo.

Epifanía. Estación del año eclesiástico en la que celebramos la divinidad de Jesús, que comienza con el bautismo de Jesús y termina con la Transfiguración. Puede durar de cuatro a nueve semanas. Epifanía viene de una palabra griega que significa "mostrar, aparición, manifestación, revelación".

Episcopado histórico. Todos los obispos en sucesión apostólica.

Epístolas. Conjunto de veintiún escritos, muchos de ellos en forma de cartas dirigidas a las primeras comunidades cristianas o a individuos. Las Epístolas forman parte de las escrituras cristianas.

Escrituras cristianas (también conocidas como Nuevo Testamento). Conjunto de veintisiete libros escritos por los primeros cristianos que proclaman la Buena Nueva de Jesucristo y relatan la historia de los primeros años de la Iglesia.

Escrituras judías (también conocidas como Tanaj, Escrituras hebreas o Antiguo Testamento). El libro sagrado del judaísmo, compuesto por la Torá, los Profetas y los Escritos.

Espíritu Santo. El poder y la presencia de Dios en nuestra historia, en nuestro presente y en nuestro futuro. El Espíritu Santo es la tercera persona de la Trinidad.

Estación después de Pentecostés. Las semanas del año eclesiástico después del domingo de Pentecostés y antes del primer domingo de Adviento. El tiempo después de Pentecostés es un tiempo para crecer en la fe.

Estola. Un paño estrecho que llevan los obispos y sacerdotes sobre ambos hombros y el diácono sobre el hombro izquierdo.

Evangelios. Cuatro libros de las escrituras cristianas (Mateo, Marcos, Lucas y Juan) que proclaman la Buena Nueva de la salvación por medio de Jesucristo, narrando el ministerio, la enseñanza, la muerte y la resurrección de Jesús.

Examen ignaciano. Un proceso específico de discernimiento desarrollado por Ignacio de Loyola en el siglo XVI, basado en la creencia de que podemos entender los deseos de Dios para nosotros en el contexto de nuestra vida cotidiana.

Fiesta de la Epifanía (también conocida como la Manifestación [revelación] de Cristo a los gentiles). El 6 de enero, día en el que se celebra la visita de los Reyes Magos al Niño Jesús.

Fiesta de Pentecostés. El día que la Iglesia celebra cuando el Espíritu Santo bajó del cielo en forma de lenguas de fuego y se posó sobre los doce apóstoles. También es el cumpleaños de la Iglesia.

Gloria. Canto de alabanza a Dios en el servicio de la Santa Eucaristía.

Gran Comisión. El encargo de Jesús a los discípulos: "Vayan, pues, a las gentes de todas las naciones" (Mateo 28:19-20).

Grandes Mandamientos. "Ama al Señor tu Dios con todo tu corazón, con toda tu alma y con toda tu mente... [y] Ama a tu prójimo como a ti mismo". (Mateo 22:37-39).

Gran Plegaria Eucarística. Nombre que recibe la Plegaria Eucarística. También se conoce como la oración de consagración.

Harris, Barbara Clementine. 1930-. Primera mujer consagrada obispa en la Iglesia Episcopal. Consagrada obispa sufragánea de la diócesis de Massachusetts en 1989. Conocida también por su compromiso con los derechos civiles y la justicia.

Himno de la fracción. Himno que se canta al partir el pan.

Hobart, John Henry. 1775-1830. Dirigió los primeros esfuerzos para hacer crecer la Iglesia Episcopal. Durante su mandato como obispo de Nueva York, el número de iglesias en su diócesis se triplicó y el número de clérigos se quintuplicó.

Huntington, William Reed. Sacerdote episcopal cuyos escritos constituyeron los inicios del Cuadrilátero de Chicago-Lambeth, que sirvió de base para las conversaciones ecuménicas con otras confesiones.

Íconos. Imágenes visuales que apuntan más allá de sí mismas. Los íconos se utilizan habitualmente en la práctica de la oración.

Iglesia emergente (también llamada Fresh Expressions). Comunidades de fe que encuentran formas creativas de reunirse que son frescas y nuevas, fuera del modelo tradicional de Iglesia, unidas por el deseo común de escuchar al Espíritu Santo, compartir historias personales de fe y servir a sus comunidades locales.

Iglesia. La comunidad de fe encabezada por Cristo, el Cuerpo de Cristo en el mundo. Usamos una "I" mayúscula cuando nos referimos a la Iglesia Universal, y una "i" minúscula cuando hablamos de un edificio donde la gente se reúne para adorar.

Intercambio de la paz. Un saludo entre las personas durante el culto que se comparte como signo de reconciliación y de renovación de las relaciones.

Invitatorio. Frase y respuesta que abre nuestros corazones y mentes al propósito de la reunión.

Jefferts Schori, Katharine. 1954-. La 26ª obispa presidenta, y la primera mujer en este cargo en la Iglesia Episcopal, fue elegida en 2006. Anteriormente había sido obispa de Nevada y antes oceanógrafa.

Jones, Absalom. 1746-1818. Primer sacerdote afroamericano ordenado en la Iglesia Episcopal. Nacido como esclavo, compró su propia libertad y la de su esposa. Junto con Richard Allen, Jones creó la Free African Society ["Sociedad africana libre"], la primera sociedad afroamericana organizada en Estados Unidos.

Junta Parroquial. Líderes de una congregación elegidos en la reunión anual de la iglesia para supervisar y tomar decisiones legales, especialmente sobre las finanzas y la propiedad. La junta parroquial también se encarga de la planificación y organización necesarias para apoyar la misión de una congregación local. Algunos órganos de gobierno de las catedrales se denominan capítulos.

Kairós. Una cualidad del tiempo en la que el pasado, el presente y el futuro se experimentan en un solo momento.

Kano, Hiram Hisanori. 1889-1988. Kano fue el primer japonés estadounidense ordenado sacerdote. Dirigió el culto, fue pastor y enseñó en los campos de internamiento para japoneses en los Estados Unidos durante la Segunda Guerra Mundial.

Kemper, Jackson. 1789-1870. Kemper se convirtió en el primer obispo misionero en 1835, y sirvió en los territorios del oeste de los Estados Unidos durante la mitad del siglo XIX. Alentó la traducción de los servicios de adoración a las lenguas nativas y abogó por una mayor atención a los nativos americanos. Su título no oficial es el de "Obispo de todo el Noroeste".

Laberinto. Un patrón sagrado en forma de círculo con un camino que serpentea hacia el centro y vuelve a salir. Un laberinto famoso es el de once circuitos en el suelo de la catedral de Chartres (Francia).

Laicos. El pueblo de Dios llamado a llevar a cabo la obra reconciliadora de Cristo en el mundo según los dones que le han sido concedidos. La mayor parte del ministerio de los laicos tiene lugar fuera de la Iglesia. Los laicos también pueden desempeñar ministerios dentro de la Iglesia.

La justificación por la gracia a través de la fe. Doctrina expuesta por Martín Lutero según la cual la salvación es un don de Dios. Los individuos solo necesitan responder con fe para aceptar la salvación.

Leccionario. Ciclo de lecturas bíblicas que se utiliza en el culto público. El Libro de Oración Común incluye dos leccionarios: un leccionario para los domingos y el leccionario del Oficio Diario. Muchas iglesias episcopales siguen el Leccionario Común Revisado para las lecturas dominicales.

Leccionario Común Revisado. Un ciclo trienal de lecturas bíblicas para su uso en el culto público. El Libro de Oración Común incluye dos leccionarios: un leccionario para los domingos y el Leccionario del Oficio Diario. Muchas iglesias episcopales siguen el Leccionario Común Revisado para las lecturas dominicales.

Lectio divina. Un proceso de cuatro pasos para leer en oración la palabra de Dios. La lectio divina es un método de lectura para la devoción orante más que para el estudio académico.

Libro de Oración Común. El Libro de Oración Común proporciona las liturgias, oraciones e instrucciones para que todos los miembros de la Iglesia puedan compartir el culto común. Se estableció por primera vez en Inglaterra en 1549 mediante el Acta de Uniformidad. El Libro de Oración Común estadounidense fue adoptado por primera vez en 1789 por la Primera Convención General de la Iglesia Episcopal.

Liturgia. Los ritos (oraciones) y acciones que definen nuestro culto común como comunidad.

Lutero, Martín. 1483-1546. Líder alemán de la Reforma. Colocó noventa y cinco tesis en la puerta de la iglesia del castillo de Wittenberg, invitando a otros a oponerse a las prácticas de la Iglesia Católica Romana. Una de las famosas doctrinas de Lutero es la de la justificación por la gracia a través de la fe.

Mandala. Patrón circular de líneas y colores que se utiliza como herramienta de oración.
Mantra. Palabra o frase sagrada que se dice repetidamente durante un período de tiempo.
Mazakute, Paul. 1842-73. El primer dakota en convertirse en sacerdote episcopal. Se dedicó a enseñar la fe cristiana a los dakotas.
Memoria ritual. El recuerdo de acciones que profundizan nuestras experiencias a medida que se repiten.
Ministerio. El llamado cristiano a servir.
Ministro de la Eucaristía. Ministro laico capacitado para administrar los elementos.
Mitra. Sombrero alto y puntiagudo que lleva el obispo.
Movimiento de Oxford. Movimiento que en el siglo XIX pretendía devolver al anglicanismo la herencia apostólica y católica, incluidas las prácticas litúrgicas.
Muhlenberg, William Augustus. 1796-1877. Sacerdote destacado de la Iglesia Episcopal en el siglo XIX que se preocupaba por que la Iglesia atendiera a todos los grupos sociales.
Mujeres de la Iglesia Episcopal (ECW por sus siglas en inglés). Una organización femenina de toda la iglesia cuya misión es empoderar a las mujeres en una vida de discipulado.
Murray, Pauli. 1910-1985. Sacerdote episcopal, abogada de derechos civiles y activista política. Murray fue la primera mujer afroamericana ordenada sacerdote.
Nave. El cuerpo principal de una iglesia donde se reúnen los fieles.
Navidad. Estación del año eclesiástico en la que se celebra el nacimiento de Cristo. Comienza el día de Navidad y termina doce días después, el 6 de enero, con la fiesta de la Epifanía.
Nuevo Pacto. La relación establecida con Dios a través de Jesucristo en la que Dios promete llevarnos a su reino. Prometemos creer en Cristo y cumplir sus mandamientos de amar a Dios y al prójimo como a nosotros mismos.
Nuevo Testamento. Véase Escrituras cristianas.
Oakerhater, David Pendleton. 1850-1931. Primer diácono cheyenne de la Iglesia Episcopal. Fundó escuelas y misiones en todo Oklahoma.
Obispo presidente. El principal pastor y primado de la Iglesia Episcopal.
Obispo. Una de las tres órdenes ministeriales establecidas en la Iglesia. Un obispo desempeña los oficios de apóstol, sacerdote principal y pastor de una diócesis. En las diócesis grandes, un obispo sufragáneo, un obispo coadjutor o un obispo asistente ayudan a los obispos diocesanos.
Oficio Diario. Conjunto de oraciones y lecturas que marcan los tiempos del día.

Oración contemplativa. Una oración de quietud y de silencio para conocer la presencia de Dios. Desarrollada por los Padres y Madres del Desierto y recuperada por el monje trapense Thomas Keating.

Oración de Jesús. Un mantra: "Señor, Jesucristo, hijo de Dios, ten piedad de mí, pecador".

Oración. Experimentar la presencia de Dios mediante palabras, acciones o silencio. Las formas de oración son la adoración, la confesión, la acción de gracias y la súplica.

Ordenación. Es el rito sacramental por el que Dios otorga la autoridad y la gracia del Espíritu Santo, mediante la oración y la imposición de manos, a quienes son nombrados obispos, sacerdotes y diáconos.

Pacto bautismal. Una declaración en la que se afirma la creencia en el Dios trino, seguida de cinco promesas de continuar en la comunión cristiana, resistir al mal, proclamar la Buena Nueva, servir a Cristo en todas las personas y luchar por la justicia y la paz. La congregación renueva el Pacto Bautismal con los candidatos al bautismo.

Pacto. Un acuerdo celebrado libremente por dos o más partes. Un pacto con Dios es una relación iniciada por Dios y respondida por las personas con fe.

Palabras de la Institución. Las palabras que narran la historia de la Última Cena.

Parábolas. Historias utilizadas como metáforas para la enseñanza. Los Evangelios sinópticos presentan a Jesús enseñando con parábolas.

Parroquia. Nombre tradicional de una congregación autosuficiente cuyos miembros celebran el culto con regularidad, participan en los sacramentos y se apoyan mutuamente en su vida cristiana bajo un rector. También se denomina congregación.

Pascua. Estación del año eclesiástico en la que celebramos la resurrección de Cristo. Comienza con el Domingo de Pascua y dura cincuenta días.

Patena. Plato pequeño para el pan en la Eucaristía.

Pecado. No cumplir con la voluntad de Dios. Buscar nuestra propia voluntad en lugar de la voluntad de Dios, distorsionando así nuestra relación con Dios, con otras personas y con toda la creación.

Pentateuco. Los cinco primeros libros de la Biblia: Génesis, Éxodo, Levítico, Números y Deuteronomio. La palabra deriva de dos términos griegos: *pente* que significa "cinco" y *teuco* que significa "libro".

Pentecostés. El quincuagésimo día después de la Pascua, en el que celebramos el nacimiento de la Iglesia.

Pila bautismal. Recipiente situado en el interior o en la entrada de una iglesia que contiene las aguas del bautismo.

Predestinación. La creencia de que Dios dirige el curso de la historia hasta el más mínimo detalle.

Presencia real. La creencia de que el Cuerpo y la Sangre de Cristo están presentes en el pan y el vino consagrados. Al comer el pan de la Comunión y beber el vino nos hacemos uno con Cristo.

Preside, el que. (también Celebrante). El obispo o sacerdote que dirige la celebración de la liturgia y preside la Eucaristía y el bautismo.

Primado. El obispo principal de una provincia anglicana. El primado de la Iglesia Episcopal también se llama obispo presidente.

Promesas bautismales. Cinco promesas que los candidatos al bautismo hacen sobre cómo vivirán sus vidas como miembros del Cuerpo de Cristo. Vea las respuestas a las preguntas 4-8 del Pacto Bautismal en las páginas 224-5 del Libro de Oración Común.

Púlpito. Plataforma elevada desde la que se predica el sermón.

Rainsford, William. 1850-1933. Sacerdote episcopal activo en el ministerio social a finales del siglo XIX y principios del XX.

Reconciliación de un penitente (también conocida como penitencia o confesión). El rito sacramental en el que una persona se arrepiente y confiesa sus pecados a Dios en presencia de un sacerdote y recibe "la seguridad del perdón y la gracia de la absolución". (LOC, 753).

Rector. Título común para un sacerdote a cargo de una iglesia autosuficiente. El sacerdote principal de una catedral se llama deán y el de una misión se llama vicario o sacerdote encargado.

Reforma, protestante. Movimiento religioso del siglo XVI que se remonta a Juan Huss de Bohemia, quien cuestionó la autoridad del Papa, así como el descuido de la Biblia y la doctrina de la gracia. Le siguieron otros, como Martín Lutero, Juan Calvino y Juan Knox, que intentaron reformar la Iglesia Católica Romana, lo que dio lugar a la creación de Iglesias protestantes. La Reforma abordó lo que se percibía como abusos de poder por parte de la Iglesia Católica Romana que se habían desarrollado durante la Edad Media.

Regla de vida. Conjunto de pautas de vida que ayudan a mantener nuestra vida en equilibrio con Dios como centro.

Reuniones de los primados. Reunión periódica de los primados de todas las provincias de la Comunión Anglicana para realizar consultas periódicas, ofrecer oportunidades de colegialidad y prestar apoyo al arzobispo de Canterbury.

Robinson, V. Gene. 1947-. Primer sacerdote abiertamente gay en ser consagrado obispo en la Iglesia Episcopal. Consagrado como noveno obispo de la Diócesis de New Hampshire en 2004.

Rúbricas. Instrucciones para las liturgias impresas en cursiva en el Libro de Oración Común.

Sacerdote. Una de las tres órdenes ministeriales ordenadas en la Iglesia. Los sacerdotes administran los sacramentos, proclaman el evangelio, sirven de pastor al pueblo y, con el obispo, supervisan la Iglesia.

Sacramento. "Signo externo y visible de una gracia interna y espiritual, dado por Cristo como medio seguro y eficaz por medio del cual recibimos esa gracia". (LOC, 750).

Salmos (también Salmodia, Salterio). Salmo es el nombre dado a los himnos del Antiguo Testamento. El Salterio es el único libro de la Biblia incluido en su totalidad en el Libro de Oración Común.

Sanctus. Un himno de alabanza que comienza con las palabras "Santo, santo, santo" y que se canta durante la Gran Plegaria Eucarística.

Santa Eucaristía. Acto principal del culto cristiano en el que recordamos la vida, muerte y resurrección de Jesucristo y proclamamos que esperamos su venida en gloria.

Santo Matrimonio (también llamado Celebración y Bendición del Matrimonio). Es la unión física y espiritual de dos personas ante Dios y al menos dos testigos para el mutuo regocijo y con la intención de un compromiso de por vida.

Seabury, Samuel. 1729-96. Primer obispo de la Iglesia Episcopal. Consagrado por los obispos escoceses en noviembre de 1784.

Shemá. La declaración hebrea de fe en un solo Dios: "Oye, Israel: El Señor nuestro Dios es el único Señor". (Deuteronomio 6:4).

Sucesión apostólica. La transmisión de la autoridad de los apóstoles a los líderes locales mediante la imposición de manos. Los obispos episcopales de hoy son los sucesores en una línea ininterrumpida de ministerio de los apóstoles.

Súplica. Oraciones en las que se piden las bendiciones de Dios y la gracia sanadora para uno mismo y/o para los demás. Las intercesiones son oraciones ofrecidas en nombre de otros y las peticiones son oraciones para uno mismo.

Sursum corda. Diálogo eucarístico entre el que preside y el pueblo en el que este eleva su corazón al Señor. El Sursum Corda inicia la Gran Plegaria Eucarística.

Transubstanciación. La creencia de que cuando se consagra, la sustancia del pan y el vino se transforman en la sustancia del cuerpo y la sangre de Cristo, mientras que la apariencia como pan y vino sigue siendo la misma.

Triduo Pascual. Los tres días de la Pascua. Comienza con el servicio del Jueves Santo por la noche, continúa con el Viernes Santo y termina con la Gran Vigilia Pascual el sábado por la noche.

Trinidad. La creencia en un Dios que existe en tres personas eternas, distintas e iguales.

Trisagio. La oración "Santo Dios, Santo Poderoso, Santo Inmortal, Ten piedad de nosotros".

Tyndale, William. 1494-1536. Primera persona en traducir la Biblia del original hebreo y griego al inglés.

Unción de los enfermos (también llamada sanación de los enfermos). El sacramento de la unción con aceite en el que se da la gracia sanadora de Dios para el espíritu, la mente y el cuerpo.

Unión de Episcopales Negros. Una organización dedicada a preparar y animar a los episcopales negros a vivir el Pacto Bautismal y a participar plenamente en la misión y el gobierno de la Iglesia Episcopal.

Verger. Ministro laico que ayuda en las procesiones de la liturgia. El verger suele ir vestido con una sotana negra y lleva una vara.

Vestimenta. Ropa especial que llevan los líderes del culto. El que preside, por ejemplo, lleva una casulla durante la Santa Eucaristía.

Guía del líder

Tu fe, tu vida: Una invitación a la Iglesia Episcopal es más que una guía de la Iglesia Episcopal. Invita a los lectores a considerar cómo, en el contexto del culto episcopal, las creencias, la historia y el llamado a la misión, Dios está trabajando en sus vidas hoy. Este libro se puede utilizar en una gran variedad de entornos: para un estudio de Cuaresma, un foro para adultos los domingos por la mañana o a mitad de semana, o una clase para los adultos recién llegados. Al planificar su estudio, tenga en cuenta la audiencia. Es posible que quiera dedicar más tiempo a la información sobre la Iglesia en una clase para recién llegados. Sin embargo, incluso en esta clase, asegúrese de reservar tiempo para compartir historias personales de fe.

Esta guía para líderes ofrece un marco para diez reuniones que pueden combinarse o ampliarse adaptándose a su calendario. Cada persona tiene un estilo de liderazgo diferente. Algunos prefieren dar conferencias; otros se sienten más cómodos facilitando una conversación centrada en los participantes. Elija la opción de su preferencia y seleccione los recursos más adecuados para su audiencia y estilo. Las preguntas que se encuentran en esta Guía para líderes proporcionan un conjunto de interrogantes alternativas a las ya ofrecidas al final de cada capítulo.

Empezar y terminar

Considere la posibilidad de empezar y terminar cada sesión juntos en oración. Comenzar con la oración centra a los participantes y la conversación en Dios y reconoce que se trata de una actividad sagrada. Esta Guía del líder ofrece una oración para comenzar cada sesión. Los participantes pueden turnarse para ofrecer la oración final o puede invitar al grupo a escribir juntos una oración final cada semana. Esto no solo dará lugar a un cierre que refleje su tiempo juntos, sino que ofrecerá a los participantes la posibilidad de practicar la composición de sus propias oraciones. Cuando escriban una oración juntos, consideren usar la forma de una colecta:

Oh, Dios... (atributos de Dios revelados en la conversación)
Te pedimos... (peticiones)
Para que... (propósito de la petición, que puede incluir el ministerio o la visión integral)

Plantear interrogantes

Es importante que el tiempo que pasen juntos sea un espacio seguro para explorar y hacer preguntas. Formule preguntas abiertas que inviten a los participantes a compartir sus pensamientos y permita que la gente los comparta. Si va a invitar a los participantes a compartir sus historias personales, tal vez quiera establecer normas de grupo, formas acordadas para estar juntos en comunidad. Las normas fijan los límites para hablar y escuchar y establecen el tiempo de convivencia como un espacio seguro. Algunas normas comunes de grupo son:

1. Estar dispuesto a participar.
2. Mantener los detalles de las historias personales dentro del grupo (confidencialidad).
3. Hablar desde la propia posición (utilice el lenguaje del "yo").
4. Respetar y permitir las diferencias.
5. Escuchar a los demás.

No todos los grupos necesitan normas. Una reunión de tipo conferencia, por ejemplo, puede no beneficiarse del establecimiento de normas. Prepárese para la posibilidad de que el establecimiento de una norma de confidencialidad invite a los participantes a compartir historias muy personales y de gran carga emocional.

Su primer encuentro

Durante esta primera sesión, tómese el tiempo necesario para conocer a los demás, compartiendo nombres y algo sobre sí mismos. Nos gusta empezar los grupos en los que compartimos nuestras historias distinguiendo entre las palabras "diálogo" y "discusión". La palabra "diálogo" viene del griego *dia* (a través de) y *logos* (palabras). Se trata de un intercambio de palabras para el entendimiento mutuo. Por otro lado, la palabra "discusión" viene del latín *dis* (aparte) y *quartere* (sacudir). Una discusión es la agitación de un asunto con el propósito de buscar respuestas o llegar a un acuerdo. En su libro *El sagrado arte de escuchar* (Mtm Editores, 2010), Kay Lindahl nos dice que, aunque ambos son medios válidos de comunicación, la diferencia es de contexto. Cuando compartimos nuestras historias de fe, no lo hacemos con la intención de ponernos de acuerdo, sino de entendernos mutuamente. Invite a su grupo a entrar en la conversación con espíritu de diálogo.

Introducción

Sobre la introducción

La introducción de este libro presenta un marco de cinco "imperativos trascendentales" para profundizar en el compromiso de un viaje intencionado de descubrimiento y transformación, basado en la obra del filósofo y teólogo jesuita canadiense Bernard Lonergan ("Dialectic of Authority" en *A Third Collection*. Paulist Press, 1985). Los cinco imperativos:

1. **Esté atento:** Esté atento a sus experiencias, a sus sentidos, sentimientos, intuición e imaginación. Observe sin juzgar. Solo dese cuenta.
2. **Sea inteligente:** ¿Qué significado puede tener su experiencia? Considere explicaciones alternas. Vuelva a fijarse en los detalles para confirmar su comprensión.
3. **Sea racional:** Juzgue entre los posibles significados. Elija uno y viva con él durante un tiempo.
4. **Sea responsable:** Considere qué acción o compromiso podría tomar como resultado de su percepción sobre el significado de su experiencia. Tenga en cuenta sus promesas bautismales al tomar esta decisión.
5. **Esté en el Amor:** Estar abiertos a la transformación en Dios. Este imperativo nos invita a volver al mundo de la experiencia con la expectativa de encontrar a Dios de nuevo.

Como criaturas que buscan sentido, participamos de forma natural en este proceso. Pero ser conscientes de él y separarlo en partes discernibles nos ayuda a ser intencionados sobre cómo llegamos a entender nuestras vidas y a estar presentes en la interminable autorrevelación de Dios en nuestras vidas.

Esta introducción termina con cinco preguntas como una forma de practicar el discernimiento intencionado de los significados, responder a nuestras experiencias y estar presentes en la obra de Dios en el mundo.

Oración inicial

Dios todopoderoso y eterno, de tal modo atrae nuestro corazón hacia ti, dirige nuestra mente, inspira nuestra imaginación y gobierna nuestra voluntad, que seamos totalmente tuyos, dedicados por completo a ti. Te rogamos nos uses según tu voluntad, y siempre para tu gloria y el bienestar de tu pueblo; por Jesucristo nuestro Señor y Salvador. Amén. (LOC, 724)

Preguntas para la reflexión y la conversación grupal

1. ¿Qué le ha traído a esta Iglesia?
2. ¿De qué manera ha conocido a Dios?
3. ¿Podría identificar una experiencia en la que haya conocido íntimamente el amor de Dios? ¿De qué manera esta experiencia desafió o afirmó su sentido del amor de Dios?
4. ¿Cómo definiría usted la autenticidad?
5. ¿Qué tiene que ver la autenticidad con Dios y la fe cristiana?

Estudio ampliado

Tu fe, tu vida invita a los lectores a comprometer sus experiencias vitales con los cinco imperativos: estar atentos, ser inteligentes, ser racionales, ser responsables y estar en el Amor. Invite a los participantes a llevar un diario, utilizando las preguntas del final de cada capítulo como marco para recordar sus vidas y abrirse al amor transformador de Dios mediante la reflexión personal. Las respuestas del diario pueden ser la base de futuras conversaciones grupales.

Oración de cierre

Oh, Dios... (atributos de Dios revelados en la conversación)
Te pedimos... (peticiones)
Para que... (propósito de la petición, que puede incluir el ministerio o la visión integral)

Primer capítulo

Sobre el capítulo

El primer capítulo explora cómo nuestra relación con Dios es un pacto establecido con Noé, Abraham y Moisés, y renovado por Jesús en el Nuevo Pacto. También presenta el marco de la reafirmación de nuestro Pacto Bautismal en la confirmación, recepción y reafirmación.

Oración inicial

Concede, oh Señor Dios, a los que hemos sido bautizados en la muerte y resurrección de tu Hijo Jesucristo, que, así como hemos desechado la vieja vida de pecado, seamos también renovados en el espíritu de nuestras mentes, y vivamos en justicia y verdadera santidad; por Jesucristo nuestro Señor, que vive y reina contigo, en la unidad del Espíritu Santo, un solo Dios, ahora y por siempre. Amén. (LOC, 171)

Preguntas para la reflexión y la conversación grupal

1. Lea en voz alta: "Por lo tanto, el que está unido a Cristo es una nueva persona. Las cosas viejas pasaron; se convirtieron en algo nuevo".. ¿A qué se le está llamando a ser como nueva persona [creación]? ¿Cómo puede su comunidad apoyarle como nueva creación?
2. Busque sus certificados de bautismo y/o confirmación y otros artículos relacionados con estos dos eventos (fotografías, velas, prendas, etc.). ¿Qué recuerda de estos acontecimientos?
3. Lea Mateo 3:13-17. Dios le declara este mismo amor. ¿Cómo responde?
4. Ser discípulo de Cristo es necesariamente contracultural, a veces arriesgado. ¿Qué significa esto? Ofrezca un ejemplo.
5. ¿Qué significa para usted la palabra "pacto"? ¿En qué se diferencia de otros acuerdos?

Estudio ampliado

Lea el discurso del rabino Sacks en la Conferencia de Lambeth, 2009. (https://www.rabbisacks.org/videos/faith-and-fate-the-lambeth-conference-address/). El video está en inglés, pero puede activar los subtítulos en español siguiendo las siguientes instrucciones: 1. Haga clic en "Configuración" (icono de piñón, rueda dentada o engranaje). 2. Haga clic en "cc Subtítulos". 3. Haga clic en "Traducir automáticamente" (esta opción no siempre aparece en el primer intento). 4. Seleccione "Español". Exploren juntos las siguientes preguntas:

1. ¿Qué distinción hace el rabino entre los bienes del pacto y los del mercado? ¿De qué manera esta distinción desafía o afirma las elecciones que usted hace? ¿Cómo se ve a sí mismo/a?
2. ¿Cómo cambia el pacto de Dios el mundo en el que vive? ¿Qué puede hacer usted o su comunidad de fe para mantener este pacto?
3. ¿Qué distingue un pacto de destino de un pacto de fe?
4. ¿Qué cree que vive hoy: el del destino o el de la fe?

Oración de cierre

Oh, Dios... *(atributos de Dios revelados en la conversación)*
Te pedimos... *(peticiones)*
Para que...*(propósito de la petición, que puede incluir el ministerio o la visión integral)*

Segundo capítulo

Sobre el capítulo

La Biblia es un conjunto de libros escritos a lo largo de cientos de años para expresar la acción creadora y redentora de Dios en el mundo. Nunca terminamos de leer la Biblia. Cada vez que volvemos a ella, revivimos los acontecimientos y nos cambian. Aprendemos más sobre Dios y sobre nosotros mismos. Este capítulo ofrece a los lectores una visión general de los tipos de escritura de la Biblia y un marco sencillo para leerla y comprender lo que nos dice hoy.

Oración inicial

Bendito Señor, tú que inspiraste las Sagradas Escrituras para nuestra enseñanza: Concede que de tal manera las oigamos, las leamos, las consideremos, las aprendamos e interiormente las asimilemos, que podamos abrazar y siempre mantener la esperanza bendita de la vida eterna, que nos has dado en nuestro Salvador Jesucristo; que vive y reina contigo y el Espíritu Santo, un solo Dios, por los siglos de los siglos. Amén. (LOC, 152)

Preguntas para la reflexión y la conversación grupal

1. ¿Cuáles son sus primeros recuerdos de haber leído la Biblia o de haberla oído leer? ¿Qué pensamientos y sentimientos están asociados a esos recuerdos?
2. ¿Qué historia le viene a la mente cuando piensa en las escrituras judías? ¿Las escrituras cristianas? ¿Cómo ha formado esto su imagen de Dios y del pueblo de Dios?
3. Busque tres traducciones diferentes de la Biblia. Elija un pasaje. Lea el mismo pasaje en las tres versiones. ¿En qué se parecen? Observe las diferencias en las palabras y en los comentarios. ¿A qué pueden deberse esas diferencias?
4. Lea el Evangelio según Marcos en una sola sesión, o léalo en voz alta por turnos en grupo. (Debería llevar una hora aproximadamente.)

¿Qué historias o imágenes le llaman más la atención? ¿Cuál es el tono del Evangelio? ¿Qué cree que pensaron o sintieron los que lo escucharon en el primer siglo?
5. Anote los principales acontecimientos de su vida y compártalos con el grupo o con un/a compañero/a. ¿Qué dicen los acontecimientos que escogió para compartir sobre quién es usted? ¿Sobre la sociedad en la que usted vive? ¿Qué historias de la Biblia se relacionan con estos importantes acontecimientos? ¿Cómo influyen en su forma de entenderlos?
6. Debemos utilizar las Escrituras para encontrar lo que hay que cambiar en uno mismo y no para aplicarlas a los demás. Discutan lo que esto significa, especialmente en cuanto a no usar la Biblia como un arma.

Estudio ampliado

Elijan una lectura de la Biblia, tal vez el Evangelio del próximo domingo, y explórenla juntos siguiendo los "pasos para leer la Biblia" de las páginas 61-64 de *Tu fe, tu vida*. Tenga a mano algunas traducciones diferentes. Este es un buen momento para presentar algunas de las herramientas disponibles para el estudio de la Biblia, como un comentario bíblico.

Oración de cierre

Oh, Dios... (atributos de Dios revelados en la conversación)
Te pedimos... (peticiones)
Para que... (propósito de la petición, que puede incluir el ministerio o la visión integral)

Tercer capítulo

Sobre el capítulo

El capítulo 3 presenta la historia de la Iglesia cristiana, comenzando con los relatos evangélicos y continuando con Constantino, la Reforma, Enrique VIII, Samuel Seabury, el establecimiento de la Iglesia Episcopal y todo el camino hasta el reverendísimo Michael Curry. La historia de la Iglesia Episcopal es una experiencia muy americana.

Oración inicial

Oh Dios, cuyo Hijo Jesús es el buen pastor de tu pueblo: Concede que, al escuchar su voz, reconozcamos a aquél que llama a cada uno de nosotros por su nombre, y le sigamos a donde nos guíe; quien contigo y el Espíritu Santo vive y reina, un solo Dios, por los siglos de los siglos. Amén. (LOC, 140)

Preguntas para la reflexión y la conversación grupal

1. El libro *A Great Cloud of Witnesses* ["Una gran nube de testigos"] (Church Publishing, 2016) incluye breves biografías de personas de la historia de nuestra Iglesia junto con oraciones y lecturas designadas para el día de cada santo o santa. Una versión anterior (*Santas, Santos: Celebración de los Santos* de 2009) en formato electrónico está disponible en: https://extranet.generalconvention.org/staff/files/download/3833. ¿Qué nombres logra identificar? ¿Qué sabe de ellos?
2. ¿Qué acontecimientos eclesiásticos formativos han ocurrido durante su vida ("local", "nacional" o "mundial")? ¿Cómo han afectado a la Iglesia? ¿Cómo impactaron o fueron impactados por los eventos y la cultura o el mundo?
3. ¿Qué tradiciones religiosas recuerda de su infancia? Comparta una o dos y cómo influyen en su práctica y creencias actuales.
4. ¿Qué le atrajo a la iglesia a la que asiste hoy?
5. ¿Qué recuerda de la primera vez que asistió?
6. ¿Qué cuestiones desafían a la Iglesia hoy en día? ¿Qué acontecimientos de la historia determinan el modo en que la Iglesia se enfrenta a esas cuestiones?

Estudio ampliado

1. En comparación con otros soberanos del siglo XVI, la reina Isabel hizo gala de una notable tolerancia religiosa. Una famosa cita de la Reina Isabel es "Solo hay un Cristo, Jesús, una fe; todo lo demás es una disputa por nimiedades". ¿Cómo refleja hoy la Iglesia Episcopal esta historia de tolerancia religiosa? ¿Qué retos plantea la tolerancia religiosa para la Iglesia Episcopal en la actualidad?
2. El Acta de Uniformidad estableció a la Iglesia de Inglaterra y a la Comunión Anglicana como un pueblo que puede diferir en sus creencias pero que se reúne para el culto común. ¿Cómo afecta esto a la Iglesia de hoy? ¿Cuáles son las bendiciones de este carisma? ¿Cuáles son los desafíos?

Oración de cierre

Oh, Dios... (atributos de Dios revelados en la conversación)
Te pedimos... (peticiones)
Para que... (propósito de la petición, que puede incluir el ministerio o la visión integral)

Cuarto capítulo

Sobre el capítulo

Experimentamos a Dios a través de una variedad de medios: las escrituras, el culto, la oración, las historias de los santos y la cultura, utilizando nuestras capacidades humanas de la razón para entender nuestras experiencias. Como misterio, Dios está necesariamente más allá de las palabras. Aun así, buscamos palabras para describir nuestra relación con Dios. Este capítulo explora una serie de creencias anglicanas, centrándose específicamente en la teología del Credo de los Apóstoles: Dios Padre, Dios Hijo y Dios Espíritu Santo. El credo expresa el amor de Dios por nosotros y nuestra respuesta al amor de Dios.

Oración inicial

Oh Dios, que maravillosamente creaste y aún más maravillosamente restauraste la dignidad de la naturaleza humana: Concede que compartamos la vida divina de quien se humilló para compartir nuestra humanidad, tu Hijo Jesucristo; que vive y reina contigo, en la unidad del Espíritu Santo, un solo Dios, por los siglos de los siglos. Amén. (LOC, 252)

Preguntas para la reflexión y la conversación grupal

1. Ubique varios pasajes de la Biblia en los que aparezca la frase "no tengan miedo". ¿Qué ocurre en la historia? ¿Qué teme la gente? ¿Comparta alguno de estos miedos? ¿Cuánto poder tiene el miedo en su vida? ¿Cuánto poder tiene el amor en su vida?
2. Diga el Credo de los Apóstoles, sustituyendo las palabras "Doy mi corazón a" por "Creo". ¿Cómo cambia esto el significado del credo para usted?
3. ¿De qué manera el hecho de poner su corazón en Dios cambia su forma de ver el mundo y su manera de estar en el mundo?
4. ¿A cuál de las tres personas de la Trinidad se dirige con más frecuencia en sus oraciones? ¿Por qué cree que es así?
5. ¿Sobre qué cosa duda más y qué cuestiones de fe le desafían hoy?
6. El capítulo habla de la fe como una cuestión de ver y responder. ¿Cómo desafía o afirma esto su sentido de la palabra fe?

Estudio ampliado

Vea el videoclip del episodio titulado "Navidad" ("Noël" en su versión en inglés) de la exitosa serie de televisión El ala oeste de la Casa Blanca

(The West Wing) que hace referencia a la historia del buen samaritano y a la Encarnación. (Puede encontrar el videoclip en YouTube). El argumento es el siguiente: A un miembro del personal del presidente le dicen que tiene un trastorno de estrés postraumático. Le preocupa perder su trabajo. Leo, el jefe de personal, un alcohólico en recuperación, le cuenta a Josh esta historia:

> Este tipo va caminando por la calle cuando cae en un agujero. Las paredes son tan empinadas que no puede salir. Pasa un médico y el tipo grita: "Oiga, usted. ¿Puede ayudarme?" El médico escribe una receta, la tira en el agujero y sigue adelante. Entonces llega un sacerdote. "Padre, estoy en este agujero. ¿Puede ayudarme a salir?" El sacerdote escribe una oración, la arroja al agujero y sigue adelante. Entonces pasa un amigo. "Hola, Joe. Soy yo. ¿Puedes ayudarme?" Y el amigo salta al agujero. Nuestro hombre dice: "¿Eres estúpido? Ahora estamos los dos aquí abajo". El amigo dice: "Sí, pero he estado aquí antes y conozco la salida".[48]

1. ¿Qué tiene que ver la historia que Leo le cuenta a Josh con la Encarnación?
2. ¿Qué diferencia hay en que el amigo salte al agujero con el que se ha caído?
3. ¿Cómo cambia la Encarnación su visión del mundo? ¿Cómo cambia su forma de ver a Dios, a sí mismo y a los demás? ¿Cómo cambia las acciones que elige?

Oración de cierre

Oh, Dios... (atributos de Dios revelados en la conversación)
Te pedimos... (peticiones)
Para que... (propósito de la petición, que puede incluir el ministerio o la visión integral)

Quinto capítulo

Sobre el capítulo

Como cualquier institución, la Iglesia Episcopal tiene su propio estilo de liderazgo y gobierno. Este capítulo revisa esa estructura así como su autoridad como medio para cumplir con su labor misionera y mantener la unidad. Se presenta la estructura de la iglesia local, la diócesis, la iglesia nacional y la Comunión Anglicana mundial. Se incluye un análisis de los cuatro tipos de

---

48. "Noel," The West Wing, temporada 2, episodio 10, emitido el 13 de diciembre de 2000.

ministros de la Iglesia y sus funciones. A través de nuestro bautismo se nos dan los dones del ministerio.

Oración inicial

Oh Dios, que has hecho de una sola sangre a todos los pueblos de la tierra, y enviaste a tu bendito Hijo a predicar la paz, tanto a los que están lejos como a los que están cerca: Concede que la gente en todo lugar te busque y te encuentre; trae a las naciones a tu redil; derrama tu Espíritu sobre toda carne; y apresura la venida de tu reino; por Jesucristo nuestro Señor, que vive y reina contigo y el Espíritu Santo, un solo Dios, ahora y por siempre. Amén. (LOC, 175)

Preguntas para la reflexión y la conversación grupal

1. ¿Cuáles son las prioridades presupuestarias de su congregación? ¿Cómo reflejan la declaración de misión de su congregación y el llamado de Dios a la Iglesia?
2. ¿A qué cuestiones importantes se ha enfrentado su iglesia o diócesis recientemente? ¿Cómo se relaciona su comunidad con estos temas? ¿Cómo influye su identidad como episcopal en esa conversación?
3. ¿Cómo apoya su iglesia local a sus miembros en su vida en Cristo? (Puede ser útil revisar las promesas bautismales en las páginas 224-5 del Libro de Oración Común).
4. ¿Tiene su diócesis una relación de compañerismo con otra diócesis? En caso afirmativo, ¿con quién? ¿De qué manera las dos diócesis caminan juntas en la fe y la acción?

Estudio ampliado

Exploren juntos estas interrogantes:

1. Recuerde la primera vez que vino a la iglesia a la que asiste. ¿Qué le hizo querer volver?
2. Pida a cada persona que comparta por qué es episcopal, o por qué está considerando hacerse episcopal.
3. ¿De qué manera le reta la iglesia a crecer y a servir al prójimo?
4. ¿Cuáles son sus motivos de alegría por ser miembro de la Iglesia Episcopal? ¿Cómo celebra esa alegría?
5. ¿Cuáles son los retos de ser miembro de la Iglesia Episcopal? ¿Cómo responde a esos desafíos?

Oración de cierre

Oh, Dios... (atributos de Dios revelados en la conversación)
Te pedimos... (peticiones)
Para que... (propósito de la petición, que puede incluir el ministerio o la visión integral)

Sexto capítulo

Sobre el capítulo

Muchas personas identifican el ministerio con el clero. Pero el Catecismo deja muy claro que todos los bautizados tienen ministerio. Como representantes de Cristo y de la Iglesia, somos ministros dondequiera que estemos: en casa, en la escuela, en el trabajo y en el gimnasio. Cada uno de nosotros ha recibido sus propios dones para el ministerio. Este capítulo analiza la diversidad de dones espirituales, presenta un método para discernir esos dones y habla de las formas en que utilizamos esos dones tanto en la vida, el culto y el gobierno de la Iglesia como en el mundo.

Oración inicial

Señor, haznos instrumentos de tu paz.
Donde haya odio, sembremos amor;
donde haya ofensa, perdón;
donde haya discordia, unión;
donde haya duda, fe;
donde haya desesperación, esperanza;
donde haya tinieblas, luz;
donde haya tristeza, gozo.
Concede que no busquemos ser consolados, sino consolar;
ser comprendidos, sino comprender;
ser amados, sino amar.
Porque dando, es como recibimos;
perdonando, es como somos perdonados;
y muriendo, es como nacemos a la vida eterna. Amén.
                                                    (LOC, 724)

Preguntas para la reflexión y la conversación grupal

1. Lea el canto del Siervo (Isaías 42:1-3) sustituyendo "él" por su propio nombre. ¿Qué podría hacer, o ya está haciendo, en su vida cotidiana para llevar la justicia al mundo?

2. ¿Qué ministerio comparte cada miembro bautizado? (Ver página 747 del Libro de Oración Común.) ¿Cuáles de sus pasiones cumplen con ese ministerio?
3. ¿Cómo influyen sus creencias sobre Dios, la creación y la comunidad en su ministerio?
4. Elija tres parábolas del reino en Mateo 13. ¿Qué sugieren las parábolas sobre el reino de Dios? ¿Cómo se le invita a participar en ese reino?

Estudio ampliado

Abra el Libro de Oración Común para ver el Pacto Bautismal (páginas 224-5) y discuta lo siguiente:

1. ¿Qué está haciendo ahora mismo para cumplir cada una de las cinco promesas bautismales?
2. ¿Qué prácticas cristianas le gustaría comenzar o profundizar para cumplir estas promesas?
3. ¿Qué necesita para poder mantener su compromiso? (Las respuestas pueden incluir el apoyo de la comunidad, tiempo para la oración o el estudio, educación, etc.)

Oración de cierre

Oh, Dios... (atributos de Dios revelados en la conversación)
Te pedimos... (peticiones)
Para que... (propósito de la petición, que puede incluir el ministerio o la visión integral)

Séptimo capítulo

Sobre el capítulo

La oración consiste en estar en relación con Dios. En lo más profundo de nuestro corazón descansa un anhelo de Dios. Entonces, ¿cómo llegamos a conocer a Dios? De la misma manera que llegamos a conocer a cualquier persona: estando juntos, sintiéndonos y conversando. A través de la oración revelamos nuestros deseos más profundos y escuchamos los deseos de Dios para nosotros. Este capítulo habla de la práctica de la oración y de otras disciplinas cristianas para estar en presencia de Dios. La oración puede ser silenciosa o audible, a solas o en comunidad; puede ser un acto de servicio o un acto de celebración como guardar el Día del Señor.

Oración inicial

Oh Dios de paz, tú nos has enseñado que en la conversión y entrega seremos salvos, y en la tranquilidad y confianza estará nuestra fortaleza: Por el poder de tu Espíritu, te suplicamos nos eleves a tu presencia, en donde podamos estar quietos y saber que tú eres Dios; por Jesucristo nuestro Señor. Amén. (LOC, 723)

Preguntas para la reflexión y la conversación grupal

1. ¿Cómo define la oración?
2. ¿Qué formas de oración le parecen más útiles? ¿Qué formas son más difíciles? ¿Por qué cree que es así?
3. ¿En qué momentos de su vida le ha resultado más fácil orar? ¿Cuándo ha sido más difícil? ¿Qué necesita para mantener una vida de oración?
4. ¿Qué imagen de Dios tiene usted cuando reza? ¿Cómo ayuda o dificulta esto su oración?

Estudio ampliado

Lean juntos sobre la Oración y Culto en el "Bosquejo de fe" del Libro de Oración Común (páginas 748-50) y busquen en la Sagrada Eucaristía ejemplos de cada tipo de oración (adoración, alabanza, acción de gracias, penitencia, oblación, intercesión y petición). ¿Qué imágenes de Dios ha encontrado?

Oración de cierre

Oh, Dios... (*atributos de Dios revelados en la conversación*)
Te pedimos... (*peticiones*)
Para que... (*propósito de la petición, que puede incluir el ministerio o la visión integral*)

Octavo capítulo

Sobre el capítulo

La adoración es nuestra respuesta a las bendiciones de Dios. Puede ser tanto individual como colectiva y se lleva a cabo con nuestros cuerpos, así como con nuestros corazones y mentes. Este capítulo presenta una variedad de formas de adoración, pero se concentra en el Libro de Oración Común con un enfoque particular en la Eucaristía. La Eucaristía nos transforma en nuevas creaciones, acercándonos cada vez más a Jesús y a Dios.

Oración inicial

Dios todopoderoso y eterno, de tal modo atrae nuestro corazón hacia ti, dirige nuestra mente, inspira nuestra imaginación y gobierna nuestra voluntad, que seamos totalmente tuyos, dedicados por completo a ti. Te rogamos nos uses según tu voluntad, y siempre para tu gloria y el bienestar de tu pueblo; por Jesucristo nuestro Señor y Salvador. Amén. (LOC, 724)

Preguntas para la reflexión y la conversación grupal

1. En el libro *Praying Shapes Believing* (edición revisada), Lionel L. Mitchell dice: "No solo utilizamos el Libro de Oración Común para la realización de nuestros servicios públicos, sino que es la guía para nuestra oración privada y fuente de la mayor parte de nuestra teología" (Nueva York: Seabury Books, 2016, xviii). Seleccione una liturgia del Libro de Oración Común. ¿Qué dice sobre Dios, Jesús, la creación y la salvación? ¿Cómo ha influido la adoración en sus creencias?
2. ¿Cómo describiría la adoración en su iglesia? ¿Cómo refleja la misa la vida de la comunidad?
3. Observe la liturgia del domingo y fíjese en las indicaciones que se dan para los gestos. ¿Qué gestos elige durante la liturgia? ¿Por qué los ha elegido? ¿Qué dice sobre lo que usted cree?
4. ¿Qué características arquitectónicas destacan en su iglesia? ¿Qué dicen de Dios? ¿Qué dicen de la relación de los congregados? ¿y de la relación entre los laicos y el clero?
5. ¿De qué manera reconoce su parroquia los tiempos del año litúrgico? ¿Qué ritmo de vida crea para usted? ¿Para la comunidad?

Estudio ampliado

Considere su experiencia de adoración más reciente para responder a lo siguiente para cada parte del servicio:

El pueblo se reúne

1. ¿Cuál era el color litúrgico del día (color de las estolas, casulla, frontal del altar)?
2. ¿Cuál era su actitud al comenzar el servicio? ¿Cambió a medida que avanzaba la celebración litúrgica? Si es así, ¿cómo?
3. ¿Quiénes estuvieron presentes en la celebración? ¿Se ha fijado en los recién llegados?

Se cuentan las historias

4. ¿Qué recuerda de las lecturas? (Antiguo Testamento, Salmo, Epístola o Evangelio)
5. En una frase corta, ¿de qué trata la lección del Evangelio?
6. ¿Cuál fue el mensaje central del sermón?

Se rompe el pan

7. ¿Qué palabras o gestos percibió durante la plegaria eucarística?
8. ¿Cuáles fueron sus pensamientos y sentimientos hoy al recibir la Comunión, o qué notó (sobre la Comunión) al recibirla?

Salir al mundo

9. Habiendo sido alimentado en cuerpo y alma, ¿se sintió listo para salir al mundo a amar y servir al Señor?
10. ¿Va a hacer algo diferente esta semana debido a algo que aprendió o sintió en el servicio de adoración? Si es así, ¿qué?

Oración de cierre

Oh, Dios... (atributos de Dios revelados en la conversación)
Te pedimos... (peticiones)
Para que... (propósito de la petición, que puede incluir el ministerio o la visión integral)

Noveno capítulo

Sobre el capítulo

Los sacramentos transforman nuestras vidas, creándonos y recreándonos como comunidad del pueblo de Dios. En este capítulo se explican los sacramentos y cómo son fundamentales para nuestra comprensión del cristianismo como una fe encarnada. Los dos grandes sacramentos del Evangelio son el bautismo y la Santa Eucaristía. Otros cinco ritos sacramentales son la confirmación, la ordenación, el matrimonio, la reconciliación de un penitente y la unción. Este capítulo explora cada uno de ellos.

Oración inicial

Gúianos, Dios de toda bondad. Que estemos atentos a nuestra experiencia, a las voces y a los corazones de quienes nos rodean; acertados en nuestra interpretación de lo que hemos atendido; racionales en nuestros juicios; responsables en nuestras decisiones; y siempre abiertos a la conversión interior, a la transformación en tu verdad y tu amor.

Preguntas para la reflexión y la conversación grupal

1. Escriba su propia definición de la palabra gracia y comparta un momento en el que haya experimentado la gracia de Dios.
2. Lea la parábola de la moneda perdida (Lucas 15:8-10). ¿Qué tres cosas hace la mujer cuando se da cuenta de que ha perdido la moneda? ¿Qué hace cuando encuentra la moneda? ¿Cómo podría esta parábola ser de utilidad al sacramento de la reconciliación de un penitente?
3. ¿Cómo se relacionan nuestro pacto con Dios (discutido en el capítulo dos) y la gracia?
4. El cristianismo es una fe encarnada. ¿Cómo se relaciona esto con los sacramentos?
5. ¿Qué sacramentos de la Iglesia le han parecido más significativos? ¿De qué manera han sido un medio de la gracia de Dios para usted?

Estudio ampliado

Examinen juntos la letra del himno "Amazing Grace" ["Sublime gracia" o "Gracia admirable"] de John Newton (1725-1807) (The Hymnal 1982, #671) y comparen y contrasten su propio sentido de la gracia con aquella expresada en esta canción. ¿En qué se parecen? ¿En qué se diferencian?

Oración de cierre

Oh, Dios... (atributos de Dios revelados en la conversación)
Te pedimos... (peticiones)
Para que... (propósito de la petición, que puede incluir el ministerio o la visión integral)

Referencias

The Anglican Communion. Pamphlet. London: Communications Department of the Anglican Communion, 2004.
Artress, Lauren. *Walking a Sacred Path.* New York: Riverhead Books, 1995.
Augustine. Sermon 272, en *Sermons,* parte 3, volúmen 7. Traducido por Edmund Hill. New Rochelle, NY: New City Press, 1993.
Augustine of Hippo. *The Confessions.* Libro 1, capítulo 1. Trans. J. G. Pilkington, en *Nicene and Post-Nicene Fathers,* ed. Philip Schaff. Grand Rapids, MI: Eerdmans Publishing, 1886.
Bauman, Lynn C. *The Anglican Rosary.* Telephone, TX: Praxis, 2003.
Berlin, Adele, and Marc Avi Brettler, eds. *The Jewish Study Bible.* Oxford: Oxford University Press, 2004.
The Book of Common Prayer. New York: Church Publishing, 1979.
Borg, Marcus. *The Heart of Christianity.* New York: HarperCollins, 2003.
The Budget for the Episcopal Church, 2016–2018. General Convention. www.episcopalchurch.org/files/documents/2016 18_gc_adopted_budget_book_modified_07272015_0.pdf.
Constitution and Canons: The General Convention of The Episcopal Church. New York: Church Publishing, 2013.
Curry, Michael. *Crazy Christians: A Call to Follow Jesus.* Harrisburg, PA: Morehouse Publishing, 2013.
Dillard, Annie. *Teaching a Stone to Talk.* New York: Harper & Row Publishers, 1982.
Dozier, Verna. *The Dream of God.* Boston: Cowley Publications, 1991.
Edwards, Lloyd. *Discerning Your Spiritual Gifts.* Cambridge, MA: Cowley Publications, 1988.
The Episcopal Church. "Table of Statistics of the Episcopal Church from 2015 Parochial Reports". The Office of General Convention, January 2017, https://www.episcopalchurch.org/files/table_of_statistics_english_2015.pdf.

The Episcopal Church Annual. Harrisburg, PA: Morehouse Publishing, 2016.

El Himnario. New York: Church Publishing Incorporated, 1998.

Episcopal Fast Facts. Pamphlet. New York: Office of Communications of the Episcopal Church, 2007.

Farrington, Debra K. "Balancing Life by the Rule". *Spirituality & Health* (Winter 2001): 44.

———. *Hearing with the Heart: A Gentle Guide to Discerning God's Will for Your Life*. San Francisco: Jossey-Bass, 2003.

Farwell, James W. *The Liturgy Explained*. New York: Church Publishing, 2013.

———. *This Is the Night: Suffering, Salvation, and the Liturgies of Holy Week*. New York: Bloomsbury T&T Clark, 2004.

Ferlo, Roger. *Opening the Bible*. Boston: Cowley Publications, 1997.

First and Second Prayer Books of Edward VI. London: J. M. Dent and Sons, 1910. Published at justus.anglican.org/resources/bcp/1549/BCP_1549&52_Intro.htm.

Foster, Richard J. *Celebration of Discipline*. New York: HarperCollins, 1988.

Frankl, Victor. "The Search for Meaning". *Saturday Review* (September 13, 1958).

Gomes, Peter J. *The Good Book: Reading the Bible with Mind and Heart*. San Francisco: HarperSanFrancisco, 1996.

A Great Cloud of Witnesses. New York: Church Publishing, 2016.

Green, Graham. *Brighton Rock*. New York: Viking Press, 1938.

Guenther, Margaret. *The Practice of Prayer*. The New Church Teaching Series, vol. 4. Cambridge, MA: Cowley Publications, 1998.

Hughes, Robert. *A Jerk on One End: Reflections of a Mediocre Fisherman*. London: Harvill Press, 1999.

Kater, John L. "The Persistence of the Gospel". Manuscrito inédito.

Keating, Thomas. *Open Mind, Open Heart*. New York: Continuum, 2000.

Klein, Patricia S. *Worship without Words*. Brewster, MA: Paraclete Press, 2000.

Kujawa-Holbrook, Sheryl, ed. *Freedom Is a Dream: A Documentary History of Women in the Episcopal Church*. New York: Church Publishing, 2002.

Lee, Jeffrey. *Opening the Prayer Book*. Boston: Cowley Publications, 1999.

Lesser Feasts and Fasts 2006. New York: Church Publishing, 2006.

Lindahl, Kay. *El sagrado arte de escuchar. Cuarenta reflexiones para cultivar una práctica espiritual*. Barcelona: Mtm Editores, 2010.

Linn, Dennis, Sheila Fabricant Linn, y Matthew Linn. *Sleeping with Bread: Holding What Gives You Life*. Mahwah, NJ: Paulist Press, 1995.

Lonergan, Bernard. "Dialectic of Authority". En *A Third Collection*. New York: Paulist Press, 1985.

Malloy, Patrick. *Celebrating the Eucharist.* New York: Church Publishing, 2008.

Marshall, Paul V. "Answers to Questions to Bishop Candidates for the Diocese of Bethlehem". Manuscrito inédito, 1995.

Mitchell, Leonel L., y Ruth A. Meyers. *Praying Shapes Believing.* Rev. ed. New York: Seabury Books, 2016.

Mays, James L., ed. *Bible Commentary.* San Francisco: HarperSanFrancisco, 2000.

Nouwen, Henri. *Clowning in Rome.* New York: Doubleday, 1979.

Palmer, Parker J. *Let Your Life Speak.* San Francisco: Jossey-Bass, 2000.

Platter, Ormonde. *Many Servants.* Boston: Cowley Publications, 2004.

Post, Ellwood, W. *Saints, Signs, and Symbols.* Harrisburg, PA: Morehouse Publishing, 1962, 1974.

Powell, Mark Allen, *Introducing the New Testament: A Historical, Literary, and Theological Survey.* Grand Rapids, MI: Baker Academic, 2009.

Prothero, Stephen. *Religious Literacy: What Every American Needs to Know—and Doesn't.* New York: HarperCollins, 2007.

Roberts, Tom. "Mysterious Freedoms and a Wild Holy". *Bethlehem (PA) Globe-Times,* 1978.

Sasso, Sandy Eisenberg. Interviewed by Krista Tippett. Speaking of Faith, American Public Media, April 3, 2008.

Smith, Martin L. *Reconciliation: Preparing for Confession in the Episcopal Church.* Boston: Cowley Publications, 1985.

Stravinskas, Peter M. J. *Understanding the Sacraments: A Guide for Prayer and Study.* San Francisco: Ignatius Press, 1997.

Thompsett, Fredrica Harris. *Living with History.* Boston: Cowley Publications, 1999.

Thompson, Marjorie. *Soul Feast.* Louisville, KY: Westminster John Knox Press, 2005.

Turrell, James, *Celebrating the Rites of Initiation: A Practical Ceremonial Guide for Clergy and Other Liturgical Ministers.* New York: Church Publishing, 2013.

Tutu, Desmond, y Douglas Abrams. *God Has a Dream: A Vision of Hope for Our Time.* New York: Doubleday, 2004.

Underhill, Evelyn. *The Life of the Spirit and the Life of Today.* New York: E. P. Dutton, 1922.

Varghese, Winnie. *What Shall We Become? The Future and Structure of the Episcopal Church.* New York: Church Publishing, 2013.

Westerhoff, John H., Sharon Ely Pearson, y Tobias Stanislaus Haller. *A People Called Episcopalians: A Brief Introduction to Our Way of Life,* revised edition. Harrisburg, PA: Morehouse Publishing, 2014.

Williams, Rowan. "One Holy Catholic and Apostolic Church: Archbishop's Address to the 3rd Global South to South Encounter, Ain al Sukhna, Egypt". October 28, 2005. Transcripción disponible en http://rowanwilliams.archbishopofcanterbury.org/articles.php/1675/one-holy-catholic-andapostolic-church.

Fuentes citadas en los interludios

Frankl, Viktor E. *Man's Search for Meaning*. New York: Pocket Publisher, rev. updated ed., 1997.

Jacobs, Robert Nelson (screenwriter). *Chocolat*. Directed by Lasse Hallestrom. Santa Monica, CA: Miramax Films, 2000.

Liddy, Richard. *Startling Strangeness: Reading Lonergan's Insight*. Lanham, MD: University Press of America, 2006.

Lonergan, Bernard. *Insight: A Study of Human Understanding*. Vol. 3 of *Collected Works of Bernard Lonergan*. Edited by Frederick Crowe, SJ and Robert Doran, SJ. 5th ed. Toronto: University of Toronto Press, 1992.

———. *Method in Theology*. 2d ed. Toronto: University of Toronto Press, 1990.

The Lonergan Website: A Virtual Place for Collaboration in Lonergan Studies. http://lonergan.concordia.ca/.

Luhrmann, T. M. "Belief is the Least Part of Faith". *New York Times*, May 29, 2013.

Miller, Donald. *Blue Like Jazz: Nonreligious Thoughts on Christian Spirituality*. Nashville, TN: Thomas Nelson, 2003.

Naughton, Jim. "An Analogy for Grace". Episcopal Café, September 25, 2014. https://www.episcopalcafe.com/an_analogy_for_grace/.

Reiser, William, SJ. *Drawn to the Divine*. Chicago: Ave Maria Press, 1987.

Sandstrom, Auburn, "A Phone Call," The Moth: True Stories Told Live, podcast audio, July 5, 2016, https://themoth.org/stories/a-phone-call

Smith, Wilfred Cantwell. *Belief and History*. Charlottesville, VA: University of Virginia Press, 1977.

Tekippe, Terry. *What Is Lonergan Up to in Insight?* Collegeville, MN: Liturgical Press, 1996.

———. *Bernard Lonergan: An Introductory Guide to Insight*. Mahwah, NJ: Paulist Press, 2003.

Tillich, Paul. *The Courage to Be*. 2nd rev. ed. New Haven, CT: Yale University Press, 2000.

Reconocimientos

La reina Isabel: página 74, John J. Anderson, *A School History of England* (New York: Effingham Maynard & Co., 1889). Editado por el Florida Center for Instructional Technology. Utilizado con permiso.

Absalom Jones: página 78, de Raphaelle Peale, 1810, óleo sobre papel montado en tabla, Delaware Art Museum. Obsequio de la Escuela Absalom Jones, 1971. Reproducido con permiso.

Mapa de las Provincias de la Iglesia Episcopal: páginas 128-129, cortesía de la Sociedad Misionera Doméstica y Extranjera de la Iglesia Episcopal Protestante. Utilizado con permiso.

Cuentas anglicanas para la oración: página 173, por Frank Logue. Utilizado con permiso.

El ícono ruso del siglo XIV de Rublev: página 177. Galería Tretiakov, Moscú. Dominio público.

El laberinto: página 181, de Veriditas (*veriditas.net*). Utilizado con permiso.

Símbolo de la reconciliación: página 225, creado por el artista episcopal Jan Neal. Utilizado con permiso.

Las ilustraciones de las páginas 194, 198, 201, 203, 204, 205, 207 de Dorothy Thomson Pérez en Patrick Malloy, *Celebrating the Eucharist* (Nueva York: Church Publishing, 2007). Utilizadas con permiso.

Obras de arte en las páginas 23, 32, 56, 96, 100, 102, 150, 179, 217, 220, 221, 223, 230 de C. E. Visminas Co. Morehouse Publishing. Utilizadas con permiso.

Índice

absolución, 161, 199, 208, 218-220, 223, 237
acción de gracias, oraciones de, 158
aclamación conmemorativa, 189-190
aclamación de apertura, 186-187
acólito, 186, 194-195, 199
Actas de la Convención, y gobierno de la iglesia, 123
Adán y Eva, 48
adoración, lugares de, 183, 193, 197
adoración, Oraciones de, 158
Adviento, 200-202, 238
Afroamericanos, y la Iglesia Episcopal, 79
    y obispado, 75
    y los derechos civiles, 74-75
agua, 20-22, 32, 136-137, 207, 209
    y el bautismo, 20-22, 32, 136-137, 207, 209
    y el nacimiento y renacimiento, 21-22
    y la Eucaristía, 189
    y su papel en la vida, 20
alba, 23, 194-195, 198-199, 229
alta iglesia, la; y sus costumbres, 77
altar, 76-78, 98, 188, 190, 192, 194-196, 198, 200, 229, 255
anamnesis, 189, 212, 268-269
año eclesiástico, 199-200
    Véase también cristiano
    y los colores litúrgicos de las estaciones, 200
    lista en el Libro de Oración Común, 185-186
antífona, 160
Antigua Alianza, 101
Antiguo Testamento. Ver Escrituras judías
Apócrifo, 34, 43, 45, 55-56, 227
Apóstoles, 65-67
apostólica, 108
Arca de la Alianza, 50
arrepentimiento, el, 218-219
arrodillarse, 158, 172
Artress, Lauren, 174
Arzobispo de Canterbury, como jefe de la Comunión Anglicana, 125
asiáticos, y la Iglesia Episcopal, 81
Ayres, Anne, 82
ayuno, el, 18
    y la Cuaresma, 157, 200
    y la oración, 174-175
báculo, 198
bautismo, 20-24, 27, 29-33, 66, 87, 89, 98-99, 108-109, 124, 133-136, 139, 141-142, 194-196, 201-,206-211, 214, 227-228, 231, 236, 245, 251, 256
    y el convertirse en miembro del cuerpo de Cristo, 20, 22, 109, 133, 228
    sacramento central, 66
    y el crisma, 137

compromiso, 27
y la comunidad, 32, 209
y la confirmación, 28
y morir a sí mismo, 208
la práctica de la iglesia primitiva, 22
gran sacramento de la Biblia, 206
y el Espíritu Santo, 21, 32, 136, 141, 209-210
De Jesús, 20-21, 136
y el ministerio, 109
y la misión, 133
las promesas que hacen los bautizados, 24, 27-29, 133-134
preguntas que se hacen los candidatos, 25-27, 133, 134
y el renacimiento, 21, 209, 213-214
requisitos, 210
y el sacerdocio real, 136
y la transformación, 23-24
y la Trinidad, 209
y el agua, 21-23
Biblia
    Ver también escrituras judías y Escrituras cristianas
    su composición, 45-56
    descripción de, 38-46
    cómo leer, 56-61
    y la lectio divina, 167-169
    como biblioteca de libros, 39
    origen, 40-42
    como libro público, 57-58
    pasos para la lectura, 58-61
    y el traductor William Tyndale, 70
obispo, 67, 74, 81-82, 116-118, 122, 195, 208, 215-216, 222-224
    ayudante, 118
    coadjutor, 118
    y la confirmación, 28, 116, 208, 214-215
    y la consagración de mujeres obispos, 81-82
    diocesano, 118
    elección de, 117
    primer obispo abiertamente gay, 83
    primera obispa, 81-82
    misionero, 73-75
    y el cargo de primado, 119, 124
    ordenación de, 223-224
    como supervisor, 67, 116
    presidiendo, 119
    ministerio primiano, 222
    sufragáneo, 118
    y su función, 117
Biblia, pages., 27-62, 167-169
Brent, Charles Henry, 78
Burgess, John, 79
cáliz, 189-190
Calvino, Juan, 69
Cámara de Diputados, 119
canon (biblia), 51, 53
canon (biblia), aceptada como la Sagrada Escritura, 51
canon, (reglas), 105. Véase también Constitución y Cánones de la Iglesia Episcopal
cántico, 160-161
canto del siervo, el, 132-133
Casa de los Obispos, 73, 119
casulla, 195, 198-199
Catecismo, 100, 101, 114, 193, 218
    e iglesia, 193
    y los deberes para con Dios, 100
    y la misión de la iglesia, 115
    y la definición del pecado, 101, 218
catecúmeno, y bautismo, 22, 210
Catedral de Chartres y su laberinto, 173-174
catedral, definida, 116
católica, y universalidad de la fe, 97-99
celebración y oración, 175-177
celebrante, 195. Ver también quien preside
Cirio Pascual, 200
Clay, Louie Crew, 83
códice, 44-45
coetáneo, 91
colecta, en el Libro de Oración, 166, 170, 173
Completa, 159
comulgante en regla, definido, 114

comulgante, definido, 114
Comunión anglicana, 82, 118-119, 122-126, 227, 231, 236, 248, 250
    Lazos de afecto, 126
    Composición de, 125
    definida, 125
    e Iglesia Episcopal, 83
    y primado, 124
comunión de los santos, 97-98
confesión, 158-159, 188, 219-220
    y la confidencialidad, 220
    y la Eucaristía, 188
    oportunidad de confesar, 219
    y la reconciliación del penitente, 218-219
Confirmación, el rito, 26-28, 207-208, 213-215
    afirmación de la fe, 28
    y el bautismo, 213-215
    y el papel del obispo, 28, 116, 207-208, 215
    definido, 213-215
    y Espíritu Santo, 213-215
    e imposición de manos, 27-28, 207-208, 213-215
    preparación para, 215
    el proceso del rito, 26-28
    preguntas que se hacen a los candidatos, 27-29
Congregación, 113-116
    y el gobierno, 114-117
    y la afiliación, 113-116
Consejo Consultivo Anglicano, 125
Consejo diocesano, definido, 116-117
Consejo Mundial de Iglesias, 78
Consejo Nacional de Iglesias, 78
Constantino, primer emperador romano cristiano, 61-62, 194-195
Constitución Diocesana y Cánones, 116-117
Constitución y Cánones de la Iglesia Episcopal, 123
contemplación, y oración, 169
controversia ritualista, 77
Convención Diocesana, 116-117
    y el gobierno de la iglesia, 116-117
    y los delegados, 116-117
Convención General, 118
coro, 196
corporal, 189
Cranmer, Thomas, 71
Credo Atanasiano, declaración de fe, 91
Credo de los apóstoles, 89-92, 161, 227
    y Dios Padre, 92-93
    y Dios Espíritu Santo, 96-97
    y Dios Hijo, 93-96
    origen, 98-99
    declaración de fe, 89-90
    estructura de, 99
    y la Trinidad, 91-93
Credo de Nicea, 67, 88-89
creencia. Ver fe
Cristianismo ortodoxo oriental, 67, 112
cruz, la, 32, 77, 166-167, 170-171, 196, 198, 207
    y el altar, 196
    y las cuentas anglicanas para la oración, 166-167
    inclinándose ante, 170-171
    el significado del símbolo, 198
    y el Movimiento de Oxford, 77
    procesión de, 186
    signo de, 170-171
    signo de, y bautismo, 32
    signo de, y sanación de los enfermos, 207
Cruzadas, las, 68-69
Cuadrilatero de Chicago, 78
Cuaresma, la, 174, 200
    y el ayuno, 174
Cuentas anglicanas para la oración, 165, 170
Cuerpo de Cristo, 20, 109, 134, 143, 184, 189-190, 192, 210, 211, 215, 218
    y el bautismo, 20, 109, 134, 189-190, 215
    y la comunión de los santos, 97-98
    y la Eucaristía, 184, 189-190, 192
    y los dones, 143
    y la misión, 133
    y la reconciliación, 218
    y los dones espirituales, 143
Curry, Michael Bruce, 80
Daniels, Jonathan, 80

deán, definido, 116-117
Decálogo. Ver Diez Mandamientos
derechos civiles, y la Iglesia Episcopal, 78-79
Día, 199, 201
Día de la Ascención, 201
diaconisa, en la historia, 81
diáconos, 67, 80-81, 109-110, 135, 194-195, 222-223
    y la Iglesia primitiva, 67
    y las órdenes episcopales, 222-223
    y los ministros, 135
    su papel, 109-110, 222
    y la estola, 194-195
    papel en la Eucaristía, 186-187, 189, 195
    y las mujeres, 82-83
Diez Mandamientos, 46-47, 49-50, 93-94, 100, 218
    y los Grandes Mandamientos, 100
Diócesis, 115, 118
    como unidad eclesiástica básica, 115
    compañero, 118
    tamaño de, 115
diócesis compañeras, 118
dirección espiritual, 177
discernimiento, de nuestros dones, 81, 83-84, 147-151
    y la necesidad de comunidad, 150
disciplinas espirituales, página. Ver también oración, 155
diversidad en la Iglesia Episcopal, 83-84
Doctrina del Descubrimiento, 81
don, 23, 24, 26, 143, 189-190, 195, 217
    del bautismo, 23, 24, 26
    y del cuerpo de Cristo, 143
    del matrimonio, 217
    y de la ofrenda en la Eucaristía, 189-190
    de la ordenación, 222
    de la oración, 166
    del culto, 195
dones, espirituales, 142-151
    y de la comunidad, 143-146
    que se distinguen de las habilidades, 147
    enumeradas, 143
    del Espíritu, 20, 143-144
    y su discernimiento, 147-151
Edad Media, 67-68
el Conferencia de Lambeth, definida, 125
el culto, 183-203
    y el Libro de Oración Común, 184-187
    definido, 183
    y la Santa Eucaristía, 185-193
    los participantes, 193, 197
    los símbolos, 197-198
    vestimentas, 198-199
el diario, y la oración, 173-174
el evangelio social, 76
El matrimonio, 208, 215-216
    como un pacto, 208, 215-216
    y el Espíritu Santo, 216
El Padre Nuestro, 160-161, 163, 191
el Pentateuco, 46, 48-50
    y las escrituras judías, 48-50
el perdón, 28-29, 97-98, 101-102, 159-160, 188, 192-193, 207-210, 217-220
    y el Credo de los Apóstoles, 97-98
    y bautismo, 217
    y Oficio diario, 159-160
    y Eucaristía, 188, 193
    y el intercambio de la Paz, 188
    y la reconciliación del penitente, 217-220
    del pecado, 28-29, 101-102
    y quién puede proclamarlo, 220
El Reino de Dios, 71-72, 136-140
    y sus características, 136-138
    e Isaías, 71-72, 137-139
    y la proclamación de Jesús, 139-141
    y nuestro llamado, 141-143
encarnación, 18, 78, 93-95, 189-192
Enmegahbow, 74, 80
Enrique VIII (rey), y la Reforma, 70-71
epíclesis, 73, 191
Epifanía, fiesta, 200
Episcopal, y derivación de la palabra, 67
Epístolas, 47, 54-55, 186
    en la Santa Comunión, 186

como cartas, 47
el conjunto de libros de la Biblia, 54-55
esclavitud, la; en los Estados Unidos, 73-75
Escrituras cristianas, 38-40, 44-46
    Véase también Nuevo Testamento
    Hechos de los Apóstoles, 54
    literatura apocalíptica, 55
    desarrollo de, 44-46
    Epístolas, 54-55
    Evangelios, 52-54
    lista de libros, 52
    Q, 44-45
    tipos de literatura, 45-46
escrituras judías, 21-23, 38, 39. 40, 42, 43, 44-45, 46-48
    y los pactos, 21-23
    libros históricos, 47
    y la historia del amor de Dios, 40-41
    lista de libros, 49
    Pentateuco, 48-49
    libros poéticos, 50-51
    historia primordial, 48
    libros proféticos, 49
    tipos de literatura, 45-46
Espíritu Santo, 20, 65, 73, 91-92, 97, 136-137, 143, 164-165, 174, 189-190, 192, 201, 206-207, 213-214, 217, 221
    y el bautismo, 136-137, 207
    y la confirmación, 217-218
    y la Iglesia primitiva, 54
    y la epíclesis, 73, 192
    y la Eucaristía, 189-190, 192, 209-210
    y el ayuno, 164-165
    y el fuego, 65, 201
    y la sanación de los enfermos, 221
    identificados en los credos, 97
    y el bautismo de Jesús, 20
    y los mantras, 164-165
    y el matrimonio, 217
    y la ordenación, 223
    y el Pentecostés, 65
    y la reconciliación, 217
    y los sacramentos, 201-202
    y los dones espirituales, 143
    y la Trinidad, 97
Espíritu. *Ver* Espíritu Santo
estola, 198
Eucaristía, la, 184, 189-192, 206, 210
    y la anamnesis, 210
    y Agustín, 189
    como Cuerpo de Cristo, 184, 189, 191
    y el perdón, 210
    cuatro acciones centrales, 189-193
    gran sacramento de la Biblia, 206
    y el Espíritu Santo, 189, 192, 209
    y kairos, 210
    y la Última Cena, 188, 209
    y Nueva Alianza en la sangre de Jesús, 27, 209
    presencia real, 209
    y transubstanciación, 209
    y las palabras de la institución, 190
Evangelios
    como grupo de libros bíblicos, 52
    sinóptico, 52-53
    en la adoración, 186
Evangelios, 52. *Ver también* Nuevas escrituras cristianas, 52
Examen ignaciano, 150
Fe, 4, 8, 27-28, 31-32, 86-87, 88-102
    y la creencia, 86-87, 90
    su significado, 86-87
    y su relación con la comunidad, 32
    y la renovación de las promesas bautismales, 27
    como respuesta a Dios, 108-110
    cómo poner el corazón en Dios, 27-28, 90, 100
    declaraciones de, 88-91
    como una forma de ver, 88, 92-93, 108-110
finanzas, de la Iglesia Episcopal, 122
Gloria, 157, 186
gobierno, de la Iglesia Episcopal, 112-124
gracia (antes de las comidas), 197
gracia, de Dios, 206, 207, 208, 209, 211, 214, 215, 216, 218-219, 221, 223-224

y el bautismo, 209
y la confirmación, 214
y la Eucaristía, 211
y la sanación de los enfermos, 221
y el Espíritu Santo, 207
y el matrimonio, 216
  y la ordenación, 223-224
  y la reconciliación de un penitente, 218-219
y los sacramentos, 206, 207, 208
y la salvación, 66
Gran Comisión, la, 65
Gran Plegaria Eucarística, la, 190-193
Grandes mandamientos, los, 12-13, 56, 100-103, 218
Grandes mandamientos, los, y pacto, 100
Harris, Barbara Clementine, 81-82
Hechos de los Apóstoles, 52
himno de la fracción, 191
historia, de la Iglesia
  Iglesia primitiva, 65-66
  Iglesia Episcopal, 71-82
  Reforma, 69-71
  Imperio Romano y Edad Media, 69-67
historia, de la Iglesia, 65. Ver también Iglesia Episcopal, y su historia., 65-84
Hobart, John Henry, 74
Hopkins, John Henry, 77
Huntington, William Reed, 77
íconos, y oración, 169-171
iglesia, 67, 69, 113, 193-194, 196-197
  características del edificio, 196-197
  como comunidad, 193-194
  y ekklesia, 194
  diseños formales de, 194, 196-197
  como lugar de reunión, 194
  y su definición, 193-194
  como fuerza unificadora en la Edad Media, 69
  universal, con "I" mayúscula, 66-67
Iglesia Católica Romana, y se separó de ella, 69
iglesia emergente, 114
Iglesia Episcopal y su gobierno, 112-127
  y el presupuesto, 125
  iglesia en general, 112-115
  diócesis, 115-118
  consejo consultivo, 121
  Cámara de Obispos, 121
  Cámara de Diputados, 121
  Iglesia Local, 112
  paralelismo con el gobierno de los Estados Unidos
Iglesia Evangélica Luterana en Norteamérica, 78
Iglesia Metodista Unida, y relación con la Iglesia Episcopal, 79
Iglesia Presbiteriana, y relación con la Iglesia Episcopal, 78
Iglesias protestantes y la Reforma, 69-71
Ignacio de Loyola, (también conocido como San Ignacio), 150
imperativos trascendentales, y Lonergan, 4, 7, 9-13
imposición de manos, la, 28, 118, 220-221, 223
  y la ordenación del obispo, 118, 223
  y la confirmación, 28
  y la ordenación de diáconos, 223
  y la sanación de los enfermos, 220-221
  y la ordenación de sacerdotes, 223
  y la reconciliación de un penitente, 220
incienso, 197-198
indulgencias, y política eclesiástica, 71-72
intercambio de paz, Consejo Ejecutivo, 185-186, 198
intercesiones, oraciones de, 157-158
invitatorio, 159-160
Isabel I, 71-72
Jefferts Schori, Katharine, 81-82
Jesús, 51-53, 56-57, 58-59, 80, 83, 89-98, 99, 100, 109, 118, 132-133, 139-141, 142, 174, 175, 185, 187, 190, 200-201, 204, 210-213, 218
  y el Credo de los Apóstoles, 93-95
  su bautismo, 51-53, 136-137, 210-211
  y el pan y el vino en la Eucaristía, 192

y la celebración como disciplina, 175-176
y las escrituras cristianas, 40-41, 43-44, 48-51
y los credos, 89-97, 98
y la Iglesia primitiva, 66-67
y la Eucaristía, 178, 182, 185, 211-212
y el ayuno, 170
y el Evangelio en el culto, 174
y los Grandes Mandamientos, 100, 218
y la Gran Comisión, 65
y la encarnación, 32, 57, 206
y el Movimiento de Jesús, 80, 83, 134, 142
vida de, y el calendario litúrgico, 201-202
como mediador, 13
y ministerio, 109
y del Nuevo Pacto, 24
y la oración, 26-27, 100, 118
y la proclamación del reino de Dios, 138-140
como revelación de Dios, 48
y el canto del siervo, 132-133
Jones, Absalón, 74
Jueves Santo, 200-201
kairos, 191
Kano, Hiram Hisanori, 81
Kemper, Jackson, 74
la creencia, su significado y relación con Dios
  su significado aplicado al Espíritu Santo
  su significado aplicado a Jesús
la escucha y la oración, 162
la fe universal y la Iglesia, 29, 98, 107, 113, 188
la fracción del pan, sacramento central, 66
la fuente, el bautismo, 21
la Iglesia Episcopal
  y los americanos negros, 74-80
  los derechos civiles, 78
  en los años 1800, 73-77
  en los años 1900 y principios de los 2000, 77-83
  su nacimiento, 72
  y LGBTQ, 82-83
  y los nativos americanos, 80-81
  y las mujeres, 81-82
la Iglesia Episcopal y su historia, 71-82
la Iglesia Episcopal, y las estadísticas, 83-84, 109
la Iglesia morava y su relación con la Iglesia Episcopal, 78
la junta parroquial y el gobierno de la iglesia, 114
la justicia social, y la Iglesia Episcopal, 83, 116
la justificación por la gracia a través de la fe, 69-70
la salvación, 96
La Santa Comunión. *pages. Ver también* Eucaristía, 185-192
  y anamnesis, 188
  y el mandamiento de Jesús, 188
  y la liturgia, 188
laberinto y la oración, 173-174
laicos, los, 109, 116-117, 123, 125, 135, 188, 191
  y el gobierno de la Iglesia, 116-117, 123, 125
  definidos, 109
  y su designación como ministros, 109
  su papel en el ministerio, 135
  su papel en el culto, 188, 192
las comunidades monásticas, 159, 181
las mujeres, en la Iglesia Episcopal, 81-82
  y el obispado, 82
las provincias, de la Iglesia Episcopal, 118
latinoamericanos, los, y la Iglesia Episcopal, 81
Laudes, 159
Leccionario Común Revisado, el, 57
leccionario, el. Véase también Leccionario Común Revisado, 39, 160-161, 188
leccionario, el. Véase también Leccionario Común Revisado, Libro de Oración Común, en el, 160-161

lectio divina y oración, 169-170
lectores, en el culto, 195
LGBTQ y la Iglesia Episcopal, 82-83
    y el obispado, 83
Libro de Oración Común, 57, 70-74, 76, 100, 114-115, 123-124, 184-185
    y la Comunión Anglicana, 124
    y la Biblia, 57
    y el Catecismo, 100, 115
    primera versión americana, 73
    proceso de revisión, 123-124
    y Thomas Cranmer, 71
    y el culto, 184-185
Libros deuterocanónicos, 55-56
Liturgia de la Mesa, 188-193
Liturgia de la mesa, Liturgia de la Palabra, 186-189, 193
Liturgia de la Palabra, y sus partes, 186-188
liturgia, *pages. Véase también* el culto esbozado en el Libro de Oración Común, 184, 197-198
    y los sentidos, 184
Lonergan, Paul, y los imperativos imperativos trascendentales, 7, 11-12, 31, 243
los mandalas, y la oración, mantras, 171-172
    y las cuentas anglicanas para la oración, 172
    y la oración, 171-172
los nativos americanos y la Iglesia Episcopal Iglesia Episcopal, 74, 80-81
Lutero, Martín, 69
Maitines, 159
Marcas de la Misión, Cinco, 122, 135, 142, 145
Mazakute, Paul, 73-74
meditación y la oración, la, 163, 167
membresía de la iglesia, y el bautismo, 196
membresía en la Iglesia, 109, 112
    requisitos formales, 112
memoria ritual, 171
Miércoles de Ceniza, 175, 185, 200
ministerio, 109, 135-143, 151

    y el bautismo, 136-137
    y la Iglesia, 109, 151
    y las cinco marcas de la misión, 142
    y el sueño de Dios, 141-142
    y la misión de Dios, 135, 144
    la ordenación, 109
    y el reino de Dios, 138-139
    y donde nos comprometemos, 135, 142
    hoja de trabajo para discernir tu, 144
    y tus dones para, 142-151
Ministro de la Eucaristía, 206
ministro, definido, 109
ministros, y todos los bautizados, 109, 135
Misa, 185-186
mitra, 199
monasterios, y su papel en la Edad Media Edad Media, 68
Movimiento de Jesús, el, 80, 83, 133, 142
Movimiento de Oxford, 77
Muhlenberg, W. A., 76
Mujeres de la Iglesia Episcopal, 76
Murray, Pauli, 79
Naciones Unidas y la Comunión Anglicana, las, 125
nave, 196
Navidad, 200-201
    Día, 200
    la estación, 201
Ninguno, 148
Nuevo Pacto. *pages. Véase* Escrituras cristianas, 26-27, 100-101, 216
Nuevo Testamento. *Véase* Escrituras cristianas
Oakerhater, David Pendleton, 74
obispo presidente, el papel de, 112
Observador anglicano ante la ONU (Naciones Unidas), 125
Oficio diario, 58, 159-160
    y la lectura de la Biblia, 58, 160
    horario de la oración diaria, 159
oración contemplativa, 161-163
Oración de Jesús, la, 164-165
Oración de los fieles, en el culto, 188

oración, la, 156-178
    cuentas anglicanas para la oración, 166-168
    y el cuerpo, 171-177
    la celebración como oración, 175-176
    oración contemplativa, 161-162
    como conversación con Dios, 157-158
    Oficio diario, 159-161
    Definido, 157-158
    el ayuno, 174-175
    íconos, 169-171
    y Jesús, 156
    el diario como oración, 162-163
    el laberinto, 163-164
    lectio divina, 168-169
    mandala, 172-173
    mantra, 162-163
    tipos principales, 158-159
    regla de vida, 175-176
    dirección espiritual, 177
    y las disciplinas espirituales, 157-158
ordenación, 222-224
    definida, 222
    y el Espíritu Santo, 223-224
    y el ministerio de toda la vida, 224
    el proceso, para un sacerdote, 223-224
    como rito sacramental, 223
órdenes sagradas, descritas, 109-110, 222-223
Pablo, el apóstol, 42-43, 54, 66, 142, 145, 155
    y los dones del Espíritu, 142, 145
    y la oración sin cesar, 145
pacto, 23-25, 38-39, 45-46, 48, 100, 216-217
    y Arca de la Alianza, 50
    bautismo, 23, 26-27
    y confirmación, 26
    con Dios, 24-26, 38, 40
    y las escrituras judías, 25
    y el matrimonio, 216-217
    y el Nuevo 25
    posición en el Pentateuco, 49
    y los Diez Mandamientos, 45-46
    y los dos Grandes Mandamientos, 100
Pacto Bautismal, el
    y la comunidad
    reafirmando
palabras de la institución, 57-58
Parábolas, 53-54
parroquia, Ver congregación
Pascua, 199-201
patena, 189-190
Pecado, 100, 101, 135, 216-218
    y las promesas bautismales, 135
    como ruptura de la relación, 100
    definida, en el Catecismo, 217
    y el perdón, 101
    fallar el blanco, 217
    y la reconciliación de un penitente, 216-218
Pentecostés, 65-66, 126, 200-201
    y nacimiento de la Iglesia, 66
    y el Espíritu Santo, 65, 126, 200
    Fiesta de, 201
    estación después, 200
pila bautismal
Poncio Pilato, y papel en el juicio de Jesús, 95
predestinación, y doctrina protestante, 69
presencia real, y la Eucaristía, 212
preside, quien; en el culto, 187
primado, 125, 126
    y la Iglesia de Inglaterra, 126
    y la Comunión Anglicana, 125
Primados, 159
profecía, la, 47, 51, 143
    significado bíblico de, 47, 51
    y los dones, 142
promesas bautismales
    y su ministerio
    como respuesta a las acciones de Dios
púlpito, 196
Rainsford, William, 75
reafirmación del bautismo, 26-28

reconciliación de un penitente, la; el rito, 216-219
    y el Cuerpo de Cristo, 218
    y el Espíritu Santo, 216
    preparándose para ello, 219
reconciliación, la, 136-137
rector, 111-112, 114
Reforma, la, 69-71
    en Inglaterra, 70-71
    y el rey inglés Enrique VIII, 70
    en Europa, 69-71
regla de vida, 176-177
Relación episcopal/anglicana, 83
resurrección, la, 32, 58-59, 66-67, 95-99, 167, 186, 188, 191, 193, 212-213
    y el bautismo, 32, 210
    del cuerpo, 98
    y la cruz, 167, 198
    y la Iglesia primitiva, 67-68
    y la Eucaristía, 186, 189, 191, 193, 212-213
    como camino a la vida eterna, 96
    y lo que significa ser cristiano, 96
reuniones de primados y el gobierno de la Iglesia, las, 126
Robinson, V. Gene, 83
rúbricas, 186
Sábado Santo, 200-201
sacerdotes, 67, 82, 102, 136, 187-193, 195, 208, 217, 218-219, 220, 222
    y la Iglesia primitiva, 67
    y las órdenes episcopales, 222
    primer sacerdote afroamericano, 73-74
    primer sacerdote japonés-americano, 82
    primer sacerdote nativo americano, 74
    primera mujer, en la Comunión Anglicana, 82
    y la sanación de los enfermos, 221
    y el matrimonio, 217-220
    y el ministerio, 136
    la ordenación de mujeres como, 82
    su papel, 108, 223
    y la reconciliación de un penitente, 102, 208
    su papel en el culto, 187-193, 195
sacramentos, 206-225
    bautismo, 209-210
    la confirmación, 213-214
    definidos, 209
    Eucaristía, 209-210
    la sanación de los enfermos, 221-223
    la gracia interior, 207
    enumerado, 208
    ordenación, 222-224
    signo externo, 207
    reconciliación de un penitente, 217-218
Salmos, 52
Salterio, 159-160
San Benito, y Regla de San Benito, 176-177
sanación de los enfermos, la; como rito sacramental, 217, 218, 220-222
    y el Espíritu Santo, 217
sanctus, 58, 190
Santa Eucaristía, raíces antiguas, 185
Santa Eucaristía, 185-186, Ver también Eucaristía y Santa Comunión
santo matrimonio, como rito sacramental, *Ver* matrimonio.
Satanás, y la renuncia en el bautismo, 22, 211
Seabury, Samuel, 72
Semana Santa, 200
Sexta, 148
Shavuot. Ver Pentecostés
shema, 48
siervo, y el llamado de Dios, 133
silencio, como forma de oración, 161-162
suceción apostólica y autoridad episcopal, 67
súplica, oraciones de, 158
sursum corda, 191
Tercia, 159
textos paralelos de los evangelios, 53
Torá. *Véase* Pentateuco
transepto, 212
tres días de (Triduo Pascual), 200
Triduo Pascual, 199
Trinidad, la, 89, 90-92
    coeterna, 91
    identificada en los credos, 90-92

cualidades y componentes, 90-92
   y Dios trino, 89
triple ministerio, e Iglesia Episcopal,
   67-68
Trisagion, 164
Tubman Ross, Harriett, 75
Tyndale, William, 71
Última Cena
   y la Eucaristía, 188-189
   y el Nuevo Pacto, 25
   y las palabras de institución,
      190-191, 210-211
unción de los enfermos
   Véase también sanación de los
      enfermos, 221, 238

unción, y sanación de los enfermos,
   páginas. *Véase también* sanación de
   los enfermos, 206, 208
unidad, dentro y entre las iglesias,
   78
Unión de Episcopales Negros, 80
verger, 195
vestimenas, enumerados, 198-199
vicario, 111-112
vida sacramental, 224
Viernes Santo, el, 175, 200, 201
   y el ayuno, 200, 201
Vigilia, 201
Vigilia Pascual, la Gran, 200
vísperas, 204

CPSIA information can be obtained
at www.ICGtesting.com
Printed in the USA
JSHW042034090223
37502JS00006B/89